中国特色
合宪性审查的
原理、规范与实践

吴延溢◎著

法律出版社
LAW PRESS·CHINA
北京

图书在版编目(CIP)数据

中国特色合宪性审查的原理、规范与实践 / 吴延溢著. -- 北京 : 法律出版社, 2024
ISBN 978-7-5197-8985-5

Ⅰ. ①中… Ⅱ. ①吴… Ⅲ. ①中华人民共和国宪法—研究 Ⅳ. ①D921.04

中国国家版本馆 CIP 数据核字(2024)第 066593 号

中国特色合宪性审查的原理、规范与实践
ZHONGGUO TESE HEXIANXING SHENCHA DE YUANLI、GUIFAN YU SHIJIAN

吴延溢 著

策划编辑 朱海波
责任编辑 朱海波
装帧设计 贾丹丹

出版发行 法律出版社
编辑统筹 法律应用出版分社
责任校对 邢艳萍
责任印制 刘晓伟
经　　销 新华书店

开本 710 毫米×1000 毫米 1/16
印张 18.25　　字数 300 千
版本 2024 年 8 月第 1 版
印次 2024 年 8 月第 1 次印刷
印刷 北京建宏印刷有限公司

地址:北京市丰台区莲花池西里 7 号(100073)
网址:www.lawpress.com.cn
投稿邮箱:info@lawpress.com.cn
举报盗版邮箱:jbwq@lawpress.com.cn

销售电话:010-83938349
客服电话:010-83938350
咨询电话:010-63939796

书号:ISBN 978-7-5197-8985-5
定价:68.00 元
凡购买本社图书,如有印装错误,我社负责退换。电话:010-83938349

【基金项目】教育部人文社会科学研究专项任务项目
“中国特色合宪性审查的逻辑机理与制度创新研究”(20JD710026)

序

我和延溢教授早在1988年就结下师生之缘，如今三十五年弹指一挥间，往事历历在眼前。他勤奋好学，在本科阶段就公开发表过两篇学术论文，在硕士阶段就专注于对我国宪法监督制度的理论和实践问题的研究，虽然后来的博士论文转而关注民生问题，但对当代中国宪法理论与实践的研究一直是他割舍不下的情怀。延溢教授长期在高校从事宪法学的教学与科研工作，不仅在课程教学上取得出色成绩（他所讲述的宪法学课程入选教育部“精彩一课”），而且在学术研究上笔耕不辍，成果颇丰。最近，延溢教授又寄来《中国特色合宪性审查的原理、规范与实践》一书的样稿，邀我作序，这是值得庆贺的，也是令人快慰的，遂允之。

宪法是国家的根本大法，是人民权利的宣言书，是治国理政的总章程。在习近平法治思想理论体系中，“宪法”是一个高频词。依法治国首先要依宪治国，依法执政首先要依宪执政；要坚持依宪治国、依宪执政，维护宪法权威，保证宪法实施；要建立和完善宪法监督制度，构建具有中国特色的合宪性审查体制机制等，是习近平法治思想的核心要义和重要组成部分。习近平在党的二十大报告中再次强调：“加强宪法实施和监督，健全保证宪法全面实施的制度体系，更好发挥宪法在治国理政中的重要作用，维护宪法权威。”

一个国家的宪法审查制度，与民族的政治法律文化传统、国家政治法律制度和法治实践具有十分紧密的联系。我国的合宪性审查制度深深根植于中国特色社会主义的政治制度和实践，深深根植于全面依法治国的丰富实践之中，与西方的违宪审查制度有本质的不同，具有我国自身的历史、理论和实践逻辑，其话语体系、理论逻辑、制度安排、规则设计和实践形态等各方面都蕴含着鲜明的中国特色与独特的制度魅力。本书坚持以问题为导向，由抽象到具体展开中国特色合宪性审查的基本原理，深刻揭示构建和完善中国特色合宪性审查的重大理论和实践问题，为我们确立合宪性审查制度的制度自信提供了学理基础和理论论证。通读全书，我们随处都能感受到作者在观点和材料、逻辑和文采、规范和事实、历史和现实、本土和域外诸多方面的精彩呈现，具体来讲，该书至少有以下几大亮点。

1. 在研究范式上，作者提出在当代中国研究合宪性审查问题务必要放在中国特色社会主义法治的独特语境下展开。书中遵循从一般到特殊、从抽象到具体的叙述方法，在阐发了法治的一般特征与要求后，转而对中国特色社会主义法治进行着重解读，将中国共产党的领导作为中国特色社会主义法治的最大特色，并且将这一特色彰显于合宪性审查理论逻辑建构和制度规范设计的相关章节的论述中。这为我们在宪法研究领域扬弃长期以来西方中心主义的思维定式，建构宪法研究的中国话语体系和理论体系打开了一个现实主义新范式。

2. 在逻辑建构上，作者引入了两个独特的概念分析工具。一个是“中国特色社会主义宪制”，这一概念的引入为全书的研究（无论是理论阐释、规范论证还是案例分析）提供了基本的逻辑前提，避免了西方“民主宪政”概念在意识形态和学术探讨领域的双重困扰，坚持了宪法学研究的自信、自立和自觉。另一个是在探讨合宪性审查法律关系的问题上首次提出“元概念”这一新鲜话语，并将宪法监督的客体——宪定公共权力作为合宪性审查法律关系的元概念，以此出发，演绎出合宪性审查法律关系的主体、对象、内容等诸方面要素，为我们提供了一个理论分析的逻辑基点。

3. 在叙事风格上，突出了问题导向。通篇以提出问题的方式导出原理、以回应问题的方式展开原理。有理论问题（如合宪性审查法律关系的逻辑建构），也有实践问题（如我国合宪性审查的模式选择）；有历史问题（如新中国宪法制度的跌宕进程），也有当下问题（如合宪性审查工作的具体推进）；有本土经验问题（如中国特色合宪性审查模式的比较优势），也有域外样本问题（如世界各国宪法监督制度的发展规律）；有体制改革问题（如单一制下"一极性"审查体制的安排），也有机制创新问题（如在启动机制上注入执政党的助推功能）；有规范实证问题（如对中外合宪性审查制度的比较分析），也有经验实证问题（如对当代中国法治实践中各种宪法性事例的深入解剖）；等等。

4. 在材料的占有和使用上，作者更是费尽移山心力。一方面是对规范文本的充分关照。如对我国现行《宪法》《立法法》以及二者的修正案进行了全面梳理，对《各级人民代表大会常务委员会监督法》中的相关条款的修改也提出了可预期的修正建议，对世界各个典型国家的宪法制度也有丰富的针对性介绍。另一方面是对宪法审查论域中具有代表性的经典案例和现实场景进行了系统深入的解析。既有对孙志刚案、齐玉苓案、张先著案、马伯里案这些绕不过去的典型案例的反思；也有对当下住建、教育、防疫、地方治理等领域出现的新情况、新问题的精准把脉，读来饶有趣味、文采灵动，体现了一个宪法学人应有的责任感、敏锐的洞察力以及对民生问题的深度关切。

此外，作者还在书中给我们留下了一些悬而未决的问题，比如，被审查规范性文件的制定机关在合宪性审查机关作出实质性判断之前自行废止了该规范性文件，是否必然导致审查程序的终止？这着实耐人寻味，对此类问题的回答也许仅满足于形而上学的法理解读是不够的，还需要更多的辩证思维和政治智慧。

总之,吴延溢教授的这本《中国特色合宪性审查的原理、规范与实践》无论是对新时代中国宪法学研究的话语、理论与制度的创新,还是对中国特色社会主义宪制发展路径的探索都无疑具有重要的学理价值和实践意义,是一本值得一读的高质量学术著作。

是为序。

刘旺洪

2023 年 12 月 20 日于金陵

CONTENTS

目录

引 论

一、研究视野：基于历史语境的分析

恩格斯告诉我们：凡不是自然科学的科学都是历史科学。[1] 宪法学也不例外。因此，本书在开篇就从历史语境下的合宪性审查问题谈起。在谈到中国的宪法运动史的时候，不能只看新中国成立以来的一段历史，还要有一种更为宏大叙事的历史视角。这种视角不是直接论述当代中国宪法制度这个具体问题，而是着眼于近百年来整个宪法的变迁，对这种宪法变迁的整体把握，对于铺设与考量中国式的合宪性审查制度生成路径具有更为强烈的纵深感和更为丰富的背景意义。

近百年来，中国宪法运动最突出的表征就是宪法的频繁变动，旧宪法不断被新宪法所取代，处于不稳定的状态中。这种现象好像是一种历史的无奈，其实，它恰恰反映了中国宪法运动背后所蕴含的社会结构的深刻变迁和各种政治力量的角力。救亡与启蒙并存，激情与理性同在，保守与进步共生，革命与反动交错，外发与内生纠结，构成了宪法运动的主流风景线，同时也揭示了一个规律，即宪法运动不是抽象的纸上谈兵，而要与社会结构的变迁相适应，这是唯物史观在宪法学领域的生动体现。

---

〔1〕 参见《马克思恩格斯选集》(第2卷)，人民出版社2012年版，第8页。

从经济结构上看,20 世纪上半叶,中国总体上处于半殖民地半封建的经济结构中,这决定了清政府、北洋政府、国民党统治时期的伪宪法的纷纷出笼。但是由于民族独立与民主革命的发展,这种顽固的经济结构在时间上被隔断,在空间上被分割,其间又穿插了民族资产阶级性质的宪法和以共产党为代表的人民民主性质的宪法,但二者的命运不同。前者昙花一现,因为其是一场自上而下的革命,《临时约法》缺乏广泛而现实的社会经济基础,很快夭折;后者则有根据地及边区经济政策和改革成果的支持,存在现实的经济结构基础,所以成长壮大,并最终发展成为社会主义类型的宪法。新中国成立后,《共同纲领》起到临时宪法的作用,并能适应当时多种经济成分并存的经济结构需要,但随着社会主义改造运动的深入,其已越来越不能适应形势发展,故而 1954 年《宪法》出台,它是我国第一部社会主义类型的建设性宪法,也标志着中国社会经济结构开始走向单一化,这种态势一直发展到 1982 年《宪法》而未有根本改观。但是 1982 年《宪法》实施至今又经历了 5 次修正,前 4 次修改的核心内容大多与经济结构的变化有关,如私营经济的合宪性(1988)、非公有制经济是社会主义市场经济的重要组成部分(1999)、公民私有财产权不受侵犯(2004)等,这些都是改革开放后社会结构从单一性向多样性发展的现实成果的宪法反映。

从政治结构上看,一部现代意义上的宪法应当以社会中存在多元的利益集团和政治力量为前提,是各种政治力量相互对比、相互表达、相互妥协的集中体现。但是纵观百年来的中国,这种多样化政治结构并非什么时期都有。当社会出现分化时,就出现了孙中山的五权宪法、新中国成立时的《共同纲领》以及 1982 年《宪法》的历次修正;而当社会单一化整合程度较高时,便出现了晚清宪法、北洋宪法等。新时代以来,随着政治体制改革的推进,尤其是司法体制、监察体制以及党和国家机构改革的全面深化,我国的政治结构在系统与要素的组合上都有了新的发展格局,所以 2018 年修宪也就成为我国宪法发展的必然性历史注脚。

从观念结构上看,过去一个世纪中国宪法发展的最薄弱环节就在于观念的落后,公民意识、主体意识、自由、平等、人权、分权、法治等民主思维先天不足,后天又营养不良,在主流意识形态领域,一直没能处于一种长期、稳定、核心的发展态势中,而是不断被打破,遇到种种阻却因素和排斥力量,甚至被边缘化、虚无主义化。晚清到民国初期的所谓"宪政运动",其主流意识形态是儒家思想、权力本位、国家主义,《共同纲领》和 1954 年宪法时期,虽然思想比较活跃,出现良好的发展势头,但很快又被"左"倾路线影响。1982 年《宪法》实施以来,是一个相对稳定而持久的发展期,各项事业欣欣向荣,民主法治、自由平等、公平正义、权利保障、权力制约等观念逐渐普及,深入人心,并见之于日常的行动,整个社会的法文化观念不断对传统法律文化进行反思式传承和对外来法律文化进行祛魅式借鉴,在"中西马"的纵横交错中,中华现代法治文明的亮色益发彰显,观念文明的不断现代化是推动宪法实施的最深厚的力量。

社会的发展还可以通过某种法理学的话语给予符号化或公式化的描述。但凡研习法律的人都不会忘记 19 世纪英国法律史学家梅因在其代表作《古代法》中的一段脍炙人口的论断:"所有进步社会的运动,到此处为止,是一个'从身份到契约'的运动。"[1] 对这句话的理解仁者见仁、智者见智。窃以为此处的"身份"反映的是传统特权社会中的不平等关系,"契约"反映的是近代社会中产生的形式上的平等关系。梅因的这句话说到他那个时代为止,不失其高屋建瓴的精彩,但如果再往后看,一直观察到现时的社会,我们会发现,梅因只是说出了进步社会运动轨迹的一半。其实,历史的运动方式是按照否定之否定的华尔兹旋律进行的,遵循"从身份到契

[1] [英]亨利·萨姆奈·梅因:《古代法》,沈景一译,商务印书馆 1959 年版,第 97 页。

约再到矫正的身份"之定律,这一定律反映了人类对平等社会关系的不懈追求,即从古代绝对的不平等(无论是实质还是形式)发展到近代意义上的形式平等(无论何种主体都被同等对待,赋予均等机会),再向现代意义上的平等过渡,即扬弃形式平等而致实质平等(在权力与权利、强者与弱者、群体与个体之间,天平的砝码多加在后者一边,于是便有了福利国家制度、劳动保护制度、消费者权益保护法、残疾人保障法、未成年人保护法、妇女与儿童优位原则……)。有人曾将人类文明史的发展历程粗略地分为三个时代:刑法时代、民法时代和宪法时代。这与进步社会的否定之否定规律不谋而合,刑法时代是身份社会,民法时代是契约社会,宪法时代是矫正的身份社会。我们应当庆幸自己正处在这个公式的后半段上。

坚持全面依法治国,推进法治中国建设,是中国式现代化伟大征程中的一个历史性重大战略抉择。习近平总书记多次强调过宪法对于治国理政的重要意义。在党的二十大报告中,他又着重指出:"坚持依法治国首先要坚持依宪治国,坚持依法执政首先要坚持依宪执政……更好发挥宪法在治国理政中的重要作用,维护宪法权威。"〔1〕从宪法原理上讲,宪法是现代民主政治的基本法律形式,"是法治存在的基本要素,并且是法治中的核心要素",〔2〕因而依法治国的核心是依宪治国。当然有了顶层设计和理论准备,不等于就有了宪法政治的现实,只有保障宪法在现实生活中得到贯彻实施,才能树立起自身的权威,发挥其在中国特色社会主义整个法治体系中的引领力,宪法的生命力才能展现出来。如何切实保障宪法的全面实施呢?答案就在于构建和完善宪法实施的制度体系,最关键的就是推进合宪性审查制度的发展。

---

〔1〕《习近平著作选读》第一卷,人民出版社 2023 年版,第 34 页。
〔2〕许崇德主编:《宪法》,中国人民大学出版社 1999 年版,第 47 页。

合宪性审查滥觞于近代西方法治文明，随着法治文明的发展而发展，世界各国根据自身的历史文化传统和时代发展条件，其合宪审查实践无论在观念上还是在制度上，都取得了历史性的成果，为今人留下了宝贵的创造性财富。从世界范围来看，模式在模式中不断被打破，这是世界各国合宪性审查制度发展的基本轨迹。历史正以其优美的华尔兹舞步向前迈进，自从马歇尔开创了普通法院进行违宪审查的先例以来，合宪性审查的模式便呈现出多样性，传统的英国议会审查模式被打破。当欧洲国家在20世纪初纷纷效仿马歇尔模式时，他们却发现这种模式亦非适合本国国情的理想模式，在对自己的东施效颦进行一番反思之后，又在奥地利人凯尔森的影响下改弦易辙，大多数国家建立起宪法法院审查模式，并为其他各洲树立起成功的典范，而法国则独树一帜，终于将尘埃落定在宪法委员会审查模式上。对于社会主义国家而言，自从苏联将议行合一的人民代表机关监督制度写进宪法之后，后起的社会主义国家亦采取了同样的模式，随着东欧的剧变，东欧原社会主义国家的宪法监督模式亦被无情地扬弃，代之而起的是以俄罗斯为代表的宪法法院审查模式，该模式与奥地利模式可谓殊途同归。我国在历史上受苏联模式的影响，实行议行合一的国家机构组织形式，由全国人民代表大会集中行使宪法监督权，合宪性审查制度在半个多世纪的风风雨雨中形成了自身的特色，同时，无论在理论还是实践上都还存有不足之处。

新中国成立后，合宪性审查制度与宪法一样，经历了一个命途多舛而又渐入佳境的发展轨迹。中华人民共和国第一部宪法，即1954年《宪法》，充分展示了新生的社会主义国家依宪治国的勇气和决心，但该部宪法对宪法监督制度的规定还很贫乏，甚至连宪法解释制度在宪法文本中也付诸阙如，只是初步确立了立法解释制度，这就严重制约了全国人大及其常委会合宪性审查功能的发挥。因为合宪审查权的行使是以宪法解释为其逻辑前提的,如果这个前提没有确立,那么合宪性审查的运作就可谓是皮之不存,毛将焉附。篇幅短小的1975年《宪法》由于受到“以阶级斗争为纲”的思想的支配,注重形象化的语言和政治口号,漏掉了1954年《宪法》中确立的许多原则和制度,根本没有认真地思考合宪性审查问题,不恰当地取消了宪法监督制度。1978年以后,中国人民和中国共产党的法治观念开始回归正轨,他们深知,“宪法的权威关系到政治的安定和国家的命运,决不容许对宪法根基的任何损害”。[1] 而要消除国家制度的弊端,“最重要的是要有专门的机构进行铁面无私的监督检查”。[2] 因此,在1978年《宪法》和现行的1982年《宪法》中,确立了以全国人大及其常委会为审查主体、以宪法解释为辅助形式的合宪性审查制度。

改革开放的新时期,中国特色社会主义法治建设取得了一系列突破性成就,宪法修改的次数也比较频繁,但基本上侧重于经济制度及指导思想等方面,在合宪性审查制度建设上进展较缓,宪法实施的落地尚缺乏诸多现实条件(包括实体的和程序的),尽管颁布了某些相关法律如《立法法》,还是距离完整意义上的宪法监督制度相去甚远。当然,这段时期的发展态势还是积极的,从党的十五大到党的十七大,都强调走中国特色社会主义道路,在民主政治建设方面要深化改革,完善党和国家的监督制度,建立健全依法行使权力的制约机制,特别指出要加强对宪法和法律实施的监督。这既为我们指明了方向,更向我们提出了一个在中国这样的特殊国度里如何健全宪法实施制度的时代课题,使得合宪性审查的理论、制度和实践有了引领的旗帜和可依赖的路基,顺此基本潮流而动,方能渐入佳境。

新时代以来,我国宪法监督制度得到长足发展,“在思想上有巨大解

[1] 彭真:《关于中华人民共和国宪法修改草案的报告》,载《中华人民共和国宪法》,人民出版社1993年版,第89页。

[2] 《邓小平文选》(第2卷),人民出版社1994年版,第332页。

放,在机构和职责安排上终于实现了突破”。[1] 党的十八大以来的历次党代会都强调要加强对宪法和法律实施的监督。党的十九大报告明确提出,“加强宪法实施和监督,推进合宪性审查工作,维护宪法权威”。[2] 党的二十大报告进一步强调要“加强宪法实施和监督,健全保证宪法全面实施的制度体系”。[3] 这无疑为我国合宪性审查工作的不断推进和创新提供了整体性、系统性思路。从法治实践层面来看,2018 年宪法修正案对全国人大的机构设置进行了一项重要调整,将法律委员会改组为宪法和法律委员会,虽然在文字上只增加了三个字,但在合宪性审查体制创新上迈出了一大步。2023 年,我国《立法法》第二次修正,进一步明确了立法和备案审查中的合宪性审查要求,这些举措使得我国合宪性审查制度的运行更加具有可操作性,我国加强宪法实施与监督的步履越来越清晰,步伐也越来越快了。合宪性审查工作的推进离不开制度方面的支撑,当然更需要理论的准备和指引,在考察合宪性审查问题时,首先要解决的不是制度设计的技术性问题,而是要探讨其基础性的理论问题。正如霍姆斯所言:“理论之于法律的教条,犹如建筑师之于建房的工匠,乃其最重要的一部分。”[4]

二、人的条件:从传统到现代

每一个具有中国国籍的自然人都是宪法意义上的中国公民。我国《宪法》第 33 条第 1 款规定:“凡具有中华人民共和国国籍的人都是中华人民共和国公民。”虽然有宪法条文上的明确规定,但并不是每一位公民都能意

[1] 张翔:《“合宪性审查时代”的宪法学:基础与前瞻》,载《环球法律评论》2019 年第 2 期。

[2] 《习近平著作选读》第二卷,人民出版社 2023 年版,第 32 页。

[3] 《习近平著作选读》第一卷,人民出版社 2023 年版,第 34 页。

[4] 转引自[美]爱德华·S. 考文:《美国宪法的“高级法”背景》,强世功译,三联书店 1996 年版,第一节引言前插页。

识到自己是一个公民,更不是每个宪法文本意义上的公民就可以一下子转化成宪制生活中的公民。近年来,中国的合宪性审查机关受理的合宪性或合法性审查建议案基本上都是来自公民的诉求。十二届全国人大期间,全国人大常委会法工委共收到公民提出的各类审查建议案 1527 件,其中属于备案审查范围的建议案共计 1206 件。这说明,在中国现行的宪制条件下,公民作为国家机构体系外的一极主体,已经获得越来越强烈的主体自觉,并展现出公民应有的宪法勇气和责任担当,为推进我国合宪性审查工作作出了积极贡献。

当然,宪法规定的是一种身份,它仅仅是公民的法律形式,要真正地成为一名宪制生活中的公民,进而在全社会形成具有普遍性的公民存在,并自觉性地发挥其应有的宪制功能,还要经历一个切实的角色转换过程。就中国的历史与现实状况而言,大致经历了从草民到公民、从贱民到公民、从臣民到公民、从居民到公民以及从私民到公民的 5 种形态蝶化过程。[1] 这里需要进一步说明的是,中国人公民意识的自觉不是短时间就能完成的,中国人的公民观念深受传统文化的影响,再加上西方思想家对中国文化的不同解读,需要经过某种辩证的否定,对中国传统文化进行认真梳理和批判、对西方思想家的观点进行甄别和扬弃,才能真正完成公民角色的现代化转换。

(一)寻找中国古代的公民意识:由韦伯说到韩非

韦伯的《新教伦理与资本主义精神》中有一句话:"西方之外,从来就不

---

〔1〕 5 种蝶化过程的描述详见拙著《中国特色合宪性审查的逻辑、规范与经验》,九州出版社 2020 年版,第 95 ~ 104 页。

存在城市公民的概念。"[1]有的学者以此发挥,得出结论,认为中国传统文化中并不存在公民概念,公和民连在一起组成一个新的词,是近代以后才出现的。[2] 此论断未免失之草率。其实,先秦时期韩非子就曾提到"公民"一词,亦有公民思想的萌芽。韦伯毕竟是一个从未到过中国的欧洲人,只是在传来的翻译文献中了解中国的历史文化,其阅读量是极其有限的,并没有深刻感受到中华文化的博大精深,出现知识的黑洞也在所难免。他写的《儒教与道教》一书亦显浅薄。而且韦伯所说的概念并非"公民",而是"城市公民",这是与古希腊以降的"城邦公民"相类似的概念,有着特定的内涵,意指共同管理城市公共事务的主体,突出城邦性特点,而且这种城市公民的人员构成具有高度的同质性(homogenous),如拥有一定的财产,语言、教育、文化、地域和种族背景大体相似,正是基于此,古希腊城邦公民的人数很少,在民主制度最为繁荣的伯利克里时期,公民总数也不到5万人。当时农耕与贸易不发达,又是奴隶制生产方式,使得那些由自由人构成的公民能够有充足的闲暇投身于城邦政务中,再加上城邦领土狭小,又为公民直接从事城邦公共事务提供了空间条件,城邦政治成为公民生活的主旋律,城邦公民都具有"专职公民"的身份。难怪亚里士多德说:"人'自然趋于城邦生活的'动物"。[3] 由此也可以解释为什么古希腊人在审理案件时会有一个由501名城邦公民组成的庞大陪审团(他们也是审判员)。

韩非子的"公民"概念则超越了城邦的局限,突出国家性特点,是一种国籍主义思维。《韩非子·说林上》中有一则"温人之周"的故事:

---

〔1〕[德]马克斯·韦伯:《新教伦理与资本主义精神》,彭强、黄晓京译,陕西师范大学出版社2002年版,第22页。

〔2〕参见胡弘弘:《公民概念在我国的发展》,载张庆福、韩大元主编:《中国宪法年刊2005》,法律出版社2006年版,第121页。

〔3〕参见[古希腊]亚里士多德:《政治学》,吴寿彭译,商务印书馆2017年版,第7页。

> 温人之周，周不纳客。问之曰："客耶?"对曰："主人。"问其巷而不知也，吏因囚之，君使人问之曰："子非周人也。而自谓非客，何也?"对曰："臣少也颂《诗》曰：'普天之下，莫非王土；率土之滨，莫非王臣。'今君天子，则我天子之臣也。岂有为人之臣而又为之客哉？故曰'主人'也。"君使出之。[1]

周王之所以最后把这个温邑来的人放了，是因为他回答得很有道理，虽有君臣之分，却无主客之辨，既准确地把握了自己的等级地位，又恰当地表明了自己的国家身份。虽然这则故事里没有使用"公民"一词，但字里行间已经向我们传递了强烈的公民意识。

1. 公民的法律效力是在整个国家都有效的，具有国籍意义，无论出生于哪里生长于哪里，都应享有同等的自由，得到一视同仁的平等对待，可以享受统一的国民待遇，从而区别于籍贯意义的地方居民。

2. 公民身份的角色相对国家来说，是"主人"，外国人才是客人。主客之辨实质是讲一种基于国土家园的归属感而产生的国格上的绝对平等，他赋予了各不相同的个体以整体的统一的国家意义。用今天人们的眼光来看，它不仅发挥一般法律的功能，而且还积淀在人文历史的心灵深处，默默地等待着被激发出来。联想到抗战时期，虽然国民政府面对山河破碎表现得力不从心，但一句"地不分南北，人不分老幼，皆有守土抗战之责"的政治动员号召，却在积贫积弱的中华大地上激起那些碎片化的芸芸众生共赴国难、舍生忘死，何也？因为他们皆为"主人"也。

---

〔1〕 高华平等译注：《韩非子》，中华书局2010年版，第249页。

(二)韩非公民意识的局限:由黑格尔说到韩非

黑格尔在《历史哲学》中一会儿要探索中国历史上终古不变的“宪法精神”,认为那是一种家族式伦理等级秩序;一会儿又断言,“整个帝国的行政管理和社会约法是道德的,是完全不含诗意与自由情调的”。[1] 黑格尔的评价是中肯的,指明了中国古代的“公民”存在根本性的缺陷,即不能作为自由的权利主体而存在,中国的传统社会自由观念和权利意识淡薄,近代西方人早已把自由看得比爱情和生命还要高贵,而中国人在这一方面的意识觉醒的较晚,所以鲁迅笔下的阿Q把“自由党”说成“柿油党”,也就不足为怪了。重管束轻自由、重义务轻权利也正是韩非子公民概念的历史局限性,使得其公民概念有形式意义而无实质意义。具体分析如下。

1. 在内容上强调公共性义务而不是公共性权利

《韩非子·五蠹》中有一句“是以公民少而私人众矣”的感慨。[2] 这是中国古代文献中最早提到公民一词的地方。意思是说:向国家纳税、服劳役、服兵役之类的履行公共义务的人变少了,而忙于私人事务、为私利而奔波劳累的人越来越多了。公与私相对,公民与私人严格界分。服务于国家的曰公民,不服务于国家的曰私人。在国家主义思维的支配下,为了提高国家的实力、维护君主专制的王权,韩非主张立公废私。

2. 在主体地位上欠缺自由、平等的元素

相对君王来说,公民皆为臣子。虽然外无主客之辨,但是内有君臣之分。君臣之分说的是自由情调的普遍缺失和身份等级秩序的合法性,因而与近代立宪主义思想还不是一回事,还不具有自由、平等和民主意识。

---

〔1〕[德]黑格尔:《历史哲学》,王造时译,上海书店出版社1999年版,第129页。

〔2〕高华平等译注:《韩非子》,中华书局2010年版,第720页。

从自由意义上讲,古代中国人既不存在古希腊城邦公民的积极自由,一般国人不具有参政议政资格与能力,不知道民主投票是什么东西;也不存在近代立宪主义主张的消极自由,古代国人习惯于被一个家长管着护着罩着,公权力可以渗透到私人生活的诸领域,民事问题常通过行政或刑事手段解决。郑板桥在审理一桩"无夫奸"案件中,最后判令当事人结为夫妻,永为秦晋之好。我们只听说过因为通奸而判决离婚的,却从未听说过因为通奸而判决结婚的。当然,该案背后隐含的意思有很多,就本书话题而言,就是古代中国人的私人领域没有什么个人自由可言,相反公权力却很强大,强大到足以决定老百姓的终身大事。

从平等意义上讲,古代中国人生活在等级森严的宗法伦理秩序中,皇帝像严父一样站在政治机构的塔尖上,臣民则像孩童般不敢越出家族的伦理原则,个人敬谨服从,相应地放弃了它的反省和独立,国家的特性便是"客观的家庭孝敬",维系中国人的"乃是血统关系和天然义务"。[1] 人们按照一种长幼有序、尊卑有别的秩序构建人与人之间的社会关系,这一套合法存在的不平等秩序在儒家那里被称为"礼"。但是,法家韩非子从来没有主张过礼,而是提出了一个有别于礼的范畴,叫"度"。在《韩非子·有度》中,"度"有两层意义:其一,内外有度。就是说分清法律内外的事情,"不游意与法之外,不为惠于法之内,动无非法"。[2] 并且强调公私有别,法在于立公去私,每个人都应当作一个奉公守法,抛弃私利,效力国家的公民。"奉公法,废私术,专意一行,具以待任。"[3] 如果"人主释法用私,则上下不别矣"。[4] 所以,内外有度,强调的是公民之"公",并且这里的"公"实

〔1〕[德]黑格尔:《历史哲学》,王造时译,上海书店出版社 1999 年版,第 127 页。
〔2〕高华平等译注:《韩非子》,中华书局 2010 年版,第 49 页。
〔3〕高华平等译注:《韩非子》,中华书局 2010 年版,第 47 页。
〔4〕高华平等译注:《韩非子》,中华书局 2010 年版,第 50 页。

质是平等地履行公民义务，而无权利可言。其二，上下有度。在君、臣、民三者中，君为上，臣民为下，君主必须具有绝对权威，不能与任何人分享，“威不二错，制不共门”。[1] 尽管一国之人也像现代公民一样，均可获得法律的平等对待，“法不阿贵，绳不挠曲。法之所加，智者弗能辞，勇者弗敢争。刑过不避大夫，赏善不移匹夫”。[2] 但是这种法律适用上的平等必须是建立在君主的绝对统治之下，保证“上尊而不侵”“主强而守要”。君王是利用法律行使统治权的人，臣民则是服从法律接受统治的人，与其说在法律面前人人平等，不如说在君王面前人人平等。所以黑格尔也指出：“在中国，既然一切人民在皇帝面前都是平等的——换句话说，大家一样是卑微的，因此，自由民和奴隶的区别必然不大。”[3] 接着黑格尔的意思往下讲，其实官员与平民乃至一切贫富贵贱都不会有太大的区别，他们在王法的公共治理下享受着卑微的平等。可见，韩非子主张贵贱平等，立公废私，其实并非他的目的，他的目的旨在极力维护君主专制的国家政体。到了晚清乃至民国，虽然“从臣民到国民”一直是政治生活中的一种潮流，但就其本质而言，依然是对“诗经—韩非时代”体制的回归。

三、话语与方法

（一）导入中国特色宪法学科的基本话语

习近平指出，“要按照立足中国、借鉴国外，挖掘历史、把握当代，关怀人类、面向未来的思路，着力构建中国特色哲学社会科学”，[4]“发挥我国

---

〔1〕 高华平等译注：《韩非子》，中华书局2010年版，第49页。
〔2〕 高华平等译注：《韩非子》，中华书局2010年版，第50页。
〔3〕［德］黑格尔：《历史哲学》，王造时译，上海书店出版社1999年版，第129页。
〔4〕《习近平著作选读》第一卷，人民出版社2023年版，第478页。

哲学社会科学作用,要注意加强话语体系建设”。[1] 对中国特色宪法学的研究,同样需要完成一个话语转换问题。过去我们曾有一段时间由于受到西方民主宪政思潮的影响,学术界热衷于使用“宪政”一词,但是这个词作为一个“舶来品”,在中国一直表现出水土不服的病理症状。从逻辑义理上看,“宪政”一直处于一种语义模糊状态,概念理解上一直众说纷纭,或作说文解字式的定义,或作民主政治的清谈,或作道德观念的描述,或作权力制约的主张,或作国家制度的安排,或强调更为重要的是实施这种安排。[2]

从意识形态上看,“宪政”这个词带有强烈的价值冲突意味,我们需要寻求一个中性的而且语义更为明晰的词语,同时这个词还要满足两个条件:一是它正在被我国执政党或政府的官方正式文献采用;二是它能用来解释特定国家的基本内在结构这一核心内涵。

于是,我们找到“宪制”这个极具阐释力的词。在党的十九大报告中出现了两个与宪法学有关的新词汇、新话语,一个是大家耳熟能详的“合宪性审查”,另一个是“宪制”,报告第十一部分讲坚持“一国两制”和推进祖国统一这个话题时出现了“宪制”一词,具体是这样表达的:“要支持特别行政区政府和行政长官依法施政、积极作为,团结带领香港、澳门各界人士齐心协力谋发展、促和谐,保障和改善民生,有序推进民主,维护社会稳定,履行维护国家主权、安全、发展利益的宪制责任。”[3] 党的二十大报告的第十三部分在论述同样话题时也提到“宪制”一词,具体表述为“坚持依法治港治澳,维护宪法和基本法确定的特别行政区宪制秩序”。[4]

在西方,宪制一词与宪法一词常常被混同使用为 constitution,但从词源

[1] 《习近平著作选读》第一卷,人民出版社 2023 年版,第 486 页。

[2] 参见吴延溢:《宪法监督的逻辑与模式》,吉林人民出版社 2002 年版,第 1 页。

[3] 习近平:《决胜全面建成小康社会　夺取新时代中国特色社会主义伟大胜利——在中国共产党第十九次全国代表大会上的报告》,人民出版社 2017 年版,第 55 页。

[4] 《习近平著作选读》第一卷,人民出版社 2023 年版,第 47 页。

学意义上讲,constitution 的词根本意就是结构或构成,用来描述国家时,集中关注的是政治国家(state)的建构秩序和组织制度。如亚里士多德的《雅典政制》、意大利法律史家马尔蒂诺的《罗马政制史》以及白芝浩的《英国宪制》,[1]在所有这些著作中,所谓 constitution 就是一国政治结构与制度构成,法律形态上的文本规范从来就不是宪制的重点。[2] “二战”后,在许多国家或地区, constitution 仍被理解为国家构成的基本制度和实践,而不是或至少主要不是一套比其他法律更高的法典形式。[3] 在宪法与宪制的关系问题上,有一点必须明确,那就是宪法是对特定国家宪制的确认,但宪制并不以宪法为前提。换句话说,没有宪法这种法典形式,照样可以寻找到特定国度的宪制内容。由此,我们就不难理解为什么黑格尔会在他的《历史哲学》一书中饶有兴趣地探寻中国古代社会一直存在的某种“终古不变的宪法精神”。[4]

苏力教授认为:“今天,在许多地方,因为有国家继承,或因为大国间的默契,加之与政治经济交通通信语言文字相伴的现代性,立宪约法似乎成

---

〔1〕 苏力:《大国宪制:历史中国的制度构成》,北京大学出版社 2018 年版,第 30 页。

〔2〕 我们从深受美国司法传统影响的戴雪著作《英宪精义》中也可以看到,尽管关注了司法和权利法案,但他首先关注的仍是英国的议会,以及由习惯、惯例、做法等构成的制度。参见[英]戴雪:《英宪精义》,雷宾南译,中国法制出版社 2001 年版,可参见该书译者导言。

〔3〕 例如,1981 年再次公布的《荷兰宪法》第 120 条就明确拒绝了宪法是“高级法”,规定“法院无权裁决议会法令和条约是否合宪”。又如,即便属于普通法法系的中国香港地区,无论在 1997 年回归之前还是之后,有关香港本地政治制度组织架构的相关事务,依据惯例,一直称宪制或政制事务。回归前,香港布政司署下设宪制事务科(Government secretariat: Constitutional Affair Bureau),回归后更名为香港政制事务局(Constitutional Affairs Bureau),2007 年改为政制及内地事务局(Constitutional and Mainland Affairs Bureau)。这表明对 constitutional 的理解更侧重于制度而不是法律规则。香港特区专注于法律规则的机构是律政司(Department of Justice),之前则是 Attorney General 这一官职。

〔4〕 黑格尔所说的古代中国的“宪法精神”实质上就是古代中国的宪制构成,是围绕着宗法伦理等级观念而建构起来的家国一体化秩序,是一种集权主义的君主制,近代以来世界史发展中的宪法精神恰好与此相反。所以,黑格尔在讨论了古代中国的宪制结构之后,紧接着认为:“我们不能够说中国有一种宪法;因为假如有宪法,那么,各个人和各个团体将有独立的权利——一部分关于他们的特殊利益,一部分关于整个国家。但是这里并没有这一种因素。”[德]黑格尔:《历史哲学》,王造时译,上海书店出版社 1999 年版,第 126～130 页。

为国家构成的最主要工具……真正至关重要的问题从来不是宪章,而是令宪章正当合法的基础和前提,即宪制。只有当一个国家已实际构成,有了人民、疆域和初步的政治治理,制度大致确定,治理已实际开始,才可能开始制定宪章/法。"〔1〕

如果要下定义的话,宪制是特定历史条件下客观存在的国家构成范式。无关宪法的有无优劣。有宪法,它活在那儿;没有宪法,它也活在那儿;不能简单地用好坏善恶下结论,它的存在只是一种符合"自然历史过程"的必然性,它的改变也是一种"自然历史过程"的必然性,并且体现了宪制文化的基因与传承。正如意大利学者贝特鲁奇所说:"共和制的宪法保留并采用了王政宪法的因素;帝制的宪法吸收并利用了共和制宪法的因素,因此如果说从一种宪法模式向另一种宪法模式的过渡,在政治层面上总是打上了斗争和内战的印记,相反在法律层面上,人们注意到某些原则的一定的延续和发展,这些原则确认并表明了它们的有用性。"〔2〕所以,宪法法典本身是文本主义的宪法,宪制则是存在主义的宪法,是"活着的宪法"。〔3〕

(二)本书的研究方法

坚持以问题为导向,是本书的一大特色,也是贯穿始终的研究方法和叙述方法,无论是从具体到抽象,还是从抽象到具体,都围绕着这一系列问

---

〔1〕 苏力:《大国宪制:历史中国的制度构成》,北京大学出版社 2018 年版,第 36 页。

〔2〕 转引自何勤华、张海斌主编:《西方宪法史》,北京大学出版社 2006 年版,第 78 页。贝特鲁奇这段话中的"宪法"从更为贴切的角度看,应译成"宪制"。

〔3〕 国内学者王希早就有"活着的宪法"一说。参见王希:《活着的宪法》,载《读书》2000 年第 1 期。这里所谓的"活着的宪法"与本书的意义有所不同,其原本的理解是:一要有宪法(反映民主内容)存在,二要宪法得到有效的贯彻和实施,三是宪法直接作为解决社会利益冲突的最高依据,渗透到市民社会和政治国家的日常行为中,成为人们心中的律令。其核心义理在于宪法文本规范得到实际运用。本书的"活着的宪法"不以宪法文本为前提,而是关注更具有背景意义的国家构成范式。

题而展开。方法问题的重要性不仅在于它的工具意义,而且在于运用不同的方法甚至可以得出不同的结论。掌握和运用科学的方法有助于我们进行研究和叙述,也有助于我们得出正确的结论。

1. 社会科学研究的一般方法

这里的一般方法是指社会科学研究所普遍采用的方法,范围十分广泛,本书主要遵循辩证思维,采用如下方法。

第一,理论与实际相结合。即在进行理论叙述时,联系客观存在的社会背景,如社会经济制度、国家政治制度,考察它们的结构、状态和运行以及已经取得的成果和存在的问题;联系现有合宪性审查制度的特色与缺陷,使得我们在制度创新中作出模式选择时更加具有现实性和针对性;对于学术领域中存在的一些有待探讨的观点和认识上的分歧,也是很有价值的。

第二,利益基础与价值目标相结合。宪法监督表面上是人民主权、权力制衡和权利保障的必然要求与反映,实质上是社会利益分化后在政治结构上的解构与重构,如人民群众对国家机关的监督便体现了利益让渡者对利益受让者的监督关系。随着社会主义市场经济的不断发展,最终形成市民社会与政治国家两大利益群体的结构性关系,普遍的公共利益的总和构成政治国家,特殊的私人利益的总和构成市民社会,二者的对抗关系体现了宪法监督中普遍性与特殊性的对立统一。

第三,前瞻性与过程性相结合。结合世界上主要国家宪法监督的发展趋势和对我国制度创新的展望,对我国宪法监督的模式作出动态安排,避免提出理想主义的死样板。

第四,比较与评判相结合。这是一种非常流行的实用方法,就宪法监督而言,在理论上存在不同的观点、主张,在实践中亦有不同的模式选择,这就为我们在比较的基础上进行诊断、评价乃至推陈出新提供了可能。

第五,形态梳理与原因探析相结合。世界上的每一个国家,以及一个国家的不同历史时期,由于其政治、经济、文化、道德、宗教、民族、心理等因素的差异,总会形成各具特色的法律文化传统、法律体系和法律学说。国情迥异,宪法制度的选择也必然旨趣相去甚远。这就需要对不同国家以及不同时期的合宪性审查理论与实践所赖以发展的背景性因素加以综合考察,剖析一些深层次的原因。

2. 法学研究的常用方法

随着现代法学的发展,实证分析与规范分析相结合的方法已成为法学研究者惯常采用的方法。实证分析方法是现代法学研究广泛采用的一种方法,并且含有两种倾向:一种是法律实证主义的实证方法,"其特点在于将一切政治的社会的历史的伦理的要素从法学中统统彻底排除出去,然后对作为对象的实在规范进行纯粹逻辑意义、形式意义上的把握、整合和诠释"。[1] 以拉班德、凯尔森为代表。这种方法对于建立严密的宪法学理论尤其是寻求宪法的自我解释起到重要的作用,但由于其将实在规范作为研究对象,并完全排除价值判断,由此可能在逻辑上陷入"恶法亦法"的陷阱。另一种是由美国法学家庞德发展起来的社会法学的实证方法,其特点在于"将法律作为确保社会目的和利益的手段,并认为只有在经验中得到实证的这些目的和利益,才赋予法律以生命"。[2] 像美国这样的国家,其宪法典文本本身极为简约,发展到今天,其修正案条款数量已超过了正文,联邦最高法院在现实的违宪审查案例中确立起来的宪法判例更是活生生地说明了宪法规范的意义要不断从社会生活中去发现和体会。当然,使用这种

---

〔1〕 参见林来梵:《从宪法规范到规范宪法——规范宪法学的一种前言》,法律出版社 2001 年版,第 42 页。

〔2〕 参见林来梵:《从宪法规范到规范宪法——规范宪法学的一种前言》,法律出版社 2001 年版,第 43 页。

方法应当是有限度的，如果过多、过滥、过活，有可能造成业已生成的宪法规范自我迷失。

无论哪种实证方法，逻辑意义的也好，经验意义的也罢，它们都只能成为法学研究方法的一翼，另一翼在于规范分析方法。规范分析是价值分析，它与实证分析并无矛盾之处。社会法学的代表人物庞德也很看重价值分析的意义，他曾指出，“在法律史的各个经典时期，无论在古代或近代世界里，对价值准则的论证、批判或合乎逻辑的适用，都曾是法学家们的主要活动”。[1] 由于价值分析难免会产生研究者的傲慢与偏见，所以有不少人对价值分析的客观性表示怀疑，早期实证主义法学主张“价值无涉”，只进行纯粹的实证分析，这是一种理想主义，其实，任何人都无法摆脱个人的是非好恶等伦理观念对研究的影响。古尔德纳·富勒指出，撇开法律的道德环境而分析法律是不可能的，那种认为人可以有效地描述法律是什么，却无法超越个人的喜好去谈论法律应当是什么的观点，是与道德怀疑主义相连的错误认识。[2]

如果说实证分析解决的是实然性问题，那么规范分析就是一种应然性分析，只有将它们结合起来，并按照理性原则（前者遵循科学理性，后者遵循道德理性）去思考，就可以避免种种障碍与偏见。在进行合宪性审查问题的讨论过程中，我们不排除逻辑上的演绎和经验方面的支持，同时，也进行价值方面的比较和判断，并积极作出模式方面的选择。如通过实证方法比较世界各国合宪性审查的模式特征，发现宪法监督制度的发展趋势，以及对我国现有模式的特色进行分析；运用规范分析的方法探讨为何要有合宪性审查，确立合宪性审查理论的逻辑起点应该是什么，我国宪法监督的

---

〔1〕［美］罗斯科·庞德：《通过法律的社会控制》，沈宗灵译，商务印书馆1984年版，第55页。

〔2〕［美］博登海默：《法理学——法哲学及其方法》，邓正来、姬敬武译，华夏出版社1987年版，第184页。

模式应该作何选择;等等。

3. 宪法研究的独特方法

宪法研究有没有自己的独特方法?回答是肯定的。而且宪法研究的独特方法是与自身的各种规定性紧密相连的。

第一,法权分析法。这是与宪法的内容要义直接关联的独特方法,也是研究宪法监督问题的主要方法。它在一般意义上是指“从分析法权入手,以把握其基本属性,尤其是其分解和再分解的规律为基础来认识和阐释宪法现象的一种学理方法”。这种方法是由童之伟先生在《法学》1994年第9期中提出来的,稍后又在《法学研究》《法学评论》等刊物中进行了进一步系统阐述,他提出这个方法的用意在于:将法权作为宪法学的核心范畴,并以此为基点重构整个宪法学的体系结构;以研究对法权进行合理分配和正确规范其运用程序为直接任务,以考察权利与权力的关系、权利和权力内部各构成分子之间复杂互动的关系,以及它们在法律上的表现形式为基本内容。这种方法无疑给宪法学研究打开了一条新的富有学科特色的思路,对于本书的写作也起到积极的作用,不过,在本书中的法权分析法则具体到以公共权力(合宪性审查的客体范畴)为合宪性审查法律关系建构中的元概念,在此基础上展开合宪性审查法律关系中诸要素的整体建构。

第二,权变分析法。这是与宪法的内在属性和特征相关联的特殊方法。权变原是管理学的概念,此处引进这一概念当然不可作管理方法看,而是指权变一词的精神,权变的精神就在于寻求在不同时段上既定约束性条件下的因果关系。就宪法监督的学理研究而言,既定的约束条件应包括时代背景、政治制度、法律文化、社会心理等因素,然后通过阶段性的因果分析,得出相应结论,进而作出行为选择或模式建构。从目前宪法发展的态势看,我国的秩序体系正处于改革、发展、稳定的主旋律之中,权变主要介乎宪法的政治性和法律性之间。一方面,宪法作为民主政治的规范化制度化法条化表达,它必须凸显自身的法律性,许多学者纷纷要求建立宪法的法律性原则,这一点是积极可取的;另一方面,我们也要看到,宪法的法律性问题的研讨也是有特定的范围或边界的,那就是要充分考量宪法的政治性,比如在中国考察合宪性审查问题,就离不开将中国特色社会主义的根本政治制度、执政党制度这些基本政治要素作为背景与条件。曾有一段时期,学界对于宪法司法化的呼声很高,提出增强宪法的司法适用性,甚至有人洋洋洒洒地发出一部有关宪法司法化的专著来。但从我国宪法规定的政治体制和国家机构职权的分配情况来看,这种研究已经触摸到了密闭的天花板,没有现实可行性,即使偶尔冒出一个因齐玉苓案而出台的司法解释,被人鼓吹为中国宪法司法化第一案,但没有热乎几年就又被最高人民法院宣布废止,被废止的一个重要原因是该项司法解释搅乱了我国的宪制秩序,僭越了现行政治体制下合宪性审查的权力配置模式。

第一章

合宪性审查法律关系中的“元概念”及其逻辑展开

科学梳理合宪性审查过程中的客体、主体、对象、内容诸要素及其逻辑关联，不仅有助于全面把握合宪性审查的法律关系，也可以为合宪性审查工作的整体性宪制安排提供基本法理支撑。其中，客体是合宪性审查赖以运转的宪定权力，构成逻辑起点，具有元概念意义。将客体范畴作为元概念导入，对于构建合宪性审查整体法律关系具有基础性建构意义，其他诸要素则是它的逻辑展开，主体是宪定权力的人格化承担者，包括审查主体和被审查主体；对象是受审查权力的客观运行载体，如规范性文件；内容则是宪定权力运行所指向的权责关系。

一、合宪性审查法律关系中是否存在元概念

(一)何为元概念

元概念是一种抽象的概念，即概念的概念。用来组织某些领域的概念的属性和类，完成或添加具体的概念等，对于某个逻辑体系的建构具有基础性先导性的意义。

根据《现代汉语词典》，汉语中的“元”既是名词也是形容词，元概念中的“元”是形容词，作为形容词，“元”具有以下几种含义：开始的，第一的；为首的、居首的；主要的、根本的；构成一个整体的。可见，元概念的文义理解就是起始的概念、主要的概念、根本的概念或对整体具有构建意义的概念。元概念在英语中被表达为“meta-concept”。“meta”作为英文单词构造中的词根，具有“……之后”“超越”的意思。可见，中西方话语中对“元”的解读各有侧重。按照中文的理解，元概念就是首要的根本的基础建构性的概念，那么合宪性审查的元概念就是合宪性审查中所表现出来的前提性概念，构成整个合宪性审查法律关系的逻辑基点。按照 meta-concept 的理解，元概念则是一种对诸多具体现象要素的深入探究，是一种抽象的形而上研究，仿佛又回到亚里士多德的“meta-physics”。〔1〕

（二）合宪性审查法律关系中的元概念

在合宪性审查法律关系诸要素中，客体要素构成整个法律关系的元概念，具有根本性和建构性，以此为基础可以演绎出合宪性审查法律关系中的其他诸要素。一般情况下，公法法律关系中的客体指向的是具有实质意义的终极目标，它不是指具体的人或组织，也不是指具体的事务或行为，而是指抽象的公共权力。合宪性审查法律关系中的客体乃是一种宪定的公共权力。它与一般意义上的权力在内涵和外延上都是不同的，关于一般意义上的权力，有很多种说法，诸如支配力量说、〔2〕行为能力说、〔3〕意志能

〔1〕 meta-physics 一词被翻译成“形而上学”，最早见之于亚里士多德的名著《形而上学》，该书是亚里士多德研究完物理学之后，进一步对现象世界所做的抽象性研究，也就是哲学意义上的研究。

〔2〕 转引自李波、刘剑、赵国军：《职务犯罪防控论》，河南人民出版社 2009 年版，第 41 页。

〔3〕［美］托马斯·戴伊：《谁掌管美国——里根年代》，张维等译，世界知识出版社 1985 年版，第 9 页。

力说[1]和控制关系说[2]等。它们孰优孰劣，笔者无意评说，也无意再下一个新的逻辑定义，因为这既不能雪中送炭也不能锦上添花，下面只是通过对权力的层次性分析来把握作为合宪性审查客体的权力内涵。

从内涵上看，合宪性审查法律关系中的客体是指一种相对于私人权利而存在的具有意志性的宪定权力，其包括以下两层含义。

1. 宪定权力是特定宪制框架下具体的公共权力

权力从存在的方式上看可有三个层次。第一层次是最广泛的权力概念，我们不妨称为一般性权力。一般性权力是基于资源占有不均衡而产生的人对人的支配关系，它是权力的最原始最直观的形式，表现为人对人的社会支配，支配者对被支配者拥有权力，这种权力是某一主体利用某种资源对客体实行价值控制，以实现主体意志、目标或利益的一种特殊社会力量。一般性权力在人类社会初期就出现了，主要是基于力量资源、身份资源、食物与工具等资源的不均衡而产生的，随着社会结构的不断变化，进而广泛存在于经济、政治、社会生活乃至家庭生活中。第二层次是宪法规制的以国家权力为核心的具体公共权力，而非抽象意义上的一般性权力。公共权力在原始社会就有了一些简单的形式，反映了一定社会范围内全体成员的共同意志。国家权力则是阶级社会和国家的产物，并构成阶级社会公共权力的主要内容，从这种意义上，公共权力主要体现的是统治阶级的意志，这种权力广泛地存在于政治经济生活中，也反映在文化生活和其他社会生活之中。第三层次是职权。职权实质上是公共权力人格化和事务化的配置过程中与特定职位和职权相对应的权力，是公共权力的现实具体的表现。本书要着重讨论的是后两种层次，实质上也就是第二层次——宪制

〔1〕 参见［美］马克斯·韦伯：《马克斯·韦伯文选》，牛津大学出版社 1946 年版，第 180 页。

〔2〕 参见［美］丹尼斯·朗：《权力论》，陆震纶、郑明哲译，中国社会科学出版社 2001 年版，第 33～36 页。

框架下的具体公共权力，它的产生是私人权利的普遍要求，并以人的权利为依归和目的，但它一经产生，又必然会有异化的趋势。所以，这种公共权力既需要以宪法的形式加以确认，也需要通过宪法的规制予以监督制约。

2. 宪定权力是一种具有意志性的权力

根据英国学者迈克·曼的观点，公共权力从其作用方式上看，又可分为两个层面，一是公共机构的“专制权力”（despotic power），即公共机构（主要指国家）可以在不必与市民社会进行例行化、契约化讨价还价的前提下自主行动的权力；二是公共机构的“基础性权力”（infrastructural power），即公共机构事实上渗透到市民社会中，有效贯彻其政治决策的能力。[1] 迈克·曼的这种划分的确闪烁着真知灼见，只是在用词上似乎有欠精当，特别是“专制权力”这一提法更加不符合国人的文化语境。最好是将这种划分表述为意志性权力与能力性权力，基于此，宪法所要审查的客体范围又可进一步锁定在前者，因为前者具有主观意志性和外在强制性，存在滥用与腐败的可能，并且其支配力量远超过社会中普通个体（公民、法人等）的抗御能力，确有必要进行监控，而后者是一种客观能力，可以经常进行评价，但无须监控。

在宪制语境下，作为合宪性审查法律关系客体的公共权力，其外延不仅包括国家权力，而且包括政党权力以及其他社会组织所拥有的公共权力，[2] 它们都需要接受监督和审查，因为公共权力产生于社会又同社会相异化，在现实运动过程中呈无限扩张的趋势。恩格斯指出，公共权力是在

〔1〕 参见李强：《国家能力与国家权力的悖论》，载张静主编：《国家与社会》，浙江人民出版社 1998 年版，第 18 页。

〔2〕 一些人在描述公共权力时，往往将之与国家权力、政治权力混为一谈。其实公共权力的外延要大于国家权力和政治权力。国家权力与政治权力也不是一个概念，前者是相对于社会权力而言，后者则是相对于经济权力、文化权力而言。它们存在交叉关系。国家权力中有政治权力，政治权力也不仅有国家权力，还有政党权力等。

“社会中产生但又自居于社会之上并且日益同社会脱离的力量”,而且权力总要人格化,体现人的意志,“官吏既然掌握着公共权力和征税权,他们就作为社会机关而凌驾于社会之上”,〔1〕由于人都难免存在认识和道德发展的局限性,因此权力所潜在的侵犯性和腐蚀性随时都可能转化为现实,使得权力在现实运动过程中容易被不恰当地使用和偏离理性的轨道。如果不通过一个至上的权威进行有效的控制和制约,公共权力会像一匹没有缰绳的烈马横冲直撞,不仅权力与权力之间分庭抗礼,而且公民个人的权利也会被践踏得支离破碎。因而有必要凭借宪法的权威统领全局,对公共权力进行规范和监督。

也是从这种客体意义上看,我们会发现,合宪性审查是与人大监督不同的两个概念。人大监督的客体限于由它产生的国家机关的国家权力,对不是由它产生的各政党和其他社会组织的公共权力不能进行监督。但这仅仅是一种纯逻辑分析。从我国《宪法》规范来看,《宪法》将宪法监督与合宪性审查主体权明确赋予了全国人大及其常委会,其他机关无此权力,合宪性审查只能由全国人大及其常委会行使,从这种意义上讲,合宪性审查就成为人大监督的题中应有之义,即人大监督的概念包含了合宪性审查。

二、确定“元概念”的意义何在:合宪性审查法律关系的整体建构

元概念是具有基础性建构意义的概念,将宪定公共权力这一客体范畴确定为合宪性审查法律关系的元概念,其意义就在于从这个元概念出发,我们可以演绎出合宪性审查法律关系中的其他诸要素,如主体、对象、内容等要素。合宪性审查论域一直存在种种观点分歧,它们集中表现在合宪性

〔1〕《马克思恩格斯选集》(第4卷),人民出版社2012年版,第188页。

审查的对象、主体和内容等方面，如公民能否成为合宪性审查的对象？合宪性审查的主体仅限于合宪性审查机关吗？合宪性审查的内容究竟怎样确定？这些分歧的产生，原因是多方面的，其中一个基本原因就在于忽略了对合宪性审查法律关系理论的认真梳理，尤其是迷失了客体范畴这一元概念的预设与铺陈。

（一）从元概念到合宪性审查对象

合宪性审查的对象除了法律法规等规范性文件外，还包括握有宪定公共权力并被宪法所规制的国家机关、其他组织（包括政党）及特定个人。对象和客体虽然是紧密相连的，但它们毕竟是两个不同的概念，客体是合宪性审查所指向目标的终极而核心的内涵，在合宪性审查法律关系中具有一般性和抽象性，反映了问题的实质；而对象则是这种客体的文本化载体或人格化承担者，具有具体性和特殊性，是实质问题的现实表现。由于人们至今尚未将合宪性审查客体作为一个基本范畴进行专门性考察，从而在讨论合宪性审查对象时至少会导致两个问题：一是容易将客体和对象两个概念混为一谈，如李忠先生在讨论公民能否成为宪法监督对象时，虽然观点很精辟，但在表述时则将对象与客体二词混同，没有进行逻辑上的切换。[1]二是在确定合宪性审查对象时缺乏应有的标准和依据，使得各家观点在合宪性审查的对象上众说纷纭，其中一个最有争议性的问题是公民能否成为合宪性审查的对象，不少人倾向于肯定之说，其实这种倾向已经偏离了宪法制约权力和维护权利的双重精神，而且将作为权利主体的公民也列入合宪性审查的对象，显然已经迷失了合宪性审查法律关系的客体，因为只有权力才能成为合宪性审查的客体，而权利不能成为客体。

---

〔1〕 参见李忠：《宪法监督论》，社会科学文献出版社 1999 年版，第 129 ~ 130 页。

那么权利为什么不能成为合宪性审查的客体？理由有三：

(1)这是由宪法的宗旨决定的。立宪的基本内容在于确立国家权力和公民的基本权利，确立国家权力是为了使其为公民的权利服务，并且为了防止权力的异化，还要对其进行制约，但确立公民的宪法权利不是为了制约它，而是为了保障和维护它，是对人之为人的肯定和尊重。人的权利并非渊源于宪法，不是宪法创造了权利而是权利创造了宪法。因此为保障公民的基本权利免受公共权力的不正当侵犯，就应对其进行合宪性审查。

(2)这是由宪法作为根本法的地位和作用决定的。从实体上讲，宪法所要监督的内容关系到国家生活的各个主要方面，具有宏观性和公共性，只有握有强大公共权力资源的主体才有可能产生宏观性的影响。虽然公民也有滥用权利的可能，但权利扩张的影响力是微弱的个体性的，不具有公共权力运作的宏观性和无限扩张性，完全可以通过当事人之间的抵制而达到大体的平衡，即使要求之于救济机制，也完全可以通过普通的法律手段解决，没有必要通过宪法手段小题大做。所以，韦德指出："法律必须平等地对待政府和公民。但是，既然每个政府必须拥有特别权力，很显然，就不可能对两者同样对待。"[1] 从程序上讲，对公民之间的权利（含基本权利）纠纷与争议，一般是普通法院管辖，普通法院可以通过民事或刑事诉讼程序处理，如果将权利作为合宪性审查的客体，把公民作为合宪性审查的对象，势必与普通法院的管辖发生冲突。

(3)按照国际惯例，当个人成为合宪性审查的对象时，应是指特定的个人，不是一般的公民，这种特定性表现在：某些人之所以能成为合宪性审查的对象，不是因为他是权利主体，而是因为他与特定的权力或职权相关联，如《日本宪法》第99条规定，作为合宪性审查对象的特定个人包括天皇或

〔1〕［英］威廉·韦德：《行政法》，徐炳等译，中国大百科全书出版社1997年版，第27页。

摄政、国务大臣、国会议员、法官以及其他公务员，但不包括普通公民。《意大利宪法》第 134 条规定，宪法法院的合宪性审查对象只限于共和国总统和各部部长。

（二）从元概念到合宪性审查的主体和内容

合宪性审查的主体和内容，其实也是客体的逻辑展开。这里的主体是指根据宪法对客体实施合宪性审查的法律主体，它广义上包括两类主体：一类是具有实质性合宪审查权的特定国家机关，亦即合宪性审查机关，也是狭义的审查主体；另一类是不具有实质性合宪审查权，但具有程序性审查提起权的公民和有关公权力组织。许多人在讨论合宪性审查模式时，都一心一意地把希望寄托在设置某种专门合宪性审查机关或赋予司法机关合宪性审查权之主体建构上，而忽略了其他主体。我国《宪法》规定：“全国各族人民、一切国家机关和武装力量、各政党和各社会团体、各企业事业组织都……负有维护宪法尊严、保证宪法实施的职责。”可见，宪法监督的主体是十分广泛的。这里主要有两个问题需要探讨。

1. 作为执政党的中国共产党通过何种机制实现对合宪性审查工作的领导权

2018 年修正案后的《宪法》第 1 条第 2 款中明确规定，中国共产党领导是中国特色社会主义最本质的特征。众所周知，我国《宪法》第 1 条是关于国家性质和根本制度的规范化确定，揭示了当代中国宪制的根本内容。当然，这句话不是刷在墙上的标语，也不是嘴上说说耳朵听听就完事了，而是要贯彻到党和国家机关的各项工作中。中国特色的宪制也是以中国共产党的领导为最本质特征，这一特征除了需要在观念上认知外，还要在行动中落实和彰显，这也是中国特色社会主义宪制的生动体现。

从宪法修改到合宪性审查，执政党直接介入宪法生活，是有先例可循的。中华人民共和国的历次修宪，无论是大修还是小修，中国共产党都扮演着举足轻重的角色，见表1－1。

表1－1　历次修宪的拟定机构和产生方式

宪法文本	拟定机构	产生方式
1954年《宪法》	宪法起草委员会 主席＋32名委员	1953年 中央人民政府委员会决定
1975年《宪法》	修改宪法起草委员会 主任＋副主任＋委员55	1970年 中共中央决定
1978年《宪法》	宪法修改委员会 中央政治局全体 主席＋副主席4＋18	1978年 中共中央决定
1982年《宪法》	宪法修改委员会 主任委员＋副主任委员2＋委员103	1980年 中共中央提议， 全国人大通过决议

资料来源：王培英编：《中国宪法文献通编》，中国民主法制出版社2007年版。

1982年《宪法》也就是现行宪法颁布以来又历经了5次修正，每次修正案都是先由中共中央向全国人大常委会提出关于修改宪法的建议案，然后全国人大常委会在本届全国人大召开后再向大会提交修改宪法的动议案，正式启动修宪程序，最后全国人大以修正案的形式完成对宪法的修改。由此可见，在历次的修宪活动中，已经形成了一个宪法惯例，那就是先由中共中央提出修宪建议案，激活人大修宪权，这样修宪程序才能高效运行，而中共中央的建议案是在充分调研和广泛征求意见的基础上作出的，也避免了不必要的纷争。这种修宪的宪法惯例说明执政党对宪法生活的领导不是抽象的，而是具体的；不仅是政治性的，也是法律性的。虽然宪法和法律没有明确规定执政党的合宪性审查介入机制，但这并不妨碍一种新的宪法惯例的形成。

2. 作为个体存在的公民，是否也有权参与合宪性审查呢

我们认为，公民作为宪法关系中的权利主体，虽不能像审查机关这一权力主体作出合宪性审查的有权评判，但可以进行学理评判，并可以参与主体的身份行使合宪性审查请求权，向有权力机关提出具体诉求和论证理由。维护公民基本权利和限制公共权力滥用这两方面统一于立宪的基本价值目标之中，公民对公共权力的违宪行为实施监督理应是宪法监督的题中应有之义。我国《宪法》中也规定：“中华人民共和国公民对于任何国家机关和国家工作人员，有提出批评和建议的权利。”所以，从权力与权力之间以及权利与权力之间的对抗性关系，我们可以发现合宪性审查主体具有功能复合性或身份多元性，而非单一的。

至于合宪性审查的内容，我们可以将之理解为合宪性审查客体的事务化存在方式，如规范性文件的制定与执行、权力主体之间的权限争议、特定个人依职权行使的法律行为、选举争讼、重大国事等，但这里的事务必须强调具有法律性，而不应包括非法律性事务，如资料整理、纯技术活动、内部管理、道德性行为等。有些人由于迷失了合宪性审查的客体，因而在对象和内容之间产生混淆，甚至把宪法行为等内容也不经意地列为合宪性审查的对象，认为合宪性审查的对象包括宪法权利义务的承担者、宪法行为和与外国缔结条约，其中，宪法行为又包括立法、司法、行政以及公民权利的享受和义务的履行。〔1〕从而容易造成审查对象与审查内容的混乱。

〔1〕 参见陈云生：《民主宪政新潮——宪法监督的理论与实践》，人民出版社1988年版，第22～28页。

三、“元概念”是否等同于“先在性概念”:合宪性审查的基本法权伦理

元概念的确立与演发,是合宪性审查论域中特定的法权关系,其逻辑之“元”就在于宪定公共权力这一客体范畴,其意义在于语义逻辑上的建构。但是,合宪性审查论域中还需要更深层次的规范价值层面的建构,这种价值意义的设定向我们展示的是另一种法权关系,即在公共权力与私人权利的关系场域,权利要素更具有先在性。宪法所要调整的基本法律关系是公民与国家的关系,而公民与国家的关系在实质上乃是私人权利与公共权力之间的法权关系。从人民主权思想和尊重人权理念出发,在私人权利和公共权力之间我们应当将人的权利确定为“先在性”的概念,将权利先在性与权力后发性、权利目的性与权力工具性作为宪法运作的基本法权伦理结构。

(一)权利先在性的法哲学解释

1.权利先在性由人的自由天性决定

人的自由天性是权利先在性理念的必然性理由,人的自由本质使得“权利先在性”理念获得了合法性阐释。“自由”一词源于拉丁文 Libertas,其原意是表示人相对于外来束缚、外力限制的自主、自为状态。在西方哲学史上,从柏拉图到亚里士多德到斯宾诺莎再到黑格尔,都曾致力于自由与人本质之间关系的探讨,出现过政治自由、社会自由、理性自由诸说。斯宾诺莎指出:“凡是仅仅由于自身本性的必然性而存在、其行为仅仅由它自

身决定的东西叫作自由。”[1]黑格尔则提出了“必然性的真理即自由”[2]的著名论断。

马克思主义经典作家认为，到了共产主义社会，“人终于成为自己的社会结合的主人，从而也成为自然界的主人，成为自己本身的主人——自由的人”。[3] 可见，人的自由首先是在人的基本规定性层面上被认识和被把握的，自由是人的本质，一个自由的人才是真正意义上的人。其次，人的自由体现于人与自然、人与社会、人与自身的关联中，离开了自然、社会、人类自身这三个领域，自由不再有任何意义。再次，人的自由水平与人对自然、社会、自身认识的深度、广度和克服程度成正比。文化的每一个进步，都是人类自由精神的胜利。最后，人的自由程度是人主体性地位的实质性标志，人的主体性地位基于人的自由实现程度。

可见，自由是一个表征作为主体的人与自然界、人类社会及人类自身契合关系的概念。自由是人的本质，向往自由是人的天性，实现自由是人的终极目的回归。人类社会发展史就是人类自由发展的历史。在此意义上，我们断言人的自由是永远凌驾于自然界、人类社会、政治国家乃至人自身之上的。这一点是构成主体性法理念的精髓，是对抗非理性行为的最终屏障，也是构成现代法治社会的合乎逻辑的伦理性证明。

在任何专制制度下，人的自由天性遭到扼杀，如在奴隶主专制的社会，奴隶毫无法律主体的自由，只是一种客体，是“会说话的工具”；在封建主统治的社会，农民依附于土地并进而依附于封建主，虽然具有了一定的主体性，但仍具有强烈的人身依附性，自由受到限制，像“麻袋里的马铃薯”，被扔在哪里就在哪里生根发芽。在市场经济条件下，个人不再屈从于某个主

---

〔1〕［荷兰］斯宾诺莎：《伦理学》，商务印书馆1958年版，第4页。
〔2〕［德］黑格尔：《小逻辑》，商务印书馆1980年版，第322页。
〔3〕《马克思恩格斯选集》（第3卷），人民出版社1972年版，第443页。

人,也摆脱了对土地的依赖,在法律上是自由的,可自由支配自己的命运,可以自由地雇佣与被雇佣,也可以相互之间“炒鱿鱼”。这种自由的生产方式和生活方式使得自由的神圣理念深入人心。

如果说自由理念是人在最高层次上对自然界、人类社会、政治国家及人类自身的天然傲视的话,那么,权利理念则是人在法治层次上对它们的理性对抗。自由理念是权利理念的根据和基础,权利理念是自由理念在法治领域的具体化。抽象的自由理念转化为具体的权利理念,是法治状态下作为主体的人主体化的必由路径。

2. 权利先在性体现在权利制度的生成逻辑中

在权利的源生问题上,解说不一。有“天赋说”“神示说”“君予说”“法定说”之纠葛;有“理性论”“实践论”之思辨。无论是超验主义或先验主义的解释,还是经验主义或现实主义的考量,都是在不同的意义体系中对权利进行多种界定,但在最有价值的意义上,权利应是人自身的固有物,是人实践理性的结果。如果说自由在更大程度上表征着人克服外物的理想,那么权利则表征了人克服外物的可能性和现实性。所以,权利既非天赋的、神示的、君予的,也不能被理解为后于政治国家、后于法律的事物。“法是权利呼唤的结果,没有权利就没有法律。”[1]如果我们将权利套上国家权力之笼,那么权利的价值就隐退了,而将实证法律定为一般权利之母,权利的实践也就难以展开了。

权利先在理念要求我们在处理公民与国家关系时应以权利为本位,当公民权利与国家权力发生矛盾冲突时,前者具有直接否定后者的资格和能力;在公民的权利与义务关系上,权利是义务之母,前者是目的,后者是手

〔1〕 徐显明:《法与权利》,载孔庄明主编:《马克思主义法理学》,山东大学出版社1990年版,第331页。

段，而不是相反。

在权利的理念中，不可或缺的是平等观念。平等观念与权利观念是商品经济的两大成就，是市场经济运行的双翼。市场经济是通过商品交换实现运作的经济形态，而商品交换必须有两个基本的前提条件，一是商品所有权的存在，二是交易双方地位平等。没有所有权，则交换行为无效；没有平等地位，则不能实现交换的公平，违背了价值规律。平等是权利追求的目的，也是权利实现的保障。随着商品经济的发展，平等必然会超出经济交换的领域而成为普遍的法律要求。正如马克思在评阿·瓦格纳的政治经济学教科书时指出：“先有交易，后来才由交易发展为法制。我在分析商品流通时就指出，还在不发达的物物交换情况下，参加交换的个人就已经默认彼此是平等的个人，是他们用来交换的财物的所有者；他们还在彼此提供自己的财物相互进行交易的时候，就已经做到这一点了。这种通过交换和在交换中产生的实际关系，后来获得了契约这样的法的形式。”〔1〕

（二）法权秩序上的基本构造

权利先在性理念的广泛传播和接受，导致反映权力与权利基本关系的法权秩序在构造上呈现两种价值倾向。

倾向之一：以发展人权为核心的权利制度。

“人权”一词的泛滥是当今理论界的一大特点。在不同的学科领域，出于不同的理论需要，从不同的观察视角，人们对人权概念的内涵和外延都有不尽相同的说法，其所在的论域和所选定的语境中都有各自的特定价值。但我们对一种理论价值的肯定并不意味着对其他理论价值的必然否

〔1〕《马克思恩格斯全集》（第19卷），人民出版社1965年版，第422～423页。

定。如果能以人本身的眼光,而不是透过理论的傲慢和阶级的偏见,去反思人的发展史,我们就会发现将人权置于整个人类历程中是十分容易的,也是十分有益的。马克思主义经典作家认为人权是历史的产物。这里有三层含义:其一是指人权并不是天赋的,而是人在创造自身的历史过程中创造的;其二是指人权不是人自然属性的产物,而是人社会本性的产物;其三是指人权的范围、内容并非给定于人类社会之初,而是历史地进化发展着的。有的学者认为人权不是自有了人就有的,而是人类社会发展到一定阶段的产物,具体来讲人权是在法律之后产生的,这些观点无疑是对马克思主义唯物史观和历史辩证法的简单化和庸俗化。至于郭道晖先生所批评的那种将人权概念的形成、人权理论的产生、人权法制的出现等同于人权自身发展史,进而得出人权起源于 17 ~ 18 世纪资本主义时代的结论更是不值一驳的。[1]

如果我们能够确立有了人类社会的历史就有了人权的历史这一命题,那么我们就能为人权的产生提供真实可靠的基础。人权是基于人而且是仅仅基于人这一事实本身而存在的。这样,人权与人的自由就有了契合的可能。自由是人的本质,人权是人的自由本质的外化;自由是人的目的,人权则是这一目的的现实表述;自由是人的实现过程,人权则是这一过程的成果记载。因此,现代法治精神、法治目的、法治原则的说明,都必须在人权的价值理念上展开。制度的人权化是法治的第一制度特征。

在法律上对人的权利的承认、尊重、保护的实质就是对人本身的承认、尊重和保护。以人权为核心的权利制度的中心层是权利构成制度。权利

---

〔1〕 参见郭道晖:《人权与法定权利》,载刘升平、夏勇主编:《人权与世界》,人民法院出版社 1996 年版,第 37 页。

构成制度包括权利单元的构成与权利体系的构成。权利单元的构成是指一个合格的权利单元有哪些构成要素：一是权利的主体，即规定哪些社会主体在此权利项下具备权利能力和行为能力；二是权利的内容，即该项权利的范围与界限；三是权利客体，即该项权利的具体载体；四是权利滥用的责任。一个权利单元必须同时具备上述四个要素，缺少一个要素，都不能称其为权利；如果其中某一要素模糊不定，此权利就是有残缺的权利，而有残缺的权利的法律价值会受到极大的削弱。权利体系是由所有的权利单元构成的结合体。法治在当前的进步主要表现在对思想自由权、政治自由权、言论自由权、人身自由权、宗教信仰自由权、通信自由权、婚姻自由权、参政权、议政权、环境权、休息权、财产权、生命健康权、劳动权、受教育权、平等权、住宅权、继承权、名誉权、荣誉权、隐私权、诉讼权及接受正当审判权等权利的宣告与保护。这一体系的充实程度直接反映着一个国家法治化的程度与水平。

权利制度的外层是权利实现制度，包括权利保障制度和权利救济制度。前者是指确保权利由应然态、法定态向实然态转化的途径与手段；后者是指在权利系统中一旦出现侵权现象、侵权行为，即能随时启动对侵权行为、侵权现象予以矫正的机制。

倾向之二：以拘束公共权力为核心的权力制度。

权力既给人类带来过福利，也造成过灾难。对权力的分析，既是政治家的心神所在，也是法学家关注的焦点。法治社会中的权力被特别关注来源于人们对权力的特别畏惧。因此，以拘束公共权力为核心的权力制度就成为良善之法的又一支柱。

权力制度的中心层是权力渊源制度和权力构成制度。权力渊源可简称为权源，具体有两层含义：一是在实质意义上，比如哈佛大学教授加尔布雷思将权力来源归结为人格、财产和组织;[1]二是指在形式意义上权力职位取得的合法性。权源制度是权力与权利的明显歧异之一。在逻辑上,权利先于法律而存在,而权力在法治社会则必定后于法律而存在,没有法律,就没有权力。权力构成包括权力单元构成和权力体系构成。前者是指一项合法权力的构成要素,一是权力主体,即具备哪些资格的主体可享有并行使此项权力;二是权力的内容,即权力的范围、界限及程序;三是权力的客体,即此项权力的受体;四是权力滥用的责任。一项权力必须同时具备上述四要素才是一项完整的权力。缺少了上述要素之一或某一要素模糊不定,此权力就可能演变成特权或导致暴政。权力体系的构成是指在法律中由不同的国家权力关系及种权力与属权力之间的关系配置构成的体系,表现为横向与纵向的权力结构关系,如立法权、司法权、行政权、中央权力、地方权力等。

权力制度的外层是权力实现制度。权力实现制度包括权力保障制度,即规定权力行使的条件、途径、手段、物质保障、组织保障的制度和权力监督制度,即在以权利制约权力和以权力制约权力理论基础上,为督促权力运行的正义、合法而建立起的监视、纠偏制度。

建构以发展人权为核心的权利制度和以拘束公共权力为核心的权力制度是法治国家的两大支柱性制度,反映了权利先在性理念所要求的基本法权伦理,体现了中国式法治现代化的基本价值追求。这两大制度的均衡原理即法治大厦的力学原理,是建设和发展合宪性审查制度的基本价值依归。

---

〔1〕 参见[美]约翰·J. K. 加尔布雷思:《权力的分析》,陶远华、苏世军译,河北人民出版社 1988 年版,第 79 ~ 81 页。

第二章

合宪性审查的方法论原则

伴随现代法治文明的进步，比例原则由行政法领域拓展到宪法领域，成为现代国家公权力运行中公认的一项方法论原则。合宪性审查中所要把握的最基本原则也在于此。其基本理论在于对公权力的需要与制约并存。习近平法治思想作为当代中国法治国家建设的根本遵循和行动指南，在大国治理问题上也闪烁着比例原则的法理智慧，在方法论上习近平特别提到老子的“治大国若烹小鲜”，从法理上讲，“治大国若烹小鲜”所蕴含的传统智慧与比例原则等现代法治理念存在深度契合，对构建新时代中国特色社会主义合宪性审查的理论与制度，推进宪法实践与合宪性审查工作具有重要的方法论指导意义。

一、比例原则仅仅是行政法原则吗：宪法视界的打开

（一）从行政法到宪法

比例原则滥觞于大陆法系国家的警察法，进而演进为一项公认的行政法原则。随着现代国家法治文明的发展，近几十年，比例原则已经突破行

政法法域,并在宪法理论与实践中获得广泛的国际认可。[1] 从总体上讲,比例原则是一种最优化或最大化原则,是"相对于事实可能性与法律可能性的最优化要求"(optimization requirements);[2] 从具体意义上讲,一般从三个"次原则"(sub-principle)对比例原则展开阐释。国内的教科书在引进这一概念时对其总体性意义强调得不够,而对三个"次原则"照搬不误,实行了外科手术式的概念移植,而且一般都是基于行政法的视角,从目的的妥当性、手段的必要性和法益的相称性三个方面进行解说,但是很少有人从宪法意义上对其进行意义更为宽泛的概念性把握,[3] 拘泥于西方话语文本,未能按照中国人的思维习惯和表达风格讲清"比例"这个关键词,有点辜负读者的阅读期待。从实质上讲,比例原则描述的是公共权力的运作与私人权利的行使之间合理的比例关系,旨在限制公共权力的过分扩张,同时防止私人权利的滥用,反对绝对的自我防卫。[4] 比例原则作为一项基本的法治化治理原则,是现代法治国家的必然要求,其源自大陆法系国家的警察法,进而成为行政法上的一项原则,并随着现代国家法治的发展,又进一步拓展为公法理论上公认的"帝王条款"。自我防卫原则是由英国近代

---

〔1〕 参见 Robert Alexy, *constitutional rights and proportionality*, 载许崇德、韩大元主编:《中国宪法年刊 2010》,法律出版社 2011 年版,第 222 页。Alexy 在文中还援引了其他学者的文章作为佐证,如 David M. Beatty, *The ultimate rule of law*, Oxford University Press, 2004; Alec Stone Sweet and Jud Mathews, *proportionality Balancing and Global Constitutionalism*, Columbia Journal of Transnational Law 47 (2008), p. 72 - 164。

〔2〕 Robert Alexy, *constitutional rights and proportionality*, 载许崇德、韩大元主编:《中国宪法年刊 2010》,法律出版社 2011 年版,第 222 页。

〔3〕 当然也有学者对比例原则做过精辟的解读,如胡建淼等认为:"比例原则源于对正义价值的理解,其意义在于保护与平衡个人利益与公共利益的冲突,防止过分偏离正义价值的立法与行政决定,特别是要具体平衡国家与公民利益的冲突。"胡建淼、江利红:《行政法学》,中国人民大学出版社 2010 年版,第 74 页。

〔4〕 自我防卫原则是由英国近代自由主义代表人物密尔最先提出的。该原则意指人类有权基于自我防卫的需要,抵制任何外来的对自己行动自由的干涉,除非自己的自由会对他人造成危害。这项原则说明,政府的任何行为都要充分尊重个人自由,只有在个人自由危及他人或社会时,才可以加以限制或禁止。参见[英]约翰·密尔:《论自由》,许宝骙译,商务印书馆 1959 年版,第 10 ~ 11 页。

自由主义代表人物密尔最先提出的，意指人类有权基于自我防卫的需要，抵制任何外来的对自己行动自由的干涉，除非自己的自由会对他人造成危害。这项原则说明，政府的任何行为都要充分尊重个人自由，只有在个人自由危及他人或社会时，才可以加以限制或禁止。具体表现在以下二元因素的比例关系中。

1. 目的与手段成比例

为实现正义之目的，所采用的手段也必须恰当，不可小题大做，否则过犹不及。例如，近年来一些城市城管执法局全新装备亮相，包括摄像头、防刺背心、防火防割手套等，将城管人员从头防到脚，真正做到了“武装到牙齿”。此举意在加强对城管人员执法过程的保护，但实际上，城管人员全副武装、严阵以待，就是将小贩当作假想敌，反而有可能恶化二者之间的关系。这就提醒我们，行权不宜过猛，用太过严苛的手段解决问题，不但不利于矛盾的有效化解，反而会招致民众的抵触情绪，甚至引发不必要的冲突。因此，治国理政需要注意目的和手段保持平衡。为达目的而不择手段，采用对民众身心造成伤害的行为措施，就会造成目的和手段之间的比例失衡，治理的最终目标也将难以实现。

2. 成本与效益成比例

一项制度的出台要综合考虑其运行的代价与效益，在不同的法益间作出适当的权衡、比较和选择，不能杀鸡取卵、竭泽而渔，否则我们必然要为未来的生活付出沉重代价。一项政策法令的制定与施行同样会耗费交易成本，如果成本过高，反而得不偿失。比如，计划生育制度作为我国的一项基本法律制度，有利于缓解人口过多而带来的人均资源少、就业压力大、人口素质低等问题。然而，随着计划生育的长期推行，其带来的人口结构与人口质量等方面的问题也日益显现。尤其是人口老龄化给政府、社会和家庭的养老问题带来巨大压力，男女比例失调造成“婚姻挤压”的社会生活困境，劳动力结构性缺乏也成为迟滞经济增长的重要因素，独生子女的娇生惯养导致其吃苦耐劳、包容合作精神的欠缺，这些问题都不利于社会秩序的良性运转，以及社会经济的持续健康发展，还会对社会道德体系造成一定冲击。该项制度的交易成本越来越高，打破了成本与效益的比例均衡。这就要求执政者在追求目标时必须有一种成本意识，不能只将重点局限在眼下的目标，而要有全局性长期性持续性的战略视野，计算行为的利与弊、得与失，适时作出策略上的调整。新时代以来，国家逐渐放开计划生育政策，也正是基于一种新的比例平衡之考虑。

3. 有限性与有效性成比例

美国的史蒂芬·霍尔姆斯和凯斯·桑斯坦教授合著的一本书里有这样一段很有意趣的话："美国人一边希望不受打扰，他们珍视于免受公共干预；一边又希望被照顾，寻求获得公共援助的赋予性权利（entitlement〔1〕）。消极权利禁止政府，并把它拒之门外；积极权利需要并盛情邀请政府。前者需要公职人员蹒跚而行，而后者需要公职人员雷厉风行。"〔2〕意即政府在维护与保障公民权利时，应该懂得有所为有所不为，遵循有限性与有效性相统一的法则。有限性法则是一项消极法则，要求国家权力按照"法无授权不得为"的基本思维方式去运行。宪法在某种意义上就是"限法"，〔3〕尽可能给公民、法人等权利主体留下权利行使的自由空间，防止因滥用权力、超越权力或权力错位而给相对人造成不应有的损害。有限性法则一直

〔1〕 该英文单词是笔者根据原著添加的，旨在便于阅读理解。赋予性权利是相对豁免性（immunity）权利而言的，二者分别对应积极权利与消极权利的概念。

〔2〕［美］史蒂芬·霍尔姆斯、凯斯·R. 桑斯坦：《权利的成本——为什么自由依赖于税》，毕竟悦译，北京大学出版社 2011 年版，第 23 页。

〔3〕 所谓"限政"，是指对公共权力的限制，主要是对国家或政府权力的限制。近代学者梁启超早就将宪法解释为"限法"，即限权之法；当代的一些宪法学教科书也采纳此说。参见梁启超：《警告国人误解宪政者》，载《饮冰室合集 3·饮冰室文集之二十六》，北京大学出版社 2005 年版，第 71 页；林来梵：《宪法学讲义》（第 2 版），法律出版社 2015 年版，第 48 页。

是古典个人自由权最基本的要求。但是，随着时代变迁人权形态的拓展，仅仅强调国家的无为而治是不能将一系列经济社会文化权利从纸上权利变成现实权利的，而是需要国家积极作为、创造条件促进这些基本权利的有效实现。于是有效性法则应运而生，它要求国家权力运行按照“法定职责必须为”的思路展开，公权力机构应明确自身职责，有效履行国家义务和落实公民权利，所以有效性法则是一项积极法则。

4. 规则与例外成比例

治国理政需要制定出有关的“游戏规则”，这些规则必然要遵守，但是必然中存在偶然，在规则实施过程中，不可避免地会出现一些意外情况。例如，一些刑事案件在侦查过程中，由于必须遵守正当程序，我们制定了非法证据排除规则，但这样一来又容易导致取证不足，很难定罪。想要获取有关证据必须采取非常规手段，针对这种状况，就应当设置非法证据排除规则的例外情形。包括：其一，如果证据的收集不采用非法手段也终会被发现，则证据有效；其二，如果非法取证是诚信善意的，则证据有效。这两项例外保证了证据的有效提出，实现了比例平衡。再如，北京、上海等一些大都市实行的摇号购车政策，其目的在于缓解交通拥堵状况。通过摇号选择，看似是一种十分公平的政策，却忽略了购车群体中存在的例外情况，如对有驾车资质的残疾人来说，机动车带来的方便快捷对提高其生活质量十分有效，给他们带来的意义要远大于普通人；一些无车家庭急需用车，却要和许多有车家庭共同竞争摇号，对他们来说就增加了摇中的难度。摇号购车政策意在公平，但完全忽略了例外情况，政策失去弹性，只会造成老百姓对政策的不满，影响市民的正常生活，无法从根本上解决交通拥堵问题。因此，治理国家提出政策方针，不能绝对，要在涉及的范围内作出小幅度调整，注意政策的弹性，在实现公权力运作目标的同时，尽可能少地损害私权利，政策才能有效执行，发挥良好作用。例如，北京等地关于摇号政策的调整。

（二）既需要它又限制它：合宪性审查中比例原则的基本理路

前文对比例性原则中几对二元因素的分析，主要是一种技术性层面的方法论分析，其实，在合宪性审查的方法论问题上，我们面临一系列价值性、本源性的追问：既然要限制国家权力，为何又需要国家权力？好不容易制造出国家权力，又为何要限制它？

1. 首先要解决的问题是我们为什么需要公共权力

从终极意义上讲，它导源于对人性不信任的恶性假定思维。在“从身份到契约”的启蒙运动中，人的自我意识得到充分展现，个人主义的人格要素得到极度张扬。特别是文艺复兴运动以来，人们不断地对人类自身进行反思，在一个世界正在死亡而另一个世界尚无力诞生之际，一批伟大的思想家从人的自然本性以及趋利避害的社会本能出发，深刻地揭露了人性中恶的一面，进而演绎出私人利益与公共利益，市民社会与政治国家之间的张力关系。

意大利政治思想家马基雅维利认为，现实中的人性总体上倾向于恶性，性善论可能非常人道，但用在政治生活中却极为荒谬，所有历史学家和论述政治统治的学者，都不把性善论作为基本原则，因为一旦有了机会，人心自然堕落。他认为古代罗马共和国崩溃的主要原因在于人民的腐化，即人们不再关心公共利益，而将个人利益置于社会利益之上。这正是他既赞扬罗马共和政体，又主张当时意大利只能实行君主制的深层原因。[1] 17世纪英国大思想家霍布斯从人性本恶出发，假设在国家产生之前，人类生活在一种“一切人反一切人”的自然战争状态中，人们为了摆脱野蛮的自然

〔1〕 参见徐大同主编：《西方政治思想史》，天津教育出版社2002年版，第98页。

状态,求得每个人与其他人之间的普遍安全,便通过契约的形式让渡出自己的权利,形成一个可以"运用全体的力量和手段"控制个体人格无限膨胀的统一人格,这个统一人格就是国家或公共权力。[1] 18 世纪、19 世纪之际的美国政治思想家汉密尔顿深受霍布斯的影响,对人性恶的思想深信不疑,十分赞赏霍布斯提出的统一强大的国家权力是摆脱恶性状态、保障彼此安全的必由之路的观点。但他认为并非人人都是性恶的,而是大多数人是性恶的,这里的大多数人是指为利己主义的冰水所淹没的芸芸众生,因此汉密尔顿主张由少数精英掌握国家政权,以制止社会民众的不稳定状态,遏制民粹主义的轻举妄动。诚然,西方人对人性不可信任的理论带有先验的色彩,但本书的旨趣不在于抽象地讨论人性本恶还是人性本善这个容易产生逻辑悖论的问题,而是想说明人性中的确存在恶的一面,这里的恶性不是抽象的生物属性,而是一种以利益关系的矛盾运动为核心内容的社会属性。这种恶性假定在以多元利益关系为基础的现代社会里具有深刻的合理性。在趋利避害的追逐中,各种利益彼此消长和彼此冲突,人性的恶获得普遍的原动力,与善相比,"恶包含着更详细的规定",[2] 恩格斯也没有否认人性恶的积极作用,在《家庭、私有制和国家的起源》一书中,他指出"人们的恶劣贪欲也是社会发展的杠杆"。[3] 因此,西方人将国家与公共权力理念建立在人性恶的基础上,并以此解决人性冲突和满足安全的需要,不能说毫无道理。

2. 下面要解决的问题是为什么又要限制公共权力

之所以又要限制公共权力,主要基于但不限于以下几点原因。

---

〔1〕 参见[英]霍布斯:《利维坦》,商务印书馆 1985 年版,第 149 ~ 150 页。

〔2〕 [德]黑格尔:《法哲学原理》,范扬、张企泰译,商务印书馆 1961 年版,第 145 页。

〔3〕 转引自郝铁川:《中国宪法发展的症结与出路》,载《法学》1993 年第 12 期。

(1)遏制权力异化的必然性结果。

公共权力虽然是基于人的普遍需要而诞生,但从它呱呱坠地伊始,就在对象化的同时表现出强烈的异化倾向。恶性假定思维既证明了公共权力的合法性又揭示了它的危险性。每个历史阶段上的国家与社会都会首先考虑自身的安全问题,政治安全、经济安全及其他方面的安全,但不是每一种政治文明形态都会关注人的普遍安全。在古代社会的宗法等级伦理秩序中奴隶和平民的安全是不确定的,因为他们不是自由独立的法律主体,不具有法律的人格。黑格尔在探讨古代中国终古不变的宪制结构时指出:家长制构成古代中国的宪制基础,皇帝站在政治结构的顶尖上,“像严父一般行使他的权限,他便是大家长,国人首先必须尊敬他,他在宗教事件和学术方面都是至尊”,他的臣民“像孩童一般不敢越出家族的伦理原则,也不能够自行取得独立的和公民的自由”,他们担心受到严父的惩罚,这显然是丧失自由情调和“完全不含诗意的”。[1] 对人的普遍安全的关注乃是近代社会发展起来的思想,并最终成为现代政治文明的一项基本理念。这种理念的形成出自对人性不信任的恶性假定思维。从这种人性思维出发可以演绎出私人权利与公共权力,市民社会与政治国家之间相互安全的二元构造关系。

恶性假定思维致力于呼唤一种抽象人格——公共权力以统摄芸芸众生,旨在说明国家产生的必然性和本质因素,并为主权者设定保卫人民普遍安全的义务,强调安全“不仅意味着生命的安全,而且包括生活的一切其他满足,凡人民合法的劳动所得,只要无害国家,都应归自己所有”。[2] 所以,政府的存在符合人性发展的必然性。但是,人们在忙于建构新的国家

---

〔1〕 [德]黑格尔:《历史哲学》,王造时译,上海书店出版社 1999 年版,第 129 页。

〔2〕 [英]霍布斯:《利维坦》,商务印书馆 1985 年版,第 258 页。

理论的时候却不经意地忽略了人的恶性在现实社会中也无处不在地将其阴影投向了公共权力的王国,从而隐藏着对弱势个体普遍安全的巨大威胁。所以,对国家权力进行限控和制约,保证政府官员廉洁从政,同样体现了人性发展的必要性。众所周知,权力总是执掌在人的手中,使得权力具有人格化特征,带有人的任意性和主观性,每个人都有恶性基因,只要手中有权力,总会倾向于满足人的私利和权力的绝对自由而不愿意遵循同等自由法则。[1]

(2)人民主体地位的应然性要求。

首先,对公共权力的合宪性审查集中体现了人民民主,提高了公共权力对社会经济发展的宏观作用效果。尽管人们理解民主的角度和立场各异,民主的模式亦千姿百态,但民主作为一切权力合法性的根源是无可非议的,早在古希腊、古罗马时期就已经根深蒂固。现代社会,人民民主获得宪法这一基本形式,宪法将社会生活中一切重要的结构关系和基本实体关系按民主原则确立起来,从而减少来自市民社会的抵触和对抗,降低了公共权力实施的风险和成本。所以,习近平总书记强调:“我国社会主义制度保证了人民当家作主的主体地位,也保证了人民在全面推进依法治国中的主体地位。这是我们的制度优势,也是中国特色社会主义法治区别于资本主义法治的根本所在。”[2]在市场经济条件下,随着利益主体的多元化发展,利益冲突也呈现复杂化及连带化,宪法成为分配和维护各种利益的基本工具,通过合宪性审查机制,不仅可以平衡公共权力系统的内部矛盾,调和各种力量之间的张力,而且可以避免权力对社会经济的非理性干预,保

〔1〕 同等自由法则是英国思想家斯宾塞提出的,他认为,公共权力应当适得其所,在权力扩张超过一定限度时,就会侵犯人们的正当权利,导致权力能力的下降,引发一系列的弊害,共同的自由和安全遭到破坏,所以国家的基本职能就是实行同等自由法则,如果公共权力任性地发展,就会违背同等自由法则。

〔2〕 《习近平著作选读》第一卷,人民出版社2023年版,第299页。

证宏观经济按照其固有的规律高效运行。

其次,对公共权力的合宪性审查,是使公民权利免受公共权力侵袭的最高形式,在权力与权利之间设置了一根权杖。对公共权力的制约、监督和对公民基本权利的确认、保护,实际是一个问题的两个方面,它们统一于立宪的价值目标之中。一方面,“在成文宪法之下,由于所有国家机关的权力都由宪法设定,因而没有一个机关或部门可以要求像英国议会那样的全能(omnipotence)和主权(sovereign)。这就意味着,政府权力是有限的,任何政府机构的权力都受到限制和制约”,[1]即使在英国这个典型的奉行议会至上的国家,并非意味着议会就可游离于监督之外,它也有一套自我制约和外在制约的机制。[2] 另一方面,无论是哪一种结构形式的国家,权利法案或权利条款都是成文宪法不可或缺的组成部分,列举公民的基本权利并由宪法监督机关予以保障,“已被普遍认为是民主和自由最重要的防护”。[3] 在公共权力与公民权利之间,后者具有原发性,也是最终目的,我国《宪法》规定,“中华人民共和国的一切权力属于人民”,“对于公民的申诉、控告或者检举,有关国家机关必须查清事实,负责处理”。

(3)权力制衡原则的当然性选择。

对公共权力的合宪性审查也是防止权力滥用,纠正权力异化和滥用的至上权威。在论述权力滥用和异化时,人们每每会引用三个著名论断:一是“休谟假定”。休谟认为,每个人都不是天使,都存在逐利本能,会通过手中的各种资源和手段去追求私人利益,因而他作出“普遍无赖假定”,掌握

---

〔1〕 李忠:《宪法监督论》,社会科学文献出版社1985年版,第102页。

〔2〕 英国的宪法性法律案都由全院委员会(Committee of the Whole House)负责审查,并且大多先经议会中的两党联席会议讨论,还须经过类似公民投票的批准程序。如1911年议会法在通过前曾两度解散下议院,举行大选,以探究公民对这一法案的态度;又如,1971年英国在加入欧共体之前,也先举行了公民投票,然后才通过《欧洲共同体法》。可见,英国宪法虽说是柔性宪法,但也柔中有刚。

〔3〕 [美]路易斯·亨金、阿尔伯特·J.罗森塔尔主编:《宪政与权利》,郑戈、赵晓力、强世功译,三联书店1996年版,第531页。

国家权力的机构和官员也概莫能外,[1]而且其无赖的后果更严重,因为他们会以权谋私、损公肥私、权钱交易等,不仅损害私人利益,也破坏了公共权力的合法性。二是“阿克顿定律”。国内的不少文献中在描述“阿克顿定律”时将之说成:权力必然导致腐败,绝对的权力导致绝对的腐败。但仔细推敲原文,表达的意思还略有不同。原文是“Power tends to corrupt, and absolute power corrupts absolutely”,译成中文应该是:“权力趋向腐败,绝对权力绝对腐败。”这是阿克顿勋爵在1887年4月5日给克莱顿(Mandell Creighton)的一封讨论宗教改革时期教皇制度的长信中所说的。[2] 可见其原意并非绝对权力导致绝对腐败,而是说绝对权力本身就是绝对腐败。所谓绝对权力,并不在于权力大小,而在于权力没有限制。三是“孟德斯鸠经验”。孟德斯鸠在探讨自由问题时写下了这样一句后世广为征引的话:“一切有权力的人都容易滥用权力,这是万古不变的一条经验。有权力的人们使用权力一直到遇有界限的地方才休止。”[3]因此,为了防止国家权力的任性,就必须对权力进行限制和制约,使其在特定的宪制秩序下运行,纳入合宪性审查视域。

(4)维护国家法制统一的规范性设置。

对公共权力的合宪性审查也是维护国家法律与制度的和谐统一。众所周知,宪法是一个国家的根本法,在一国的法律体系中具有根本性地位和至上性效力,规范了国家生活、社会生活的最基本方面,因此宪法是一国法律体系乃至整个规范性制度体系的基础和依据,在整个法治体系中处于

---

〔1〕 休谟在讨论议会的独立性时提出:“在设计任何政府体制和确定该体制中的若干制约、监控机构时,必须把每个成员都假设为无赖之徒,并假设他的一切作为都是为了谋求私利,别无其他目标。我们必须利用这种个人利害来控制他,并使他与公益合作。”See David Hume. *Hume Political Essays*, Cambridge University Press 1994, p. 24.

〔2〕 See Dalberg-Acton, John Emerich Edward, *Essays on Freedom and Power*, Boston: Beacon Press, 1949, p. 364.

〔3〕 [法]孟德斯鸠:《论法的精神》(上册),张雁深译,商务印书馆1961年版,第154页。

最高的上位法地位。正如凯尔森所言,所有的规范性文件最终都应当完成对宪法这一最高形态规范的“回归”(regress)。[1] 根据我国《宪法》和《立法法》相关规定的精神,立法机关、行政机关、监察机关、司法机关以及其他一切政党、团体和组织凭借各自拥有的公共权力而制定出来的规范都必须与宪法一致,不得违宪,否则将归于无效。

二、治大国何以若烹小鲜:比例原则的中国逻辑

中国是一个日益走近世界舞台中央的文明大国,面对中华民族伟大复兴战略全局和世界百年未有之大变局,中国的大国治理问题无疑给中国共产党人开出了一份时代考卷。习近平法治思想的提出为我们破解这一时代考题提供了思想指引和行动指南,习近平法治思想所蕴含的一系列新理念、新话语,既有广阔的世界眼光,又有深切的民族情怀,并且善于从传统经典中汲取中国智慧,旁征博引,析通中西,为我们呈现了众多带有中国符号、富有中国特色的治国理政新概念。其中,“治大国若烹小鲜”治理理念的提出就是用经典的中国话语生动地诠释了习近平法治思想中的法治方法论,并且在传统法理学“遇到了知识短缺以及解释力不够等学术短板”[2]时,为新时代中国特色社会主义法治理论研究带来了全新的意象。目前,对于习近平法治思想内涵的挖掘大多基于2020年11月中央全面依法治国工作会议上提出的“十一个坚持”。其实,习近平法治思想博大精深,内涵丰富,而且经历了一个渐入佳境的形成过程,不能仅停留在某一份

---

〔1〕 See H. Kelsen, *General Theory of Law and State* (*revised edition*), Harvard University Press, 1945, p. 111.

〔2〕 莫纪宏:《习近平法治思想“十一个坚持”的法理逻辑结构与功能透析》,载《新疆师范大学学报(哲学社会科学版)》2022年第2期。

文献当中,我们的研究应当有历史的纵深感和文献的多样性。虽然“十一个坚持”中没有提到“治大国若烹小鲜”,但这毫不妨碍它构成习近平法治思想中法治方法论的精彩元素。习近平古语新说,有何特殊的时代意蕴?“治大国若烹小鲜”与宪法上的比例原则在方法论上有怎样的内在契合?在习近平治国理政的当代实践中如何具体展开?这些正是本书所关注并努力寻求解答的问题。

(一)历史逻辑

“治大国若烹小鲜”作为一种治国理念,源远流长,生动体现了中华民族先贤哲人们在大国治理上的精致思考,闪烁着高超的法理智慧。但这种理念又具有鲜明的历史属性与时代特征,其本质内涵遵循着逻辑与历史相统一的发展规律,在传统与现代之间呈现出明显界分。

“治大国若烹小鲜”的思想渊源,可以追溯到夏末商初伊尹“负鼎俎,以滋味说汤,致于王道”[1]的典故。善于烹饪的伊尹身负做菜的器具,借由做菜的道理向商汤说明自己关于治国的雄才大略。伊尹认为,把握好作料,做出的菜才会不咸不淡,恰到好处,治国就如同做菜,操之过急和松弛懈怠都不能做出一盘好菜。商汤在伊尹的建议下两次试探性发兵诱导夏桀穷兵黩武,被激怒的夏桀多次征调九夷兵力伐商而不得,引起各诸侯国的不满,逐渐失信于天下,商汤见时机成熟,再次起兵讨伐夏桀,夏朝很快灭亡。夏朝的灭亡当然存在多种历史原因,但从治国理政方法论意义上讲,在于夏桀不懂得适度用权、爱惜民力,而陷入滥用法度、劳民伤财的治理困境中。这就如同一个不会做菜的人总是急于想把菜尽快做好,于是急火猛攻,铲刀乱舞,最后做出的菜肯定会失败。做菜与治国,两者看似风马

〔1〕(汉)司马迁:《史记》(卷三),中华书局2013年版,第94页。

牛不相及,实则是相通的。伊尹"以滋味说汤"的典故闪烁着古代圣贤大道至简的治国理念和方法论智慧,但我们也应当看到,伊尹的治国理念最终归于"王道",其终极目标在于君主专制秩序的稳固与完善。

春秋时期的老子对伊尹游说商汤的典故进行了生动总结,在《道德经》第六十章中明确提出"治大国若烹小鲜"这一经典命题,并阐发道:"以道莅天下,其鬼不神;非其鬼不神,其神不伤人;非其神不伤人,圣人亦不伤人。夫两不相伤,故德交归焉。"[1]这段话以比喻的形式起头,再由虚幻的鬼神说到现实的人世间,是老子对珍惜民力、体恤民情的无为而治思想的生动表达,既富有玄妙哲理,又满怀现实关照。但老子"治大国若烹小鲜"这个命题与其下文所阐发的内容之间似乎缺少了一些中间论证环节,乍一看如入玄虚之境。正因如此,也为后世思想家与政治家对此命题的阐释与演绎留下了足够的思维空间。

最早对老子"治大国若烹小鲜"这一命题作出系统阐发的当属法家代表人物韩非。《韩非子·解老》解释道:"烹小鲜而数挠之,则贼其泽;治大国而数变法,则民苦之。是以有道之君贵静,不重变法。故曰'治大国者若烹小鲜'。"[2]也就是说,烹煎小鱼不能时常用铲子翻动它,如若翻动过多,那么烹煎后的小鱼就会皮焦肉烂,失去光泽和美味。同样,治理大国若时常改变法度,国家制定的规矩没有稳定性,那么老百姓便会疲于应付、深受其苦。因此,执政者应喜好清静无为,不要动辄大兴变法。法令一变,各阶层、各利益主体的利害关系自然会随着发生变化,进而产生更多的交集与冲突。老百姓对未来就不会有合理的预期和规划,人人急功近利,个个心无定所,严重影响国家的长治久安和社会的持续繁荣。后世不少朝代的君

---

〔1〕(魏)王弼注:《老子道德经注》,中华书局2011年版,第162页。

〔2〕高华平等译注:《韩非子》,中华书局2010年版,第202页。

王都将这种无为之道运用在治国策略上，并产生了积极效果。最具代表性的是唐玄宗李隆基，他认为："烹小鲜者，不可挠，治大国者，不可烦，烦则伤人，挠则鱼烂矣。小鲜，小鱼也，言烹小鲜不可挠，挠则鱼溃，喻理大国者，不可烦，烦则人乱，皆须用道，所以成功尔。"[1]秉持这种治国理念，他从务实的态度出发，以民为本，改革弊政，使唐朝社会安定，生产发展，经济繁荣，出现了封建社会前所未有的"开元盛世"景象。

韩非子与唐玄宗在对"治大国若烹小鲜"的理解上基本一致，都强调法度的稳定性与通变性之间要实现合理平衡，也体现了某种朴素的民本思维。但这里的民本思维只是停留在方法论层面上，而不是本位论意义上的。韩非子与唐玄宗作为君主专制主义的坚定维护者和实际践行者，他们治国理政的根本立场始终是君权至上、权力本位，体恤民情的最终目的并不在民，而在君。他们都无法超越传统身份社会的局限性，这是历史的必然。

在中国特色社会主义建设的伟大征程中，习近平重温经典，借用老子的"治大国若烹小鲜"来表达新时代条件下治国理政的基本理念。既有对中华优秀传统文化的历史传承，又赋予其新时代特定意涵，实现了对传统社会法治方法论的历史性超越。

从文化传承意义上讲，就是要接续老子式的治国智慧，在变与不变、有为和无为之间求得恰当平衡，把握好一个度的问题。"烹小鲜"要求掌勺者既要坚守岗位，认真对待手下的小鱼，要有担当，不能擅离职守；同时又要做到在"烹小鲜"时把握火候，配好作料，按照章法谨慎行事，不可急火猛攻，不可乱放作料，不可用力翻炒，否则就会适得其反。就国家治理而言，执政者就像烹饪过程中的掌勺者，应当把握好全局，要有章法可循，依法而治，既要做到法定职责必须为，又要做到法无授权不得为。习近平在一次

〔1〕 朱俊红整理：《〈道德经〉四帝注》，海南出版社2012年版，第312页。

省部级主要领导干部专题研讨班上的讲话中引用过宋代苏轼的一句话，“为国不可以生事，亦不可以畏事”，[1]应当在有为与无为之间把握好行权的合理尺度，这样才能实现社会的和谐稳定和国家的长治久安。

从时代创新意义上讲，习近平古语新说，其治理理念已经与传统社会的思想家与执政者们不可同日而语了，而是富含着新时代的特定内涵与要求。首先，新时代语境下的国家治理目标已经获得了质的提升。不是要回到老子的无法而治与消极无为状态，也不是要回到先秦法家“以刑去刑、刑去事成”的法律工具主义治理模式中，而是强调坚持在法治轨道上全面推进国家治理体系和治理能力现代化，建设社会主义法治国家，将全面依法治国作为国家治理的战略目标，并且要坚持中国特色社会主义的前进方向和发展道路。

其次，新时代语境下国家治理的根本立场也发生了历史性转换。不是立足于传统社会的君主王道，而是秉持人民立场，坚持以人民为中心和人民主体地位，推进全面依法治国的根本目的在于依法保障人民权益。习近平表示治国理政有大量工作要做，老百姓的衣食住行，社会的日常运行，国家机器的正常运转，执政党的建设管理等，但必须始终坚持一点，就是要把人民放在心中最高的位置，牢记人民重托，牢记责任重于泰山，要有“如履薄冰，如临深渊”的自觉，要有“治大国若烹小鲜”的态度，兢兢业业，认真勤勉。[2] 习近平曾引用《管子·牧民》中的话言道：“政之所兴在顺民心，政之所废在逆民心。”[3]旨在说明执政者要积极回应人民群众的新要求、新期待、新关切，谋划和解决法治领域人民群众反映强烈的突出问题，不断增强人民群众的获得感、幸福感和安全感。当然引用和解释这句话时，我们

---

〔1〕 人民日报评论部：《习近平用典》，人民日报出版社2015年版，第87页。

〔2〕 参见《习近平谈治国理政》第一卷，外文出版社2018年版，第409～410页。

〔3〕 人民日报评论部：《习近平用典》，人民日报出版社2015年版，第9页。

要将管子的治国理念与习近平法治思想在根本立场上区别开来。事实上，管子坚持的是君主专制主义立场，将人民群众看作法治的客体，是被役使的对象，所以用“牧民”一词统领该篇章。

此外，新时代语境下国家治理的思维方式也实现了全方位重构。习近平法治思想把唯物主义辩证法娴熟地运用于国家治理领域，坚持全面地而不是片面地、联系地而不是孤立地、发展地而不是停滞地、系统地而不是零散地把握和处理全面依法治国的一系列重大关系，如法治与政治、法治与改革、法治与德治、国法与党规、发展与安全等关系，厘清了许多模糊认识和错误观点，富有鲜明的时代精神和实践导向。

（二）法理逻辑

中华优秀传统文化是习近平法治思想的深厚本土资源，“治大国若烹小鲜”虽然发轫于上古时期，但其中蕴含的智慧之光依然照耀在当下，习近平之所以古语新说，并不是要回到老子时代的无为而治，而是要赋予其治国理政的新时代内涵，仔细琢磨，我们不难发现，“治大国若烹小鲜”与新时代法治理念存在深度契合与相通之处，从总体性、协同性和控制论等意义上诠释着习近平法治思想的方法论意涵。

从总体性意义上讲，“烹小鲜”的整体过程与全面依法治国的总体要求存在相通之处。烹饪食材不可妄为，每种食材都要依据其本身的特质来制作，要遵循一定的制作方法。煎小鱼不是简简单单地放进油锅里即可，也不能用铲刀任意翻炒，而是要在整个过程中遵循一定的章法，注意时间长短、火候大小、前后顺序、翻炒频率、手法力度、食材配方等。同样，治国也要有章法可循，当今世界各国的治理，法治化是大势所趋，而中国这样一个大国，依法治理更是必须遵循的基本章法。党的十八大以来，以习近平同志为核心的党中央从坚持和发展中国特色社会主义全局出发，从实现国家治理体系和治理能力现代化的高度提出了全面依法治国这一重大战略。党的十八届四中全会专题研究法治建设问题,在中共党史上第一次以全会专题决定的形式推进全面依法治国,开启了法治中国的新时代。作为掌勺者,应当谨记烹饪之要义,对整个步骤手法了然于心;作为治国者,也要懂得理政之道理,要有全面性的战略部署。有学者在如何建设法治中国、重塑中华法治文化的问题上认为必须有清醒的现实主义态度,“在发展道路上,必须回顾历史,厘清现实;在学术研究上,必须回归经典关注现实”,[1]当代中国法治建设的最大现实就是要坚持社会主义正道,开创中国特色的新路。具体而言,就是要坚持在党的领导下,以人民为中心,走中国特色社会主义法治道路,在法治轨道上推进国家治理体系和治理能力现代化。所以,习近平着重指出:“全面推进依法治国,必须走对路。如果路走错了,南辕北辙了,那再提什么要求和举措也都没有意义了。”[2]

在党的十九大报告中,习近平明确提出,“全面依法治国是国家治理的一场深刻革命,必须坚持厉行法治”。[3] 作为一场深刻的社会革命,全面依法治国当然不是靠激情完成的,而是要遵循理性精神,掌握法治运行的必然机理,“这场法治革命,旨在遵循中国法治发展的内在机理与规律”。[4] 烹煎小鱼的运作机理在于遵行自身的一套特有技法,法治的运行机理则在于强调规则之治,不受任何规则外人为因素的干涉,始终坚持以事实为根据、以法律为准绳的原则,保持法律判断的独立性和谦抑性,防止一切外来的偶然的非理性因素的侵扰,降下一道心灵的“无知之幕”。[5]

---

[1] 付子堂:《马克思主义法学理论的中国实践与发展研究》,中国人民大学出版社2020年版,第395页。

[2] 《习近平谈治国理政》第二卷,外文出版社2017年版,第113页。

[3] 《习近平谈治国理政》第三卷,外文出版社2020年版,第30页。

[4] 公丕祥:《习近平法治思想:新时代伟大社会革命的理论产物》,载《法学论坛》2021年第36期。

[5] [美]罗尔斯:《正义论》,何怀宏、何包钢、廖申白译,中国社会科学出版社1988年版,第130页。

任何组织或者个人都不得有超越宪法和法律的特权，这已经是法治社会的基本常识，在具体适用法律的司法实践中，舆论的审判不能代替法律的审判，情绪化的冲动不能湮没冷峻的理性思维，群氓式的起哄更不能左右司法者的公正裁判。

当然，对习近平法治思想方法论的总体性理解不能局限于法治概念本身，还需要放在外部性的关系场域中作整体性观察，才能认识得更加精准。正如黑格尔所说："一种内容只是作为整体的环节，才能得到其正确性的证明。"〔1〕这里的外部性关系场域包括但不局限于这样几大方面：法治与政治的关系、法治与改革的关系、法治与德治的关系。以法治与政治的关系为例，这二者的关系是关乎法治建设正确方向的根本问题，是法治理论的核心问题。习近平对此问题的把握既有思想上的高度，又有实践上的精度。他高屋建瓴地指出："法治当中有政治……每一种法治形态背后都有一套政治理论，每一种法治模式当中都有一种政治逻辑，每一条法治道路底下都有一种政治立场。"〔2〕习近平还精准地提出"党和法的关系是政治和法治关系的集中反映"，〔3〕而要处理好党和法的关系，关键在于准确把握党的政策与国家法律的关系。党的政策与国家法律具有本质上的一致性，都是人民根本意志的反映。当党的政策还没有成为国家意志、形成法律时，它也是国家法律的先导和指引，是立法的依据和执法司法的重要指导；当"党的政策成为国家法律后，实施法律就是贯彻党的意志，依法办事就是执行党的政策"。〔4〕

〔1〕［德］黑格尔：《逻辑学》，人民出版社2004年版，第47页。

〔2〕中共中央文献研究室编：《习近平关于全面依法治国论述摘编》，中央文献出版社2015年版，第34页。

〔3〕中共中央文献研究室编：《习近平关于全面依法治国论述摘编》，中央文献出版社2015年版，第34页。

〔4〕习近平：《论坚持全面依法治国》，中央文献出版社2020年版，第43页。

从协同性意义上讲,“烹小鲜”对厨师在厨具、食材、作料和火候的选择、拿捏的分寸要求上与法治运行的比例原则也是契合的。烹煎小鱼需要掌握轻重缓急的节奏,需要遵循咸淡酸甜的配方,需要人与物、工具与材料、技法与力度的高度协同,不可随掌勺者自身的任性而肆意妄为,烹饪过程必须遵循特定的比例原则,以保证不会将小鱼翻炒至烂或失去鲜香。对于治理国家而言,如何协调好公民和国家、社会之间各种利益的表达、妥协和平衡关系,也需要遵循比例原则。在最近几十年里,比例原则已突破行政法领域,并在宪法理论与实践中得到广泛的国际认可,意指“相对于事实可能性与法律可能性的最优化要求”。〔1〕 随着现代国家法治的发展,比例原则又进一步拓展为法治理论上公认的“帝王条款”。〔2〕 一般从目的妥当性、手段必要性和法益相称性三个方面进行解说。从实质上讲,比例原则描述的是公共权力的运作与私人权利的行使之间合理的比例关系,旨在限制公共权力的过分扩张,同时防止私人权利的滥用。对“烹小鲜”治理方式的比例性解读生动展现了习近平法治思想中辩证思维的特质,具体表现为如下几组二元因素的比例关系。

首先,目的与手段的比例性。要烹饪出美味的小鱼,对烹饪的手段要有所掌控,如果大力挥铲、大火翻炒,鱼肉必然会焦烂。因此,治国理政也需要注意目的和手段保持平衡。为达目的而不择手段,采用对民众身心造成伤害的行为措施,就会造成目的和手段之间的比例失衡,治理的最终目标也难以实现。其次,成本与效益的比例性。为了能天天吃到新鲜的小鱼,而将江河里的鱼儿都捕获殆尽,就会造成资源枯竭。一项政策法令的制定与施行同样也会耗费交易成本,如果成本过高,反而得不偿失。比如,

〔1〕 许崇德、韩大元主编:《中国宪法年刊2010》,法律出版社2011年版,第222页。

〔2〕 吴延溢:《中国特色合宪性审查的逻辑、规范与经验》,九州出版社2020年版,第59页。

计划生育制度作为我国的一项基本法律制度，有利于缓解人口过多而带来的人均资源少、就业压力大、人口素质低等问题。然而，随着“一孩政策”的长期推行，其带来的人口结构与人口质量等方面的问题也日益显现。这就要求执政者在追求目标时必须有一种成本意识，要有全局性、长期性、持续性的战略视野，计算行为的利弊得失，适时作出策略上的调整。最后，规则与例外的比例性。法治国家的建设需要树立规则意识，治理国家所提出的法律政策就是我们应当遵守的规则，但规则在适用到具体人和事的时候，不能僵化地理解和操作，而是要在允许的合理范围内作出适度调整，在坚持规则的刚性原则下，也要给予必要的弹性空间，旨在实现公权力运作目标的同时，尽可能少地损害私权利，这样法律政策才能有效执行，发挥出良好作用。例如，刑事案件在侦查过程中，由于必须遵守正当程序，我们制定了非法证据排除规则，但有时想要获取有关证据就必须采取非常规手段，针对这种状况，就应当设置非法证据排除规则的例外情形。

从控制论意义上讲，对“烹小鲜”掌勺者的适度性要求与法治追求的权力制约目标是深度契合的。烹饪是一个复杂而细致的过程，同一道菜，不同的厨师会做出不同的味道，所以说，烹饪美味佳肴的一个关键因素，便是掌勺者。掌勺者手中把握着权力，火候大小、作料配比，皆由掌勺者决定，因此，掌勺者做菜时必须谨慎小心，防止出差错。同样，一个国家公权力的运作，也应当按照既定的权力配方谨行慎用，不可妄为，在行使权力的同时必须防止权力的滥用，“要围绕授权、用权、制权等环节，合理确定权力归属，划清权力边界，厘清权力清单，明确什么权能用、什么权不能用，强化权力流程控制，压缩自由裁量空间”。[1]

---

〔1〕 习近平：《论坚持全面依法治国》，中央文献出版社2020年版，第152页。

根据“孟德斯鸠经验”[1]和“阿克顿定律”,[2]一切有权力的人都容易滥用权力,绝对的权力导致绝对的腐败。习近平也特别重视权力制约和反腐败问题,指出:“要加强对权力运行的制约和监督,把权力关进制度的笼子里,形成不敢腐的惩戒机制、不能腐的防范机制、不易腐的保障机制。”[3]所以,为了使得权力能谨慎运行,确保权力的餐桌不至于弥漫着焦煳味,就必须做到:首先,构建有效的防范机制。这就需要科学配置权力,详细制定权力清单,合理设定权力运作规则,严密设置权力运行程序,提高权力运作信息的透明度,使掌权者没有腐败的机会,从而有效防范权力腐败。其次,构建完善的保障机制。通过不断完善以国法与党规相呼应的中国特色社会主义法治体系,培育革命化、正规化、专业化、职业化的高素质法治工作队伍,加强不同类型组织和部门之间的协同合作,采用先进的科学技术手段,在制度、人员、机构和物质条件等方面保障对权力形成全面制约。最后,构建严厉的惩戒机制。需要司法机关严格执法,纪检监察机关严肃执纪,不论什么人,不论其职务多高,只要触犯了党纪国法,都要受到严肃追究和严厉惩处,“保持惩治腐败的高压态势,做到有案必查、有腐必惩”,对权力腐败做到零容忍、全覆盖,“老虎”“苍蝇”一起打。[4]

(三)实践逻辑

习近平法治思想是马克思主义法学原理同中国具体实际相结合、同中

〔1〕 孟德斯鸠在探讨自由问题时写下这样一句后世广为征引的话:“一切有权力的人都容易滥用权力,这是万古不变的一条经验。有权力的人们使用权力一直到遇有界限的地方才休止。”参见[法]孟德斯鸠:《论法的精神》(上册),张雁深译,商务印书馆1961年版,第154页。

〔2〕 原文是“Power tends to corrupt, and absolute power corrupts absolutely”,译成中文应该是:“权力趋向腐败,绝对权力绝对腐败。”这是阿克顿勋爵在1887年4月5日给克莱顿(Mandell Creighton)的一封讨论宗教改革时期教皇制度的长信中所说的。参见 Dalberg-Acton, John Emerich Edward, *Essays on Freedom and Power*, Boston: Beacon Press, 1949, p.364.

〔3〕《习近平谈治国理政》第一卷,外文出版社2018年版,第388页。

〔4〕《习近平谈治国理政》第一卷,外文出版社2018年版,第392页。

华优秀传统法文化相结合的时代精华。对习近平法治思想的方法论的总结凝练，既要遵循马克思主义法哲学的基本思维范式，又要在“两个结合”语境下赋予其丰富的时代内涵。对于习近平援引的“治大国若烹小鲜”这一传统文化中的经典命题，我们需要运用协同性、比例性和平衡性等辩证思维完成其打开方式，并且要结合新时代中国特色社会主义建设的实际，在市场经济、民主政治、文化强国、社会民生以及自然生态诸领域全面展开，寻求公权与私权、无为与有为、动机与效果、内生与外发、人类与自然等多种对立统一场域中的合理平衡。

1. 在市场经济建设上准确把握政府与市场的功能定位

“烹小鲜”的道理放之于社会主义市场经济建设当中，就是要正确处理好政府这个掌勺者与市场主体这些小鱼之间的关系，这也是我国经济体制改革的核心问题，是全面深化改革的重点。党的十四大以来，我们一直在寻找政府和市场关系的科学定位，认识也在不断深化，直到党的十八届三中全会，习近平明确提出市场在资源配置中起决定性作用、更好地发挥政府作用的关系定位，这就对政府与市场的功能发挥提出了新要求，“在市场作用和政府作用的问题上，要讲辩证法、两点论，‘看不见的手’和‘看得见的手’都要用好，努力形成市场作用和政府作用有机统一、相互补充、相互协调、相互促进的格局”。[1]

市场在资源配置中起决定性作用、更好地发挥政府作用的关系定位，也为新形势下法治型政府的建设指明了基本路径，即既要有限政府又要有效政府，既不能统得过多过死，也不能完全自由放任，而是要遵循“烹小鲜”的治理逻辑。“治大国若烹小鲜”要求政府找准定位，着力提高政府的办事效率，优化政府的办事效果，加强市场监管和公共服务。习近平强调：“使

〔1〕《习近平谈治国理政》第一卷，外文出版社2018年版，第116页。

市场在资源配置中起决定性作用，不是说政府就无所作为，而是必须有所为、有所不为。我国实行的是社会主义市场经济体制，要坚持发挥我国社会主义制度优越性，发挥党和政府积极作用，管好那些市场管不了或管不好的事情。”[1]

2. 在民主政治建设上正确处理执政者与人民群众的角色关系

烹煎小鱼要关注的事情很多，这其中最重要的便是“小鲜”。无论掌勺者的烹饪经验如何丰富，做菜技艺如何娴熟，小鱼才是整个烹饪过程的关键。正如老子所言，执政者治理国家，应当“圣人常无心，以百姓心为心”。[2] 具体来说，就是执政者不能以自我为中心，将人民群众视作治理的客体，而应当坚持人民的主体地位，以人民为中心，树立全心全意为人民服务的执政理念，爱民利民，情为民所系，权为民所用，利为民所谋；应该始终保持“夙夜在公，勤勉工作”的使命感和责任心；要有密切关注民间疾苦的忧患意识，习近平在谈及领导干部的基本功时曾援引过明代张居正的话说：“治政之要在于安民，安民之道在于察其疾苦。”[3] 对执政党来说，“人民对美好生活的向往，就是我们的奋斗目标”。[4]

大道至简，只有在“烹小鲜”的过程中少折腾，鱼肉才能完整而不被翻烂。烹煎小鲜的过程，也是“无为”与“有为”相统一的过程。以“无为”来治理国家，如同“烹小鲜”，不能瞎折腾，也不能搞得太复杂，更不能扰乱老百姓的正常生活。同时，国家治理又要适度“有为”，制定和实施政策以实现最好的治理目的为原则，寻求简约、科学、有效的路径和方法。中国古代的文景之治、开元盛世、康乾盛世等几次大繁荣，它们的共同点就在于统治

---

〔1〕《习近平谈治国理政》第三卷，外文出版社 2020 年版，第 172 页。

〔2〕（魏）王弼注：《老子道德经注》，中华书局 2011 年版，第 134 页。

〔3〕人民日报评论部：《习近平用典》，人民日报出版社 2015 年版，第 11 页。

〔4〕《习近平谈治国理政》第一卷，外文出版社 2018 年版，第 4 页。

者将无为而治作为治国之根本，政令简约高效，展现出泱泱中华的一种大气。当代中国民主政治的大道就是一定要在复杂多变的国内外环境中，保持理论上的清醒、增强政治上的定力，不照搬照抄西方的一套模式，而是坚持和发展中国特色的人民代表大会制度、中国共产党领导的多党合作和政治协商制度、民族区域自治制度以及基层群众自治制度。“在政治制度模式上，我们就是要咬定青山不放松、任尔东西南北风。”〔1〕

3. 在文化强国建设上努力实现内生发展与文明互鉴的有机统一

文化软实力的竞争与较量已成为当今世界各个现代国家走向强盛所必须迎接的挑战。近代以降，中国由于长期积贫积弱，在和西方列强的较量中一直处于劣势，不仅在经济上被掠夺、政治上被操控、军事上被侵略，而且在文化上也笼罩于西方话语霸权之下。当代中国已经今非昔比，综合实力显著提升，世界影响力日益彰显，我们不仅要输出人民币，而且要发出中国声音、展现中国话语、构建中国逻辑、输出中国精神，冲破西方文化帝国主义的樊篱，使得中国特色社会主义的先进文化扬眉吐气、大放异彩。正如习近平所说：“历史与现实都证明，中华民族有着强大的文化创造力。每到重大历史关头，文化都能感国运之变化、立时代之潮流、发时代之先声……是中华民族保持了坚定的民族自信和强大的修复能力，培育了共同的情感和价值、共同的理想与精神。没有中华文化繁荣兴盛，就没有中华民族伟大复兴。”〔2〕

一个国家的文化软实力，在根本上取决于其核心价值观的生命力、凝聚力和感召力，而在当代中国，培育和弘扬社会主义核心价值观必须立足本土文化资源，推动中华优秀传统文化创造性转换和创新性发展，特别是

〔1〕 中共中央宣传部编：《习近平总书记系列重要讲话读本》（2016年版），学习出版社、人民出版社2016年版，第284页。

〔2〕《习近平总书记重要讲话文章选编》，中央文献出版社、党建读物出版社2016年版，第184页。

要“深入挖掘和阐发中华优秀传统文化讲仁爱、重民本、守诚信、崇正义、尚和合、求大同的时代价值,使中华优秀传统文化成为涵养社会主义核心价值观的重要源泉”,[1]要有清醒的文化自觉和坚定的文化自信。当然,大力弘扬民族优秀文化并不是要盲目排斥外来文化,也要吸收世界各国的文明成果,恰如烹煎小鱼,既可以用淮扬式烧法,也可以引进普罗旺斯风味。习近平告诉我们,人类的文明成果是由世界各民族共同创造的,他在《在文艺工作座谈会上的讲话》中如数家珍地为我们列举了从古希腊到现时代的欧美各国文化领域的大师,他们不仅为世界文明贡献了华彩篇章,也为中华民族的文化繁盛提供了丰富的滋养。所以,既要不忘本来,又要吸收外来,只有这样才能走向美好未来。

4. 在社会民生建设上注重坚持政策法律与社会效果的协同推进

“治大国若烹小鲜”还要求在国家与社会之间寻求合理界限与良性互动,改变过去“强国家、弱社会”的畸形格局,“坚持法治国家、法治政府、法治社会一体建设,不断开创依法治国新局面”。[2] 国家的政策就好比厨师手上的盐和味精,一定要撒放得恰到好处,不能为了片面追求口味,而忽略了各种不利的副作用。要学会将政府的治理负担向社会消解,从而有效解决政府治理能力与治理抱负之间的紧张关系。21 世纪以来,我国明确提出构建社会主义和谐社会的任务,并将其提升到战略高度。但是,我们也有一些政策的制定与实施比较草率,效果也不尽如人意。

近年来,在房地产市场上,从中央到地方的各级政府都时断时续地出台了各种房屋限购政策,然而这些房市政策有些并没有完全达到预期目的,反而甚至引发了一些假结婚和假离婚的不正常现象。因此,执政者应

[1] 《习近平谈治国理政》第一卷,外文出版社 2018 年版,第 164 页。
[2] 《习近平谈治国理政》第一卷,外文出版社 2018 年版,第 144 页。

当把握好政策的度，充分考量国家政策与社会效果之间的良性互动，对可能产生的后果尽早作出预判，不能因眼前的利益而忽略了社会其他方面的不利影响，要合理平衡中央与地方、政府宏观调控与公民契约自由、公民身份与居民身份之间的比例关系。[1]

5. 在生态文明建设上协同考量生态保护与经济发展的良性互动

"烹小鲜"有一个自然焖煮的过程，要让其自然地生发。因此，掌勺者要做的不是"数挠之"，而是顺应小鱼烹煮的自然过程，作出适时恰当的调整，从而使小鱼烹制的自然过程与掌勺控制的人为过程达到完美统一。这也切合了道家推崇的"天人合一"思想。这种思想要求我们在谋划未来发展战略时，要摒弃过去人类中心主义的狭隘思维，认真贯彻生态主义的系统思维，将人类看作宏观生态发展的一个重要环节或要素，"按照尊重自然、顺应自然、保护自然的理念，贯彻节约资源和保护环境的基本国策，更加自觉地推动绿色发展、循环发展、低碳发展，把生态文明建设融入经济建设、政治建设、文化建设、社会建设各方面和全过程"。[2] 特别是要协同考量经济发展与生态环境保护的关系，"牢固树立保护生态环境就是保护生产力、改善生态环境就是发展生产力的理念……决不以牺牲环境为代价去换取一时的经济增长"。[3]

"治大国若烹小鲜"的道理告诉我们不能违背规律，人类应当将尊重自然作为行为的基本准则。习近平指出，人与自然是一种共生关系，人类必须尊重自然、顺应自然、保护自然。对大自然的伤害最终会伤及人类自身，这是无法抗拒的规律。"只有尊重自然规律，才能有效防止在开发利用自

---

〔1〕 参见吴延溢：《居住自由权的构造逻辑及其法理阈限》，载《南通大学学报（社会科学版）》2020年第36期。

〔2〕 《习近平谈治国理政》第一卷，外文出版社2018年版，第211~212页。

〔3〕 《习近平谈治国理政》第一卷，外文出版社2018年版，第209页。

然上走弯路。”[1]想要实现人与自然的可持续发展，就必须尊崇客观规律，树立人与自然辩证和谐的发展观，“我们既要绿水青山，也要金山银山。宁要绿水青山，不要金山银山，而且绿水青山就是金山银山”。[2]所以要贯彻绿色发展和协调发展理念，以习近平的“两山论”为指导，构建生态文明与经济发展之间的良性互动关系，建设美丽中国，谋求永续发展。

---

〔1〕《习近平谈治国理政》第二卷，外文出版社2017年版，第394页。

〔2〕《习近平总书记重要讲话文章选编》，中央文献出版社、党建读物出版社2016年版，第230页。

第三章

合宪性审查的中国特色社会主义法治语境

从一般性意义上讲，只有在真正的法治国家中，合宪性审查才具有可能性。从特殊性意义上讲，只有在中国特色社会主义法治的独特语境下，当代中国的合宪性审查才具有现实性。习近平指出：一段时间以来，有人认为我们的宪法不如外国宪法，甚至经常拿外国宪政模式来套我们自己的制度。这不符合我国的历史和实际，也解决不了中国问题。我们一定要认识到，坚持依宪治国、依宪执政，与西方所谓的"宪政"存在本质上的差异。习近平指出："我国宪法跳出了一切旧宪法的窠臼，实现了党的主张和人民意志高度一致，因而具有显著优势、坚实基础、强大生命力。"[1]所以，当代中国的宪法学研究（包括合宪性审查问题在内），如果离开中国特色社会主义法治语境，将会流于缥缈虚幻，失去其现实基础和生命根基。中国特色社会主义法治的最大特色就是坚持中国共产党的领导，这也是我国宪法区别于其他宪法的最显著特征。

〔1〕 习近平：《论坚持全面依法治国》，中央文献出版社2020年版，第215页。

一、何为中国特色社会主义法治：从一般到特殊

（一）法治的一般性考察

美国当代法学家劳伦斯·索伦教授曾说过："法科学生迟早会用'法治'来论证他们的观点，但是在我看来，很多人用到这个观念，却很少给予充分说明。"[1]本书也试图在"法治"语境下论证合宪性审查问题，所以有必要对"法治"给予必要说明。纵观法律思想史，法治一直是法学家们才下眉头却上心头的一个重要话题。这里出于总结时的方便，不去一一列举，只是择其代表性较强的几种观点做一说明。

最为经典的当数亚里士多德（Aristotle）的法治说。他认为："法治应当包含两重意义：已成立的法律获得普遍的服从，而大家所服从的法律又应该本身是制定良好的法律。"[2]他还指出，人治是"主人之治"，而法治是"平等的自由人之治"。[3] 亚里士多德的法治说揭示了法治的三大特征：法律至上或法的一体遵循性；良法之治或立法的正当性；自由平等的价值属性。

近代以来最具有影响力的阐释莫过于英国戴雪（Albert Venn Dicey）的法治说。他认为法治通常包含三个分明而又联系的要素：第一，法律具有至高无上的权威，"武断权力的不存在"，[4]人民得依此对抗独断的权力；第二，法律之下人人平等，"不但无一人在法律之上，而且每一人，无论为贵

[1] ［美］劳伦斯·索伦：《法理词汇》，王凌皞译，中国政法大学出版社2010年版，第91页。
[2] ［古希腊］亚里士多德：《政治学》，吴寿彭译，商务印书馆1983年版，第199页。
[3] ［古希腊］亚里士多德：《政治学》，吴寿彭译，商务印书馆1983年版，第129页。
[4] ［英］戴雪：《英宪精义》，雷宾南译，中国法制出版社2001年版，第232页。

为贱、为富为贫,须受命于国内所有普通法律”;[1]第三,宪法权利不是建立在抽象的宪法文件上,而是“起于司法判决”,“是千百年来法院替私人权利斗争而得到的结果”。[2] 可见,戴雪的法治观除了法律至上和法律平等适用等古典观念之外,又多了两层内容,即权力限制和权利保障,这种理解在世界上得到广泛的传播和认同,1959 年《德里宣言》就深受其影响,并在法治的各环节上对维护人权和限制公权的双重主题进行了具体展开。当然,戴雪在权利保障问题上片面强调司法判例的功能,则明显带有普通法系的个性特征,并不具有普适性。

现当代的新自然法学派与分析实证主义学派也基于各自的立场讨论了这一概念。富勒(Lon. Fuller)以“法律是使人的行为服从规则治理的事业”这一命题为基点,从法律的内在道德性角度论述法治,认为真正的法律应该具备内在的品德,他把这些品德概括为著名的八项法治原则,即法律的普遍性、公开性、非溯及力、明确性、一致性、可行性、稳定性以及官方行为依法性。这是西方法学史上“第一个对法治原则概括最为具体的”范例,也是富勒的主要理论贡献之一。罗尔斯(John Rawls)则提出法治的四项原则,即“应当意味着能够”(类似于可行性原则)、相同情况相同处理(类似于一致性原则)、法无明文不为罪(类似于公开性、明确性原则)和自然正义(体现的正当程序的要求),[3]前三项原则并未超出富勒之外,第四项原则是他的创新,更能反映他的形式正义法治理念。罗尔斯的法治观的局限性不仅在于偏重于形式正义的理解,而且他的正义公式里还缺失一个重要观念,那就是“政府或者政府官员应当受法律约束”。[4] 当代分析实证主义

〔1〕 [英]戴雪:《英宪精义》,雷宾南译,中国法制出版社 2001 年版,第 237 页。

〔2〕 [英]戴雪:《英宪精义》,雷宾南译,中国法制出版社 2001 年版,第 239 ~ 240 页。

〔3〕 参见吕世伦主编:《西方法律思潮源流论》(第 2 版),中国人民大学出版社 2008 年版,第 115 ~ 116 页;何勤华、严存生:《西方法理学史》,清华大学出版社 2008 年版,第 440 页。

〔4〕 [美]劳伦斯·索伦:《法理词汇》,王凌皞译,中国政法大学出版社 2010 年版,第 90 页。

学派代表拉兹(Joseph Raz)认为法治并不是衡量法律的道德标准,它只是作为法律的一种品德或优点,要求法律在形式上必须能指导人们的行为,在实质上能保障人权和实现法律之正义。他也具体探讨了法治的五大特征,并将之上升为原则,即法律的普遍性、预期性、公开性、明确性和稳定性。[1] 新自由主义者哈耶克(F. A. Hayek)对法治概念进行了全面梳理,提出法治的实质意义与形式意义之分,并强调形式意义的重要性。实质意义的法治在于依法限制公权力和保护个人自由,这也是自由秩序的建立应遵循的法治原则;形式意义的法治在于人们行为的可预测性,使人对未来有合理的预期和事务上的安排。他说:"政府在一切行动中都受到事前规定并宣布的规则的约束——这种规则使得一个人有可能十分肯定地预见到当局在某一情况中会怎样使用它的强制权力,和根据对此的了解计划他自己的个人事务。"[2] 他还说:"正是由于法治保护私人公民以对抗行政机构侵入私域这种日益发展的取向,所以法治才在当下具有了如此重要的意义。"[3] 与前人相比,当代法学家对法治的关注更为系统和深入,对法治原则的阐述更为详尽,大多带有规则主义或形式正义的倾向,并且比较重视正当程序。

综览各家之言,虽然法学流派纷呈,立场各异,但对法治的内在诉求、原则特征以及形式理性的理解上均有相通之处。所以,对法治的理解不是简单的一句话就能概括,对法治的理解,是一个见仁见智的问题,但不管怎样说,有三层基本含义是不可或缺的。

---

〔1〕 参见何勤华、严存生:《西方法理学史》,清华大学出版社 2008 年版,第 437 页。

〔2〕 [英]弗里德里希·奥古斯特·哈耶克:《通往奴役之路》,王明毅等译,中国社会科学出版社 1997 年版,第 73 页。

〔3〕 [英]弗里德里希·冯·哈耶克:《法律、立法与自由》(第 1 卷),邓正来等译,中国大百科全书出版社 2000 年版,第 27 页。

1. 法治是法律的治理

这句话看上去好像有点同语反复，其实不然，因为它体现了法治内在精神意蕴和价值追求。为什么这么说？我们不妨先来做一道选择题。

下列对“法治”一词的英文翻译，你认为哪个更为妥当？

A. rule of law　　　B. rule by law

正确答案是 A。

为什么 A 妥当，B 欠妥呢？因为 B 将法治翻译成“用法律来治理”，by 表示器物的使用，这是一种工具主义思维，把法律仅仅当作治理的手段或工具，就像一把象征权力的战斧；而 A 将法治翻译成“法律的治理”，of 表示意义的归属，体现的是一种价值主义思维，它不是把法律看作一种单纯的工具，而是治国理政的内在精神要求和价值依归，是我们忠诚与敬仰的对象，不是一把斧头，而是一位道具齐全的正义女神。

同样道理，先秦时期韩非子所强调的“以法治国”与当代中国所倡导的“依法治国”，虽然也是一字之差，但意义也不大相同。“以”表示运用、使用之意，而“依”表示归属依归之意，二者同样存在工具论和价值论的本质区别。

所以，通过第一层含义的解读，我们将法律的治理和用法律治理区别开来，将依法治国与以法治国区别开来。

2. 法治是法律之下的治理

所谓法律之下的治理，是指法律在治国理政中具有至高无上的地位，所有人都必须服从和遵守法律，不允许任何个人、任何组织有超越法律之上的特权。

在一个国家中，只要有人，哪怕是只有一个人可以超然于法律之上，那就不能说是法治,只能说是人治。

中国有句古话,叫作“王子犯法,与庶民同罪”。民间一般是从褒义上使用这句话的,但是再仔细想想,它是否贯彻了法治理念呢?我们说,这句话并没有贯彻法治理念,因为这句话没有说满说透,它只说到王子就戛然而止了,而漏掉了王子后面的一个关键人物——国王。在这句豪言壮语背后隐含着一句潜台词,那就是,国王可以逍遥法外。朕可以与民同乐,但绝不可以与民同罪。魏武帝曹操违反了自己定的军法,犯了杀头之罪,却可以“割发代首”,草草了事,把法律玩弄于股掌之间。这是法治吗?显然不是,而是人治。真正的法治国家,坚持的是法律至上,就连国王也必须服从法律。这不禁使我们想起马克思在《关于出版自由和公布等级会议记录的辩论》中的一句话:“法官是法律世界真正的国王,他们除了法律,没有别的上司。”〔1〕当然,比马克思早了一个世纪的潘恩有一句流传更广的法律格言:“在专制政府中国王便是法律;在自由国家中法律便应该成为国王,而且不应该有其他的情况。”〔2〕

所以,通过第二层含义的解读,我们又将法治与人治区别开来。

3. 法治是良法的治理

仅满足于法律至上的工具理性的理解,还不能成就法治,要成就法治,还必须满足第二个价值理性的内在要求,那就是,至上的法律必须是良好的法律,因为只有良法才能真正实现公平正义、人生幸福的价值目标;如果是恶法,那结果只能适得其反。如何理解良法之良呢?至少要满足以下两个方面的要求。

一方面,是科学理性的要求,即法律的制定应当符合事物存在和发展

〔1〕《马克思恩格斯全集》(第1卷),人民出版社1956年版,第76页。
〔2〕[美]托马斯·潘恩:《常识》,马清槐译,商务印书馆2015年版,第34页。

的客观规律。

另一方面，是道德理性的要求，即法律的制定要有一定的道德基础，符合人类的道德良知、优良传统和善良风俗。

我们再回到刚才的问题上，假如国家制定了一部禁止大学生谈恋爱的法律，你会心悦诚服地遵守它吗？不会。为什么不会？因为它不符合法治的内在要求，违背了科学理性和道德理性。

这里的科学理性是青年学生身心发展的客观规律。性发育已近成熟、荷尔蒙分泌十分旺盛，两性之间的吸引就像月亮围绕着地球旋转一样势不可当，如果此时禁止男女生谈恋爱，那无异于毁灭地心引力，既是愚蠢的也是不可能的，政府管了一件它根本管不了的事。

这里的道德理性是指成年公民之间情感交流与道德选择的精神自由。男女两性之间自由选择交往的对象，从相识到相知、从相知到相爱、从相爱到相亲相守，这是一种多么美好幸福的人生啊。如果禁止他们谈恋爱，那无异于又回到"存天理、灭人欲"的道貌岸然的灰暗时代。总之，政府管了一件它不该管的事。

所以，我们又可以得出一个结论：有了法制，未必就有法治。只有当现行的法律制度符合科学理性与道德理性的要求时，才能成就法治。通过这一层意义的解读，我们又将法治与法制区别开来。

（二）中国特色社会主义法治的语境界说

合宪性审查的理论、制度与实践固然需要秉持法治思维，但如果只是停留在一般意义上的语境中，依然缺乏中国意识和当下意识，所以，还需要从一般到特殊，从内涵特征与理念原则上进一步探讨中国特色社会主义法治的基本语境。

中国特色社会主义法治的基本内涵就是法治的普遍规定性或一般规

定性与中国特色社会主义的具体实际相结合的治理状态。习近平告诉我们:“每一种法治形态背后都有一套政治理论,每一种法治模式当中都有一种政治逻辑,每一条法治道路底下都有一种政治立场……基本的东西必须是我们自己的,我们只能走自己的道路。”[1]通过长期的实践探索,经历了各种磨难与挫折,我们总结出了中国特色社会主义法治的基本经验,那就是坚持中国共产党领导、人民当家作主和依法治国的有机统一,这也构成中国特色社会主义法治的基本特征,其中,坚持中国共产党领导是中国特色社会主义法治的最显著特征。

习近平指出:“党和法治的关系是法治建设的核心问题。”[2]2018年宪法修正案已经明确将“中国共产党领导是中国特色社会主义最本质的特征”这句话写入宪法正文,这也就从规范宪法学意义上说明了党的领导是我国社会主义法治最根本的保证,坚持党的领导是社会主义法治的根本要求,是党和国家的根本所在、命脉所在,是全国各族人民的利益所系、幸福所系,是全面推进依法治国的题中应有之义。[3] 我们要把党的领导贯彻到依法治国的全过程和各方面,只有在党的领导下依法治国、厉行法治,人民当家作主才能实现,国家和社会生活法治化才能有序推进。

中国特色社会主义法治的理念原则就是能够反映当代中国“社会主义法律制度、法律文化和法律传统的,具有指导性和规律性的一系列原则”。[4] 对这一系列原则的梳理总结,也是见仁见智的,比较有代表性的学说有:以王家福为代表的“三观念说”、以李步云为代表的“十原则说”、

---

〔1〕 中共中央文献研究室编:《习近平关于全面依法治国论述摘编》,中央文献出版社2015年版,第34~35页。

〔2〕 习近平:《论坚持全面依法治国》,中央文献出版社2020年版,第91页。

〔3〕 参见习近平:《论坚持全面依法治国》,中央文献出版社2020年版,第92页。

〔4〕 参见王人博主编:《中国特色社会主义法治理论研究》,中国政法大学出版社2016年版,第117页。

以夏勇为代表的“法治十大规诫说”，以及以王人博为代表的“五大原则说”。[1] 相较而言，“五大原则说”参考价值更高一些，而且也得到了全国高校法治教育公共思政课教科书(马克思主义理论研究和建设工程重点教材)的认同。[2] 具体而言，可以总结为以下五个方面。

1. 宪法法律至上原则

宪法法律至上强调法律是治国理政的最高准则，所有人都必须生活在正义女神的天平之下。它体现了法治思维方式的工具理性，这种工具理性又具体表现为普遍适用性、优先适用性和不可违抗性。

所谓普遍适用性，就是宪法法律对一国内的所有人都具有约束力。

所谓优先适用性，就是指对同一件事，有多种处理依据时，优先适用法律依据。但是在现实生活中，依然存在立法文件不如红头文件，红头文件不如口头文件的现象。

所谓不可违抗性，就是任何人触犯了法律，都要追究法律责任。西周时期盛行“刑不上大夫，礼不下庶人”的差别对待制度，但是在当代中国，我们已经摒弃了传统社会的身份歧视与身份特权制度，强调公民在适用法律上一律平等。哪怕是位高权重，显赫一时的中央政治局委员，如果他们违了法、犯了罪，也不能逍遥法外，同样要接受法律的制裁。违法官员大都是因为腐败而坠入犯罪深渊的，那么为什么这些人会腐败呢？并不是因为这些人天生是腐败分子，其中一个原因就是他们手中的权力在作怪。这就涉及中国特色社会主义法治理念的第二个原则——权力制约。

2. 权力制约原则

权力制约体现了法治思维方式的价值理性，是法治的应然性要求和内

[1] 参见王人博主编：《中国特色社会主义法治理论研究》，中国政法大学出版社2016年版，第117～133页。

[2] 参见《思想道德与法治》(2023年版)，高等教育出版社2023年版，第231～235页。

在价值取向。英国政治家阿克顿勋爵有一句脍炙人口的格言：权力导致腐败，绝对权力导致绝对腐败。这就是著名的“阿克顿定律”。

所谓绝对的权力就是没有制约的权力，所以我们为了防止腐败，就要对权力进行有效制约，“把权力关进制度的笼子”。通过法律制度的建设和完善，做到：职权由法定，有权必有责，用权受监督，违法必追究。

虽然目前我国在权力监督制约的制度建设上取得了长足进步，但还有不足之处。以房屋拆迁为例。一些地方的老百姓遭遇行政强拆时不会上法院去告，而是上自家房顶上去闹，甚至在房顶上引火自焚。为什么这些老百姓遭遇行政强拆不上法院而上房顶呢？一个重要原因就在于：司法权没能有效制约行政权，甚至被行政权“绑架”，曾经有些地方，法院的院长本身就担任政府拆迁小组的副组长。在这样一种权力配置格局下，司法权非但不能形成对行政权的有效制约；相反，还可能沦为行政权的附庸。

所以，党的十八大以来，我国全面深化司法体制改革，其中一个重要目标就是去行政化，彰显司法中立、司法超然的品格，这样才能对行政权形成有效制约。

3. 人权保障原则

人权保障同样体现了法治思维方式的价值理性，反映了法治的人文关怀和终极价值目标。人权保障问题在我国修宪、立法、行政、司法活动中越来越受到重视。特别是我国《宪法》第 33 条第 3 款明文规定：国家尊重和保障人权。这样的规定在世界各国宪法中都是很少见的。党的十八届四中全会的决定中又进一步强调：要在全社会增强尊重和保障人权的意识。可见，无论是法治国家建设还是法治社会建设，人权保障在我国都被放在极为突出、极为显著的位置上。

然而，在现实生活中，人权保障思维在一些地方还没有得到认真贯彻。比如，在高校大学生管理工作中，经常会碰到这样的情况：男生宿舍大楼门口挂个牌子:“女生止步”;女生宿舍大楼门口写着:“男生止步”。凭什么要剥夺男女生串门儿的自由呢? 不管出于何种理由,但它至少隐含了一种古老的有罪推定思维。[1] 这个男生为什么去女生宿舍,肯定是干坏事的;这个女生为什么去男生宿舍,肯定也没什么好事。这种有罪推定思维与现代法治要求的无罪推定思维是背道而驰的,没有做到对人权应有的尊重。虽然历史上也曾经出现过男女生在宿舍里发生不正当关系的个别案例,但我们不能因此就推定所有的男女生都会在宿舍里发生不正当关系,不能因为一个同学在食堂里吃了个馒头噎死了,我们就下令所有的窗口都禁止卖馒头。

当然,学生宿舍管理也不能完全自由放任,不能从一个极端走向另一个极端。我们应当采取有限开放策略,首先要承认和确保学生有串门儿自由的基本人权,同时又要根据实际情况作出必要的规制,将他们的交往活动纳入规范化有序化的轨道上。这才是理性的思维方式。

4. 公平公正原则

公平、公正和正义这三个概念放在一起,容易让人产生“剪不断、理还乱”的概念迷雾。冷峻思之,正义可以作为上位概念,公平与公正则是下位概念,分别从不同侧面对正义概念进行展开。具体而言,公平属于分配正义,是对各种资源和利益的配置达到各得其所,具体表现为收入公平、教育公平、权利公平、规则公平、机会公平等;公正则属于矫正正义,是指伤害得到修复、损失得到补偿、冲突得到平衡,如司法公正、执法公正等。

在中国特色社会主义法治建设的伟大实践中,公平公正的正义观念是贯穿立法、执法、司法和守法诸环节、全过程的基本原则。宪法和法律的制

---

〔1〕 这个案例还隐含了合宪性问题的法理拷问,体现了公民私权利与公权机构公权力之间的紧张关系,后文将有专门章节加以探讨,这里不再赘述。

定、修改与解释就是正义观念的规范化表达，通过法律制度在全社会确立公平公正的正义价值标准；行政执法与司法审判是正义观念的典型性示范，通过法律的实施在全社会形成公平公正的正义价值导向；全民法治思维和法治方式的养成是正义观念的基础性支撑，通过推动全民守法来促进公平公正的正义价值践行。要“让人民群众在每一项法律制度、每一个执法决定、每一宗司法案件中都感受到公平正义这个目标”。[1]

5. 正当程序原则

正当程序原则来自西方法治文明，其对当代中国法治文明的构建具有重要的借鉴意义。许多人喜欢看美国警匪片，并且时常会看到这样的镜头：当一个警察抓到一个犯罪嫌疑人的时候，嘴里会念念有词地说：“你有权保持沉默；否则你说的一切将会成为呈堂证供……”这就是著名的“米兰达警告”。米兰达是什么人呢？他是一名强奸犯，因为绑架和强奸了一名18岁少女，并且供认不讳，被美国亚利桑那州地方法院判决有罪，但上诉到联邦最高法院后，最高法院却改判他无罪！一个被告人供认不讳的案件，最后竟然被判无罪？判决一出，社会舆论一片哗然。最高法院这么判的道理何在呢？并不是因为米兰达的口供不真实，而是因为警察在获取他的口供时，违反了法律的正当程序，警察应该在第一时间履行一个告知程序，告知当事人有权保持沉默、有权获得辩护，但警察没有这么做。所以，在此种情况下所获取的口供违反了正当程序，是非法的，是要加以排除的。口供一排除，就直接导致指控米兰达有罪的证据严重不足，根据疑罪从无原则，最高法院就推定他无罪。

这个案件说明：程序具有独立的法律价值，程序正义与实体正义共同构成一个完整的法律正义。没有程序正义这个形式，那么实体正义的内容

---

〔1〕《习近平谈治国理政》第四卷，外文出版社2022年版，第303页。

也是难以实现的。由此可见,正当程序体现了法治思维方式的形式理性。习近平在党的十八届四中全会上也特别指出,要“通过法庭审判的程序公正实现案件裁判的实体公正,有效防范冤假错案产生”。[1] 这也正体现了正当程序思维。

也许有人会问:美国人有沉默权,那么中国的情况怎么样呢?根据我国2012年修正的《刑事诉讼法》第50条(2018年修正后为第52条),刑事案件当事人是有沉默权的,但是该法第118条(2018年修正后为第120条)又保留了旧法中关于当事人有如实供述义务的规定。这样,就出现了一部法律中两个条款之间“打架的现象”。这反映了当下中国立法新旧交替过程中不同思维方式之间的内在纠结、彷徨与碰撞,也说明了当代中国的法治进程虽然有所发展,但又发展不足,还有很长的路要走,需要我们大家共同努力,贯彻落实习近平法治思想,按照党的十八届四中全会以来关于依法治国的总体部署坚定不移地走下去,共同谱写法治中国的美好未来。

二、党的领导为何是我国宪法最显著特征:一种必然性分析

习近平在党的二十大报告中再次强调:“坚持依法治国首先要坚持依宪治国,坚持依法执政首先要坚持依宪执政,坚持宪法确定的中国共产党领导地位不动摇,坚持宪法确定的人民民主专政的国体和人民代表大会制度的政体不动摇。”[2] 在建设社会主义法治国家的伟大征程中,我们讲依宪治国、依宪执政,首先就是坚持中国共产党的领导,这是我国宪法区别于其他国家宪法的最显著特征。这不是一句简单的政治口号,而是一个遵循

〔1〕 习近平:《论坚持全面依法治国》,中央文献出版社2020年版,第102页。

〔2〕 习近平:《高举中国特色社会主义伟大旗帜为全面建设社会主义现代化国家而团结奋斗——在中国共产党第二十次代表大会上的讲话》,人民出版社2022年版,第41页。

着多重必然性的重大政治判断和法理结论。

（一）历史发展的必然性选择

坚持中国共产党的领导是人民的选择、历史的选择。鸦片战争后，中国陷入内忧外患的黑暗境地，为了民族复兴，无数仁人志士进行了可歌可泣的斗争和各式各样的尝试，然而，过尽千帆皆不是，他们终究未能改变旧中国的社会性质和中国人民的悲惨命运。大浪淘沙，历史呼唤真正堪当大任的使命担当者。新民主主义革命时期，以毛泽东为主要代表的中国共产党人，把马克思主义基本原理与中国革命的具体实践相结合，带领人民进行了艰苦卓绝的不懈斗争，完成了新民主主义革命，建立了中华人民共和国，实现了中国从几千年封建专制政治向人民民主的伟大飞跃，彻底结束了旧中国受尽屈辱的半殖民地半封建社会的历史，中华民族和中国人民从此站了起来。新中国成立以后，党带领人民继续艰苦创业，完成了社会主义革命，确立了社会主义基本制度，完成了中华民族有史以来最为广泛而深刻的社会变革，实现了一穷二白、人口众多的东方大国迈向社会主义社会的伟大飞跃。党的十一届三中全会后，中国共产党人解放思想、实事求是，与时俱进，科学发展，带领全国人民进行改革开放新的伟大革命，破除阻碍国家和民族发展的一切思想和体制障碍，开辟了中国特色社会主义道路，使中国大踏步赶上时代，实现了从温饱不足到总体小康、奔向全面小康的历史性跨越，推进了中华民族从站起来到富起来的伟大飞跃。党的十八大以来，以习近平同志为核心的党中央领导全国各族人民踔厉风发、砥砺前行，全面建成小康社会，大踏步迈向现代化强国的建设征程，党和国家事业取得历史性成就，中华民族迎来了从站起来、富起来到强起来的伟大飞跃。在中国近现代史的各个发展阶段中，中国共产党始终扮演着中流砥柱的角色，带领中国人民谱写了一部部最为靓丽的时代华章。习近平指出：

"我国宪法以根本法的形式反映了党带领人民进行革命、建设、改革取得的成果，确立了在历史和人民选择中形成的中国共产党的领导地位。对这一点要理直气壮地讲，大张旗鼓地讲。"〔1〕

（二）制度建构的必然性逻辑

坚持中国共产党的领导，符合宪法和党章有机统一的制度建构逻辑。宪法是国家根本大法，在国家法律体系中具有最高法律效力和最根本法律地位。党章是党内的根本大法，在党内法规体系中的地位和效力如同国法体系中的宪法。党章和宪法分别规定了党和国家的根本制度，无论是党的制度还是国家制度，其最终的合法性落点都在于以人民为中心。习近平指出："坚持依宪治国、依宪执政，就包括坚持宪法确定的中国共产党领导地位不动摇，坚持宪法确定的人民民主专政的国体和人民代表大会制度的政体不动摇。"〔2〕这句话说明中国共产党领导这一国家领导制度与我国的国体和政体紧密相连，构成宪法的最显著特征。我国《宪法》第 1 条、第 2 条规定了我国的国体是人民民主专政，我国的政体是人民代表大会制度。无论国体还是政体，都离不开人民这一中心概念；在《中国共产党章程》总纲的第一段也开宗明义地指出："中国共产党是中国工人阶级的先锋队，同时是中国人民和中华民族的先锋队，是中国特色社会主义事业的领导核心"。说明对党的性质的把握不再拘泥于阶级性的解读，而是强调人民性的时代底蕴，人民性的概念要包含更多包容性与建构性特征。可见，我国的国家性质与党的性质是高度统一的，其统一的基础就在于人民性。

---

〔1〕 习近平：《关于〈中共中央关于全面推进依法治国若干重大问题的决定〉的说明》，载《〈中共中央关于全面推进依法治国若干重大问题的决定〉辅导读本》，人民出版社 2014 年版，第 49 页。

〔2〕《习近平谈治国理政》第四卷，外文出版社 2022 年版，第 291 页。

（三）宪法文本的必然性解读

坚持中国共产党的领导，在宪法原典中也有明确的文本性规定。首先是《宪法》序言中有5处明确提到中国共产党领导。第一处在第五段，提到中国共产党领导中国人民取得了新民主主义革命的伟大胜利，建立了中华人民共和国。第二处在第七段，提到新民主主义革命的胜利和社会主义事业的成就是中国共产党领导中国各族人民战胜许多艰难险阻而取得的。第三处也在第七段，强调了中国各族人民将继续在中国共产党的领导下，把我国建设成为富强民主文明和谐美丽的社会主义现代化强国，实现中华民族伟大复兴。第四处在第十段，确认了在长期的革命、建设、改革过程中，已经结成由中国共产党领导的，有各民主党派和各人民团体参加的广泛的爱国统一战线。第五处也在第十段，是该段的最后一句话，即中国共产党领导的多党合作和政治协商制度将长期存在和发展。这5处表述以宪法文本的形式确立了中国共产党从新民主主义革命一直到新时代中国特色社会主义建设各个历史时期的领导地位。其次是《宪法》正文也有明文规定。关于党的领导以往在宪法正文中并未规定，只是在序言中有一些描述性话语。在2018年宪法修正后，关于党的领导的规定由序言拓展到正文，《宪法》第1条第2款中强调“中国共产党领导是中国特色社会主义最本质的特征”。这意味着党的领导由以往宣言式表达转变为规范化确认，由以前笼统抽象的政治话语转变为明确具体的法律话语。从规范宪法学意义上确立了中国共产党的领导地位，彰显了我国宪法的最显著特征。

（四）宪法实践的必然性例证

坚持中国共产党的领导，在历次修宪活动中也具有实证性事例。我们也称为经验实证，党的领导不是挂在嘴上的口号，而是生动体现在历次修宪活动中的具体实例中。以宪法修正案为例,我国现行宪法是1982年《宪法》,该宪法自颁布以来历经了5次修正,每次修正最原初的启动程序都是来自中共中央,首先由中共中央向全国人大常委会提交一份关于修改宪法的建议案,把要修改的宪法内容逐条提出来,再由全国人大常委会根据中共中央的建议案,在本届人大召开的时候正式向全国人大提出修改宪法的议案,然后全国人大根据人大常委会提供的议案正式启动修宪程序,最后形成宪法修正案。这种宪法修改的启动机制已经成为我国的宪法惯例。而且,最终全国人大出台的宪法修正案的条文内容与中共中央提出的建议案高度一致,基本没有变化,即使有变化也只是细微的修改。以2004年修宪为例,最终的修正案与党的建议案相比,只有两处细微的改动:一处是宪法序言第七段,建议案是"沿着建设中国特色社会主义道路",修正案为"沿着中国特色社会主义道路",只是去掉了两个字。另一处是《宪法》第13条,建议案是"国家为了公共利益的需要,可以依照法律规定对公民的私有财产实行征收或者征用,并给予补偿"。修正案则把"征用"后面的逗号去掉了。由此,我们可以看出,整个修宪过程和结果都集中体现了我们党的主张和人民的意志。在2018年的修宪中最终的修正案与建议案也基本没有变化,只是将第70条第1款中的"法律委员会"修改为"宪法和法律委员会",而这种修改也是为了更好地在机构设置上贯彻落实习近平总书记在党的十九大上提出的"加强宪法实施和监督,推进合宪性审查"的工作要求。

表3-1　2004年党的建议案与最终修正案的不同之处

	建议案	修正案
序言 第七段	沿着建设中国特色社会主义道路	沿着中国特色社会主义道路

续表

	建议案	修正案
第13条	国家为了公共利益的需要,可以依照法律规定对公民的私有财产实行征收或者征用,并给予补偿	国家为了公共利益的需要,可以依照法律规定对公民的私有财产实行征收或者征用并给予补偿

表3-2　2018年党的建议案与最终修正案的不同之处

	建议案	修正案
第70条第1款	全国人民代表大会设立民族委员会、法律委员会、财政经济委员会、教育科学文化卫生委员会、外事委员会、华侨委员会和其他需要设立的专门委员会	全国人民代表大会设立民族委员会、宪法和法律委员会、财政经济委员会、教育科学文化卫生委员会、外事委员会、华侨委员会和其他需要设立的专门委员会

(五)宪法体制的必然性架构

坚持中国共产党的领导,还体现在中国特色社会主义宪法体制的架构上。这种体制性架构包括政治权力的基本架构和组织体制的特殊架构两大方面。

1.政治权力的基本架构

我们国家的政治体制和西方国家是不一样的,西方国家是三权分立,我们的最大特色是人民代表大会制度,这是我国的根本政治制度。在国家机构体系中,只有人大才能称作权力机关,其他的机关只是权力机关的执行机关,它们由权力机关产生,对权力机关负责,并接受权力机关监督。但是就整个国家的政治权力体系架构而言,中国共产党在国家政治生活中发挥着中流砥柱的作用,对整个国家的国计民生起着深刻的决定作用,这是中国宪制区别于西方宪政最显著的特征。英国宪法学家戴雪曾经断言,不关注议会就不能触及英国宪法的重心。[1] 而在中国，如果看不到中国共产党，也同样看不到中国宪法的重心。

2. 组织体制的特殊架构

（1）顶层设计体制——中央全面依法治国委员会。

中央全面依法治国委员会是党中央决策议事协调机构，于2018年3月依据中共中央《深化党和国家机构改革方案》而组建，办公室设在司法部。旨在加强党中央对法治中国建设的集中统一领导，健全党领导全面依法治国的制度和工作机制，负责全面依法治国的顶层设计、总体布局、统筹协调、整体推进、督促落实。组建该委员会主要出于以下几点考虑：第一，全面依法治国是中国特色社会主义的本质要求和重要保障，通过设立专门的委员会可以为推进全面依法治国提供有效机制。第二，建设中央全面依法治国委员会可以加强党对法治中国建设的统一领导，更好地体现中国共产党是我们国家一切事务的领导核心。第三，建设该委员会可以健全党领导全面依法治国的制度和工作机制，更好落实全面依法治国基本方略。

（2）政法工作体制——中央政法委员会。

中央政法委员会的主要职能是根据中共中央的路线、方针、政策和部署，统一全国政法机关的思想和行动；对一定时期内的政法工作作出全局性部署。组织协调指导维护社会稳定的工作；组织推动社会治安综合治理工作；支持监督指导协调政法各部门的工作；推动政法工作改革；研究、指导政法队伍建设和政法各部门领导班子建设，协助党中央和中共中央组织部考察、管理中央和地方政法机关的有关领导干部；完成中央交办的其他任务。新中国成立后我们国家就成立了中央政法委员会，在历史洪流之中中央政法委员会也经历了一系列的变革，经历了撤销、重组，这些变革足以

〔1〕 参见［英］戴雪：《英宪精义》，雷宾南译，中国法制出版社2001年版，第125～126页。

让我们认识到它的重要性。2018 年 3 月中共中央印发的《深化党和国家机构改革方案》中强调,将中央社会治安综合治理委员会及其办公室,有关职责交由中央政法委员会承担;决定不再设立中央维护稳定工作领导小组及其办公室,有关职责交由中央政法委员会承担;将中央防范和处理邪教问题领导小组及其办公室职责划归中央政法委员会、公安部。[1] 这些调整加强了中国共产党对政法工作等的统一领导,更加突出了党的领导这一核心地位。

(3)合署办公体制。

主要体现在新时代监察体制改革以及党和国家机构改革等方面。监察体制改革从 2016 年部分省市试点到 2018 年全国范围全面推行,国家权力的宪法配置出现新的格局,宪法一级机关的架构也由原来的人大与"一府两院"变成人大与"一府一委两院"。当然,这只是国家意义上的机构改革,还看不出与党的领导有什么直接关联性,但我国的机构改革往往都是党的机构与国家机构统合在一起进行的,监察体制改革也不例外,突出表现在纪检委与监察委合署办公,俗称"一套班子,两块牌子"。既可以党的纪律检查机构名义行使纪律审查权,又可以国家监察机关名义行使监察调查权,提高了权力监督效率,增强了权力监督效能。这是党的领导在党和国家机构设置上得到充分彰显的极具中国特色的典型模式。

(4)直接管理体制。

我国执政党的机构设置与国家机关(尤其是政府机关)的设置在许多职能上具有重合性和对应性关系。这就需要全面梳理党和国家机构的相

---

〔1〕 参见中共中央印发《深化党和国家机构改革方案》第 18 条:"不再设立中央社会治安综合治理委员会及其办公室。为加强党对政法工作和社会治安综合治理等工作的统筹协调……有关职责交由中央政法委员会承担……"第 19 条:"不再设立中央维护稳定工作领导小组及其办公室。为加强党对政法工作的集中统一领导……有关职责交由中央政法委员会承担……"第 20 条:"将中央防范和处理邪教问题领导小组及其办公室职责划归中央政法委员会、公安部……",载《中国纪检监察报》2018 年 3 月 22 日,第 1 版。

关职能,按照统一、精简、高效原则进行机构整合与重组,不断强化党的领导。在2018年以来新一轮机构改革中,我国政府机关的许多行政职能被直接划入党的机构,正是这一改革思路的生动体现。如中组部统一管理公务员工作,不再保留单设的国家公务员局;中宣部统一管理新闻出版工作、电影工作,相关职能划入宣传部,中宣部对外加挂国家新闻出版署、国家电影局的牌子;中央统战部统一管理宗教事务、华侨事务,不再保留单设的国家宗教事务局、国务院侨务办公室。

由此,我们可以清晰地看出当代我国的宪制格局一直是党作为领导核心领导国家机关,并且这种核心地位并不是像西方国家那样通过社会契约而形成的结果,而是近现代革命、建设和改革的历史和中国人民的必然选择。

三、党内法规纳入合宪性审查的特殊性:一种比较分析

对规范性文件的合宪性审查一般是针对国家法律法规等规范性文件而言的,其他规范性文件不是重点,所以,对党规的合宪性审查似乎只是某种边缘性的问题,但是从中国特色的宪制语境来看,执政党的公权力行为无疑又是国人关注的重心之所在。所以,党规的合宪性审查问题是一个看似边缘、实为重心的一个不得不认真对待的课题。根据我们前面建构的理论逻辑,毫无疑问,公权力机构作出的规范性文件属于合宪性审查对象的当然范畴。《中国共产党党内法规和规范性文件备案审查规定》第11条第2项也明确将党内法规纳入合宪性审查范围,并且第19条还规定了对于违反宪法法律的党内法规,审查机关应当不予备案通过,并要求报备机关纠正。这些规定为党内法规的合宪性审查提供了规范指引。但是,对党规的合宪性审查除了遵循对规范性文件进行合宪性判断的一般性规则之外,还

应当考量其特殊性。从党的十八届四中全会《中共中央关于全面推进依法治国若干重大问题的决定》中的内容表达来看，虽然党内法规体系的建设也被作为一个子系统，纳入中国特色社会主义法治体系的整体框架中，但是这个子系统与前面4个子系统不是一一并列关系，我们注意到标点符号的微妙变化，决定中在列举前面4个子系统时用顿号将每个子系统隔开，而说到党规体系这个子系统时，却用逗号将之与前面4个子系统分开。[1]这说明前面4个子系统构成一个大的子系统，与党规体系形成并列关系。见表3-3。

表3-3　中国特色社会主义法治体系

中国特色社会主义法治体系	国法体系	法律规范体系（完备）
		法治实施体系（高效）
		法治监督体系（严密）
		法治保障体系（有力）
	党规体系	党内法规体系（完善）

当然，这种解读只是给了我们一种语言学意义上文句逻辑的演绎，对于合宪性审查的判断形成而言，还需要对党规与国法的辩证关系做一番法理逻辑的梳理，才能为未来可能的党规合宪性审查问题提供理论支撑。这就需要我们秉持习近平法治思想，对传统的国家理论、党建理论以及法学理论予以重新梳理与整合。基于跨学科的视角对相关问题进行考察，我们不难发现，党规与国法不能简单地说是同一的，但也不能说是没有内在关联的，它们二者之间应当是一种和而不同的关系，具体地讲就是党规与国法各得其所，不可替代，是为“不同”；又相得益彰，不可或缺，是为“和”。我们可以从规则理性的语境入手，并以此概念为基本分析工具，对党规与

〔1〕 参见《中共中央关于全面推进依法治国若干重大问题的决定》，人民出版社2014年版，第4页。

国法和而不同的关系展开论述，既要考察二者的一般同构性，又要区分二者的特殊差异性，从而为党规的合宪性审查提供符合中国特色宪制逻辑的评判理据。

（一）基于工具理性的分析

所谓工具理性，就是强调党规与国法在规则适用上的工具意义，体现规则的准据性和至上性。党规与国法虽然在概念上具有不同属性，内涵与外延也各不相同，但它们都有共同之处，那就是它们都是调整特定社会关系、约束人们行为的规范体系，通过一系列显性与隐性、成文与不成文的规则表现出来。"法律是治国之重器"，[1] 同理，党规是全面从严治党之重器，两者在不同领域彰显了规则至上的工具理性思维。这种工具理性又具体表现在但不局限于以下三个方面。

（1）党规与国法都遵循规则的普遍适用性，但调整的对象范围有所不同。新时代下全面从严治党与全面依法治国，从工具理性意义上讲，就是要强调党规与国法的普遍适用性，无论是党规还是国法，对其调整范围内的所有调整对象都具有普遍约束力和一体遵循性。以廉政建设为例，就是要"坚持反腐败无禁区、全覆盖、零容忍，坚定不移'打虎'、'拍蝇'、'猎狐'"。[2] 但是我们也要看到，党规与国法这两种规范性文件在规则适用的对象与适用范围上是不同的，党规的适用对象锁定在党员和党组织，习近平指出："党的规矩，党组织和党员、干部必须遵照执行，不能搞特殊、有例外。"[3] 国法的适用范围更具有宽泛性，除特别法之外，一般适用于包

---

〔1〕《中共中央关于全面推进依法治国若干重大问题的决定》，人民出版社 2014 年版，第 8 页。

〔2〕 习近平：《决胜全面建成小康社会　夺取新时代中国特色社会主义伟大胜利——在中国共产党第十九次全国代表大会上的报告》，人民出版社 2017 年版，第 8 页。

〔3〕《十八大以来重要文献选编》（上册），中央文献出版社 2014 年版，第 770 页。

括党员和非党员在内的全体公民以及党组织和非党组织在内的所有组织。当然,党规与国法在普适性意义上又有两大相通之处:①着眼于整体,不能只挖"烂树",不管"森林",既要发挥规则对错误行为的矫治功能,更要发挥规则对正确行为的导向、指引、评价与预期等养成功能;②着眼于全程,不仅要惩治于已然,而且要防患于未然;不能只满足于办结多少大案要案,而是要把"抓早抓小"的工作常态化。

(2)党规与国法都遵循规则的科学适用性,但在适用的位序上有所不同。在同一件事情上,有多种处理依据时,我们首先要搞清相关的规则依据到底有哪些,不能唯书唯上唯命是从,步入人治主义的泥淖,在存在不同类型的规则依据时,我们更需要认真对待,合理取舍,科学权衡。在党规与国法的科学适用性问题上,我们要注意把握好三对关系:①党规与国法在适用上的位序关系。一个人如果身兼党员和公民的双重身份,既违反了党规又触犯了国法,那么是优先适用党纪还是优先适用国法呢?回答是党内规矩要严于国家法律,要把党规挺在国法之前。遵守法律是对每个公民的要求,对每个党员干部,仅要求遵守法律是不够的,还必须严格遵守党规党纪,让党规成为他们日常行为不可触碰的底线。"坚持纪严于法,纪法分开、纪在法前、纪法贯通原则不是一句空话,需要具体地体现在每一部党内法规的制定与修订过程中。"〔1〕②规则内与规则外的界别关系。规则是必需的,但不是万能的,不能事无巨细都纳入规则体系中,否则就会走向规则泛化主义的极端,使人们的生存自由、交往自由与发展自由受到不应有的限制。法学家沈家本曾说过,"立法不能穷尽人情之万象",党规又何尝不是如此。从这种意义上讲,中秋节要不要发月饼、子女办婚宴

〔1〕 李斌雄:《扎紧制度的笼子:中国共产党党内法规制度的重大发展研究》,武汉出版社2017年版,第355页。

能摆几桌酒席之类的事情都是规则外的问题。③成文规则与不成文规则的互补关系。在法理学上，法律按照表现形态的不同可以分为成为法与习惯法，在法律适用时互为补充。同理，党内法规制度体系亦可分成文与不成文两类规则体系，并且相得益彰，成文的规则包括党内法规以及各种禁令等规范性文件，而不成文的规则主要是指“我们党在长期实践中形成的优良传统和工作惯例，经过实践检验，约定俗成、行之有效，反映了我们党对一些问题的深刻思考和科学总结，需要全党长期坚持并自觉遵循”。[1]

(3)党规与国法都遵循规则的强制适用性，但强制执行力的属性有所不同。行为规则的权威性直接来自公共机构的强制执行力，就是任何人触犯了法律、破坏了规矩，都必须受到责任追究。这一点是刚性的、不可协商的，也是个体的力量所无法抗拒的。这一点无论党规还是国法都不例外。习近平指出：“各级党组织要敢抓敢管，使纪律真正成为带电的高压线。”[2]韩非子在讲述严刑峻法的功能意义时说过：立法应如陡峭之山涧，涉之必死。[3] 虽然一个讲的是党规党纪，一个讲的是国家立法，但道理都是一样的，说明党规与国法都是以强大的公权力为后盾，对适用的任何对象都具有强制执行力。所不同的是，法律的实施依靠的是国家强制力，而党规的施行不是依赖国家权力，而是政党权力。中国共产党作为我国的执政党，始终是总揽全局、协调各方，一般不直接干预国家和社会事务，而是通过国家政权机关实现对国家和社会的领导，这种政党权力就具有了某种“超国家性”或“国家后”的特征。

---

〔1〕《习近平谈治国理政》第二卷，外文出版社 2017 年版，第 152 页。
〔2〕《十八大以来重要文献选编》（上册），中央文献出版社 2014 年版，第 770 页。
〔3〕参见（战国）韩非子：《韩非子·内储说上（七术）》，吉林大学出版社 2011 年版，第 183 页。

（二）基于价值理性的分析

所谓价值理性，就是强调规则治理的目标方向必须符合应然性的价值诉求。规则治理中的规则，必须是良好的和善性的。邓小平说过：制度好可以使坏人无法任意横行，制度不好可以使好人无法充分做好事，甚至会走向反面。习近平也指出："良法是善治之前提。"[1]可见，不是所有的行为规则都是值得我们称道和遵守的，必须经得起价值理性的考量，就党规与国法而言，二者对规则价值理性的要求也有和而不同之处。

1. 党规与国法都追求道德正确的价值取向，但对道德生活领域的介入程度有所不同

道德正确要求党规国法应当反映特定社会和时代的核心价值观念、内在良心、优良传统、风俗习惯以及社会舆论的普遍诉求。习近平在首都各界纪念现行宪法公布施行30周年大会上的重要讲话中指出："法律是成文的道德，道德是内心的法律。"[2]法律法规也好、纪律规矩也罢，都必须体现基本的道德理性，这一点，就连主张"价值无涉"的分析实证主义学派也不否认。[3] 但是法律和道德还是存在明显的界限，法律须谨慎介入个人的私生活领域，更无法对人的主观世界立法。然而，道德理性对于约束党员干部的党内法规制度来说，意义更为关键，因为党员干部不仅要有人品，更要有官德；不仅要在私下里做到慎独，更要在公共领域起到示范作用；不仅要自觉强化康德所言的心中的"道德律令"，更要在全社会培育和弘扬社会主义道德风尚。因此，从这种意义上讲，党的纪律和规矩要比国家法律体现更多的个人品德、家庭美德、职业道德和社会公德方面的要求。由此，我

---

〔1〕《中共中央关于全面推进依法治国若干重大问题的决定》，人民出版社2014年版，第8页。

〔2〕《习近平谈治国理政》，外文出版社2014年版，第141页。

〔3〕 例如哈特，在与自然法学派的长期论战过程中，不得不承认法律应该包括最低限度的道德性。

们就不难理解为什么会看到纪检部门要把“与他人通奸”作为违纪官员的一项“罪状”列出来，尽管法律中已无通奸罪；也不难理解为什么在“扎紧制度的笼子”时既要解决不敢腐、不能腐等外在的客观性问题，又要解决不愿腐的主观性问题，针对内在的人心立规矩。

2. 党规与国法都追求权力制约法治理念，但在权力分解与配置的结构上有所不同

权力制约是规则治理的应然性要求和内在价值取向。根据“孟德斯鸠经验”[1]和“阿克顿定律”，[2]一切有权力的人都容易滥用权力，绝对权力导致绝对腐败。所谓绝对的权力就是没有制约的权力，所以我们为了防止腐败，就要对权力进行有效制约，“把权力关进制度的笼子”。从目前来看，权力制约理念在国法与党规中虽说均有体现，但是在权力分解、配置与制约机制的展开程度上还是有差异的。在国法体系中展开得比较充分也比较系统，如我国宪法就将国家权力分解为立法权、行政权、司法权和监察权，并在人民代表大会制度框架下构建权力制约机制。而在党内法规制度体系中这一点展开得还不够充分，至少需要完善以下三个方面的问题：(1)对执政党的权力制约问题。在中国特色政党制度下，执政党权力的有效制约力量不可能来自政党体系内部，因为我们不同于西方的两党制或多党制，我国实行的是中国共产党领导的多党合作和政治协商制度。所以，需要强调宪法法律对执政党权力的有效规制。尽管我们目前已经达成这样的共识，即执政党必须在宪法和法律的范围内活动，但在具体机制和落

---

〔1〕 孟德斯鸠在探讨自由问题时写下这样一句后世广为征引的话：“一切有权力的人都容易滥用权力，这是万古不变的一条经验。有权力的人们使用权力一直到遇有界限的地方才休止。”参见［法］孟德斯鸠：《论法的精神》（上册），张雁深译，商务印书馆1961年版，第154页。

〔2〕 原文是“Power tends to corrupt, and absolute power corrupts absolutely”，译成中文应该是：“权力趋向腐败，绝对权力绝对腐败。”这是阿克顿勋爵在1887年4月5日给克莱顿（Mandell Creighton）的一封讨论宗教改革时期教皇制度的长信中所说的。See Dalberg-Acton, John Emerich Edward, *Essays on Freedom and Power*, Boston: Beacon Press, 1949, p. 364.

实上仍需进一步完善。(2)对纪委权力的制约问题。这涉及特定公权力在执政党组织与国家机构之间的合理配置关系。20 世纪 90 年代以前,纪委的姿态比较谦抑和低调,但后来被赋予了“两规”权之后,其权力得到大大加强,但同时也带来人们对“两规”权来源的合宪性合法性拷问以及纪委的党内制约机制缺乏的担忧。所以,党的十九大报告中明确提出要设立国家监察委员会这一国家机构,并赋予留置权,取代纪委的“两规”权,这些举措都通过宪法修正案和国家监察法的形式得以合法化,但国家监察委同样面临着监督者自身如何被监督的严峻拷问,这也是当下理论界的热点论题之一。(3)“关键少数”的权力制约问题。这里主要涉及个人权力与组织权力的关系。“加强党内监督必须从领导干部特别是高级干部做起,从根本上说正是由他们执掌重要权力的特殊地位所决定的。”[1]领导干部手中的权力与特定组织架构中的特定职位相关联,本质上是公权力,实属公器,但有些领导干部应当用时不用,不应当用时滥用,甚至公器私用,给党的形象和国家利益造成严重损害。对“关键少数”的监督来说,“一把手”又是关键中的关键。所以,《关于新形势下党内政治生活的若干准则》和《中国共产党党内监督条例》都明确将党的领导干部特别是主要领导干部作为党内监督的重点对象。

3. 党规与国法都追求以人民为中心的治理目标,但在权利义务的本位选择上有所不同

以人民为中心同样体现了法治思维方式的价值理性,反映了规则治理的人文关怀和终极价值目标。(1)党规与国法都贯彻了以人民为中心的理念,只是使用的话语各有侧重。党内法规制度中侧重政治话语的表达方式,围绕为人民服务的立党宗旨而展开,多使用“人民利益”“群众利益”等

---

〔1〕 人民日报评论员:《突出抓好领导干部这个关键》,载《人民日报》2016 年 11 月 2 日。

集体性概念，如《党章》序言中明确规定："坚持全心全意为人民服务……党在任何时候都把群众利益放在第一位……坚持权为民所用、情为民所系、利为民所谋，不允许任何党员脱离群众，凌驾于群众之上。"《关于新形势下党内政治生活的若干准则》第五部分也有类似规定。宪法和法律侧重于法言法语，围绕着人权保障的法权要求而展开，多使用"人权""公民权利""自身或他人合法权益"等个体性概念，如我国《宪法》第33条第3款明文规定"国家尊重和保障人权"，并且《宪法》第一章和第二章中还列举了一系列公民的基本权利，在其他各级各类法律法规中关于公民权利的规定更是俯拾即是。(2)党规与国法都将调整对象的权利义务关系作为主要内容加以规范，但在本位坚守的偏好上有所不同。国法偏好于权利本位，突出对公民、法人以及其他组织自由度的追求。马克思说过："法典就是人民自由的圣经。"[1]我国宪法在编排体例上就是先规定公民，然后再规定国家，在规范公民时列举公民权利在先，规定公民义务在后；民商事法律更是将公民的人身权和财产权作为其主导内容，相关义务规范只是从属性内容。党内法规制度则偏好于义务本位，这是由其调整对象——党员和党组织的特殊主体属性所决定的，党员和党组织必须坚持为人民服务的立党宗旨，保护人民群众的合法权利，在各项工作中做到法定职责必须为，法无授权不得为，既要防止懒政怠政、失职渎职，又要防止滥用职权、错位越权。人民对美好生活的向往，就是我们执政党的奋斗目标和价值追求，只有从严治党，严明纪律，严守规矩，才能切实有效地关注民生、实现人权，才能保证人民赋予的权力始终为人民谋利益。

---

〔1〕《马克思恩格斯全集》(第1卷)，人民出版社1995年版，第176页。

（三）基于形式理性的分析

所谓形式理性，来源于马克斯·韦伯对法律的形式理性与实质理性的划分，形式理性只考虑法律体系内在的封闭的自我逻辑推演，不考虑外部的评价标准，思维方法遵循“价值无涉”的逻辑实证分析法。形式理性虽然是韦伯法社会学理论中的一个核心概念，但其在使用时的含义却不太统一。形式理性至少包含两层意思：一是法律的体系化特征；二是法律程序能够通过合乎逻辑的方法达到其特定的、可预计的目的。[1] 体系化又具体地从规则的内在结构和外部渊源两个方面展开。基于此，我们就可以从以下三个方面探讨党规与国法的形式理性问题。

1. 党规与国法都以规则结构的完整确定为内在形式要求，但在一些倡导性规范的完整性方面有所不同

一个完整的规则结构应当包括假定（行为发生的时空、各种条件等事实状态的预设）、行为模式（权利义务的规定）和后果三个基本要素。[2] 这种完整的规则结构可以通过一个条文表达出来，也可以通过两个以上的条文综合而成，可以集中在一部规范性文件中，也可以分散于不同的规范性文件中。但也有一些规则由于种种原因，在结构上不够完整，例如：(1)倡导性规范。就现有的国家法律而言，一些涉及私生活和个人道德领域的规则还停留在倡导性的层面上，对违反规则的后果处理和制裁措施付诸阙如，如《民法典》规定了夫妻应当互相忠实，但对不忠行为没有规定相应的

---

〔1〕 参见吕世伦主编：《现代西方法学流派》，中国大百科全书出版社 2000 年版，第 337 页。

〔2〕 参见张文显主编：《法理学》（第 3 版），人民出版社 2007 年版，第 38 页。

处理措施，只是在离婚时才会承担财产分割上的不利后果。[1] 就党规而言，也存在一些规矩在结构上不完整的现象。例如，中纪委曾经发文，要求党员干部带头在室内公共场所禁烟，但事实证明收效不大。为什么呢？因为该项纪律或规矩在规则结构上不完整，只有假定和行为模式这两个要素，没有配套的违规制裁措施等后果要素，因而该项规则只能停留在倡导性层面上，缺乏强制执行力，收效不理想也就不足为怪了。这也正是禁止酒驾能蔚然成风而禁烟却步履维艰的原因所在。(2)模糊性规范。无论国法还是党规，作为规范性文件，应当满足规则的确定性要求，某种行为规范一旦制定出来，应当确定、具体、可操作，尽可能减少弹性条款和兜底条款，确保规则的刚性约束。在立规技术上要尽量避免使用"参照有关规定执行""其他违规违纪的情形""可能会影响公正执法"之类的话语。习近平在2014年参加兰考县委常委班子民主生活会时指出："我们的制度有些还不够健全，已经有的铁笼子门没关上，没上锁。或者栅栏太宽了，或者栅栏是用麻秆做的，那也不行。"[2]

2. 党规与国法都以规则渊源的和谐有序为外部形式特征，但在文本形态与体系结构等方面有所不同

党规与国法都有各自的规则体系，这些规则体系都是由来自不同方面、不同效力层次的诸多规则渊源所构成，这些不同渊源的规则根据其制定主体的位阶不同而在效力层次上有高低之分。(1)就国法而言，我国国内法的法律渊源按照由高到低的效力顺序主要表现为宪法，法律（狭义），行政法规，地方性法规、特别行政区立法、自治条例和单行条例，部门规章

〔1〕 党规对党员严重违背公序良俗、家庭美德和道德操守的行为明确给予相关制裁措施，如《中国共产党纪律处分条例》（2023年修订）第151条规定：与他人发生不正当性关系，造成不良影响的，给予警告或者严重警告处分；情节较重的，给予撤销党内职务或者留党察看处分；情节严重的，给予开除党籍处分。利用职权、教养关系、从属关系或者其他相类似关系与他人发生性关系的，从重处分。

〔2〕 全国"七五"普法学习读本编写组：《党内基本法规学习读本》，法律出版社2016年版，第68页。

与地方政府规章等形态。其中，宪法由专门制宪机构制定，由全国人大行使宪法修改权，宪法具有最高法律效力。法律（狭义）又分为基本法律和非基本法律，基本法律由全国人大制定，非基本法律由全国人大常委会制定。行政法规由国务院制定。地方性法规由省、自治区、直辖市以及设区的市、自治州的人大及其常委会制定，省级地方性法规效力高于市级的，自治条例和单行条例则由民族自治地方的人大制定，它与地方性法规难以作效力上的区分，它不同于地方性法规之处就在于可以制定与上位法条文相变通的条款。部门规章由国务院各部、委、中国人民银行、审计署和有行政管理权的直属机构制定，地方政府规章是由具有地方立法权的省、自治区、直辖市以及设区的市、自治州的人民政府制定的；地方政府规章的效力低于地方性法规，但部门规章与地方性法规的冲突属于条款之间的矛盾，一般的解决办法是：由国务院提出意见，国务院如果认为应当适用地方性法规，就可以直接作出适用地方性法规的决定，如果认为应当适用部门规章，还应提请全国人大常委会裁决。(2)就党规而言，其规则渊源可以作狭义和广义的描述。狭义的党规指的就是党内法规，其法规渊源就是《中国共产党党内法规制定条例》第5条规定的7种形态，即党章、准则、条例、规定、办法、规则、[1]细则。前三种类型的规范性文件由党的中央组织制定，称为中央党内法规；后四种类型的规范性文件由中纪委及党中央工作机关和省、自治区、直辖市党委就其职权范围内的有关事项制定，统称为其他党内法规；另外，中央军委及其相关部门制定军队党内法规，内容与前者相区分，但形式一般应采用规定、办法、规则、细则。从效力层次上讲，党章具有最高效力，相当于党内宪法；准则和条例的效力相当，准则的原则性更强一

---

〔1〕 这里所指的规则是一个狭义的概念，特指以条款形式表述的规范性文件的一种类型。不同于本书讨论的规则理性意义上的规则。

些;规定、办法、规则、细则的效力低于前面三者,但它们四者之间的效力不适宜作明确区分,只能作类型学和功能性的文本比较。广义的党规除党内法规以外,还有一些不局限于条款形式的决议、决定、意见、通知等规范性文件,这些规范性文件也构成党内法规制度体系的一部分,当然其效力层次要低于同级主体制定的党内法规,而且其制定程序也没有党内法规那样复杂严格,如果是中纪委或党中央工作机关发布的,只需向中央备案即可。(3)综合党纪与国法而言,二者在规则的体系建构上是和谐统一的,形成一种良性互动,不占位、不越位也不缺位。不占位就是不重复,如原先党的纪律处分条例有些内容与刑法等法律重复,现在已得到修正;不越位就是严格限定各自的适用范围和治理重点,过去纪委办案的权力设定与运作超越甚至弱化了法律监督机关的侦查权,所以党的十九大报告明确提出要"依法赋予监察委员会职责权限和调查手段,用留置取代'两规'措施";〔1〕不缺位就是党规与国法都要有自己的责任担当,各得其所,相得益彰,各有所属,相互衔接,理顺党纪责任、行政责任、刑事责任以及民事责任等各类责任的关系,构筑一个有效运作的责任体系,实现善治目标。

3. 党规与国法都以规则适用的程序正当为行为过程的形式要件,但在程序设定的合法性旨趣方面有所不同

程序具有独立的规则意义,程序正义与实体正义共同构成一个完整的规则正义。没有程序正义这个形式,那么实体正义的内容也是难以实现的。习近平在党的十八届四中全会上阐述公正司法时特别指出:要通过法庭审理的程序公正去实现案件裁判的实体公正。〔2〕这也正体现了正当程

〔1〕 习近平:《决胜全面建成小康社会 夺取新时代中国特色社会主义伟大胜利——在中国共产党第十九次全国代表大会上的报告》,人民出版社2017年版,第68页。

〔2〕 参见习近平:《关于〈中共中央关于全面推进依法治国若干重大问题的决定〉的说明》,载《〈中共中央关于全面推进依法治国若干重大问题的决定〉辅导读本》,人民出版社2014年版,第62页。

序的形式理性思维。我们现在有许多党员干部，工作很廉政，也很勤政，但由于缺乏正当程序思维，导致在一些工作中失误，特别是行政机关的工作人员在执法工作中出现这样或那样的瑕疵和缺陷，因而在行政诉讼案件中败诉。说到底，也是不懂规矩的结果。习近平在《认真学习党章，严格遵守党章》中论述政治纪律时也指出："要带头执行党的政治纪律，自觉维护中央权威，厉行工作规程。"这里的工作规程，既是规矩也是程序。同时批评了违反规矩，违反程序的做法：事后不报告，搞先斩后奏，边斩边奏，甚至斩而不奏的错误程序；或者让组织程序空转。进一步强调组织观念、组织程序、组织纪律都要严起来，不严就是一盘散沙。当然，正当程序理念在党规与国法上的内在旨趣略有不同。党规中正当程序的旨趣偏重于政治合法性的追求，如在党员发展、组织生活、干部选拔、人员考察等方面都有严格的工作流程，经过这些既定的程序后，才能证明相关政治行为和政治判断的正当性；国法中正当程序的旨趣更偏重于法律合法性的追求，如禁止刑讯逼供、非法证据排除、一事不再罚强调、必要的预先通知等规则，强调的是法律主体的适格性、证据材料的有效性以及法律实施过程的文明性。

第四章

中国特色合宪性审查制度的比较优势

合宪性审查制度是中国特色社会主义法治国家建设中的一项重要政治制度,是权力制约政治理念在宪法领域的制度安排。由类型化借鉴向个性化创新,这是当今世界各国宪法制度发展演进的基本路向,我国合宪性审查制度也不例外。经历了70多年的跌宕起伏,尤其是新时代以来的长足发展,我国合宪性审查制度已逐渐形成了具有鲜明特色的本土模式,并彰显出中国特色社会主义法治的比较优势。这种比较优势总体上表现为模式构造的复合性更加明显,具体表现在合宪性审查主体的设置更具宏阔性与层次性、合宪性审查方式的安排更具系统性与互补性,以及对违宪法案处置措施更具立体性与多样性等方面。

一、合宪性审查制度有哪些形态:一种类型学考察

合宪性审查模式是合宪性审查法律关系中各要素在具体组合和运行时,所呈现出的不同范式。合宪性审查理念要付诸实践,必须依赖一定的制度,现代国家对合宪性审查的具体制度都有这样或那样的不尽相同的安

排,这些现实中的合宪性审查制度按照不同的划分标准以及从不同的观察角度,可以形成各自不同的合宪性审查模式。例如,根据合宪性审查权力的集中程度,可将合宪性审查模式分为集中型(或集权型、奥地利型)和分散型(或分权型、美国型)两大模式,这种分法最先是由意大利宪法学家莫罗·卡佩莱蒂(Mauro Cappelletti)提出的。[1]

根据合宪性审查权限范围的大小,合宪性审查可分为全职式审查、多职式审查和少职式审查,这种划分方法是由我国学者杜钢建首先提出来的。[2] 如果合宪性审查机关既能行使违宪立法审查权,又能行使违宪司法判决审查权、违宪政党审查权、弹劾审查权、国家机关权限争议审查权、宪法诉愿审查权、规则制定权及其他权力,那显然就是一个全职式的合宪性审查机关,如德国的宪法法院、美国的联邦最高法院等;如果能行使全职式模式中的多数权力,而某些权力不得行使,如俄罗斯、韩国的宪法法院不能行使违宪司法判决审查权,那么就可划归为多职式审查模式;如果只能行使很小范围内的审查权力,则属于少职式模式,如智利宪法法院主要审查违宪政党解散案件。

最为流行的划分方法,是按照审查主体的不同对合宪性审查模式进行分类的。这种划分又分为两种情况,一种是三分法,另一种是四分法。三分法是将模式分为议会审查型、普通法院审查型和专门机关审查型,四分法则是将三分法中的专门审查机关再细分为宪法委员会和宪法法院。[3] 本书出于差别性和比较性研究具体化的需要,采纳四分法之说。

---

〔1〕 参见李忠:《宪法监督论》,社会科学文献出版社1999年版,第30页。

〔2〕 参见刘海年、李步云、李林主编:《依法治国建设社会主义法治国家》,中国法制出版社1996年版,第477页。

〔3〕 还有一些特例,如泰国的专门审查机关叫作宪法仲裁委员会;韩国1988年以前设置的机构叫作宪法裁判所,1988年9月改制为宪法法院。参见[韩]金埈荣:《2015韩国宪法学的发展》,载韩大元、莫纪宏主编:《中国宪法年刊》2015年第11卷,法律出版社2016年版,第258页。

（一）议会审查模式

议会审查模式既古老又年轻。说它古老是因为它诞生于英国资产阶级革命初期，形成英国模式；说它年轻是因为在20世纪社会主义洪流中受到普遍青睐，议会模式被改造成苏联模式。英国模式基于立法机关的至上性，认为立法权不受其他任何机关的限制。英国从未有任何一部法律对合宪性审查问题作过规定，实践中一旦有了违宪问题，也只能通过议会自己解决，议会可以制定和修改包括宪法性法律在内的任何法律文件，通过日常的立法活动以及积极的法律修改、法律调节活动，忠实地维护宪法的尊严，保持宪法各项基本原则的连续性和一致性。苏联模式强调人民代表机关是国家的权力机关，行政与司法只不过是权力机关的执行机关，由权力机关产生并对其报告工作，不允许有高踞其上或与之平行的机关存在，因此在苏联的合宪性审查制度中，由全俄苏维埃代表大会及其中央执行委员会行使合宪性审查权。从世界各国的现状来看，这种模式的国家为数不多，东欧剧变之后，越发减少。[1]

（二）普通法院审查模式

普通法院审查模式滥觞于1803年美国首席大法官马歇尔在马伯里诉麦迪逊一案中的判决，故亦可称为美国模式、马歇尔模式。由于其理论渊源于汉密尔顿的思想，故又可称为汉密尔顿模式。该模式的价值基础是三

〔1〕 这种减少的趋势不仅是历史原因造成的，还来自议会审查模式自身难以克服的缺陷：(1)陷入了一个自我循环论证的怪圈之中，"自我监督等于没有监督"；(2)权力机关的周期性会期制使合宪性审查得不到连续性开展；(3)由于每次开会时间短，议程多，使合宪性审查问题得不到特别的重视，甚至会无暇顾及审查工作；(4)流于对人民主权的抽象性描述，而未在技术上对合宪性审查的程序和方法作出可操作性的规定，实际上无法展开合宪性审查工作。在实践中，立法机关几十年来有效行使合宪性审查的情况几乎没有。参见李步云主编：《宪法比较研究》，法律出版社1998年版，第393页；林来梵：《合宪性审查的难题与可能》，载"宪道"微信公众号2019年1月10日。

权分立原则。司法权与立法权、行政权相抗衡,由普通法院(一般是最高法院,美国的各级联邦法院也可以审查违宪立法,但最终还是最高法院说了算)负责违宪审查。由于其司法性极强,与普通的司法管辖无本质区别,同时存在于整个司法系统中,不会因为某一案件中可能存在违宪问题而特殊对待。因而其审查的提起一般是来自具体案件中当事人的违宪审查请求,监督的方式也就只能是事后审查,而没有纯抽象的就法论法的事前审查。该模式在拉美国家、英联邦国家、北欧及希腊、瑞士、日本等国至今仍有广泛的影响。

(三)宪法委员会审查模式

宪法委员会审查模式是法国在第四共和国时期(1946～1958年)确立并在第五共和国时期得到进一步发展的特有模式,故又称为法国模式。第四共和国宪法委员会的法文为 comite constitutionnel,它几乎是一个纯粹的政治机构,主要职能并非违宪审查,而是对议会两院的意见分歧进行协调,充当和事佬的角色,12年中只活动过一次,提出了一项议会两院的协调方案。[1] 第五共和国宪法委员会的法文为 conseil constitutionnel,从字面上看又可译为“宪法评议会”,还有人译为“宪法院”或“宪政院”。当然,第五共和国宪法委员会的变化绝非停留在文字游戏上,而是在职权上进行了实质性的扩展,使之成为一个独立于立法、行政、司法之外的宪法监督机构,兼政治性与司法性于一身,一方面,积极地对政治问题作出判断(如裁决有关选举事项、确认总统因故不能行使职权、在总统采取重大行动时接受总统的咨询等),不像美国模式那样回避政治问题(如戈尔与小布什选举争讼案,即使在最经典的马伯里诉麦迪逊一案中,大法官也是借助于驳回诉求

〔1〕 参见张庆福主编:《宪政论丛》(第1卷),法律出版社1998年版,第246页。

这一程序上的裁决回避了从实体上回答尖锐棘手的政治问题)；另一方面，它在裁决选举争议时采取的程序规则与普通法院的无异，但它只进行抽象的事前审查，且内容范围较窄，有违宪请求权的主体也有限。

(四)宪法法院审查模式

宪法法院审查模式由奥地利法学家凯尔森提出，并于1920年发轫于奥地利，后被欧洲大陆的绝大多数国家所普遍采用，故又称为凯尔森模式、奥地利模式或欧洲模式。宪法法院独立于立法、行政、司法之外，是一个专设的裁决宪法争端的审查机关。这与法国模式相似，但它与法国模式还是有较大的差异，引入了美国模式的许多做法，具有较强的司法性，如在审查原则上坚持公开原则；在管辖范围上不仅进行抽象的违宪审查，还进行附带的具体审查或民间的宪法诉愿审查(《德国基本法》第九十三章中规定，任何人、乡镇或乡镇自治团体由于公共权力或某一法律侵犯了其某项基本权利或自治权利，可以提出宪法诉愿)；在监督方式上，不仅有事前审查，而且有事后审查；在审查内容上，所有的法律文件都能得到一视同仁的审查。法国的宪法委员会只进行秘密的抽象的事前的和歧视性[1]的审查，具有较强的政治性。

另外，还有国家的元首有权实施合宪性审查的情况，但是这种合宪性审查形式并未形成一种被广泛接受的独立模式。原因在于：(1)带有封建君主专制的痕迹。国家元首监督宪法实施始于君主立宪制，最早确立这一制度的是日本明治宪法[2]，“二战”以后被取消，受美国的影响，日本现在

[1] 歧视性表现在两个方面：(1)不是所有的法律渊源都在审查对象之列；(2)同是议会制度的法律却有自动接受审查和被动接受审查之分。详见张庆福主编：《宪政论丛》(第1卷)，法律出版社1998年版，第269、257页。

[2] 参见许崇德：《宪法》，中国人民大学出版社1990年版，第40页。

实行的是普通法院审查模式。虽然,阿富汗、伊拉克等国宪法规定,总统的职权之一就是监督宪法的实施,但这些国家都是高度集权和个人崇拜主义色彩很浓的国家,而且宪法也未详细规定合宪性审查的程序和规则,比较原则和抽象。(2)即使在发达的资本主义民主国家存在元首的合宪性审查,这种审查也只是辅助性的,甚至没有最终决定权。如在实行三权分立制度的美国,总统也承担着保障宪法实施和尊严的义务,如果认为国会的立法不符合宪法规定的精神,可以通过"口袋否决"的方式行使宪法监督权,但口袋否决权只是一种程序性权力,就同一议案,只能行使一次,如果国会再次以特别多数通过该项法案,总统即使仍然反对,也不得故伎重演。

值得注意的是,以上提到的4种主要的模式其实都是不完全的模式,它们只描述了合宪性审查中起重要作用的审查主体——某一享有合宪性审查权的国家机关,而忽略了参与主体的监督,只有兼顾参与主体,才能把直接合宪性审查与间接合宪性审查统一起来。所谓直接合宪性审查,是指由本就享有合宪性审查权的宪法制定者进行的监督,无论哪个国家都承认,只有人民才是宪法的当然制定者,因而直接合宪性审查又属于人民监督的范畴;间接合宪性审查是指国家机关所进行的审查,一般被称作特定机关的审查。特定机关的审查虽然是间接地运用人民赋予的权力实施合宪性审查,但在宪制语境中起到主导性的作用;人民监督虽是直接的宪法监督,但由于人民直接行使审查权力通常是非常困难的,人口流动,地形复杂,交通拥挤,信息障碍,忙忙碌碌的现代社会,让杂务缠身的人们频繁地奔波于投票箱、大会堂是极不现实的,特别是全民公决对于一个大国来说更是一件棘手的事。所以,这种人民监督不能成为主导的惯常的审查方式,只能成为参与式的不确定的方式。总之,主导主体和参与主体,一个都不能少。

二、模式是怎样练成的：制度类型化的生成逻辑

对合宪性审查模式进行类型学的划分在宪法研究领域已是常识性认知，但是，类型学研究的使命则远不只停留于此，还要进一步“下沉”，深入探讨模式类型化的原因或成就因素，即为什么会有类型化的差异。通常情况下，我们为了确定某种事件或行为的成就因素，会打破砂锅问到底地追寻事实背后的理由以及理由背后的理由。由此不断深入，势必涉及一个最终的“假定”。这个最终的假定往往被设计成一个“应然与否”的价值判断或善恶与否的道德判断，如“人性本恶”“绝对的权力导致绝对的腐败”之类的命题。这些假定都反映了人在局部经验基础上的主观意志和评价，缺乏最终的科学根据。仅从逻辑上推出的那个抽象的、静止的终极前提，并不是现实生活中评价标准的真正前提，真正的终极标准或前提是人类的实践本身，这个大前提不是作为假定的价值而是作为客观的事实存在的。即评价和选择的标准是根据人类自身的切身利益和实践成果作出来的，不是从抽象的命题中推导出来的。因此，我们在寻找模式选择的成就因素时，应当遵循一项基本原则，即一切从实际出发，而不要形而上地寻求抽象的价值标准。

各国对合宪性审查模式的不同选择，绝非纸上谈兵的结果，而是与各国宪制发展实际进程中的种种主客观因素休戚相关，主要涉及法律理论、法律传统、历史际遇和司法体制等方面的原因。

（一）宪制原理

宪制原理虽然不具有客观物质的决定力量，但其作为一种思想理论的实际存在，对人们的行为选择、价值取向起到深层次的遥控作用，也为宪法

监督模式的构建提供理性的前提或准备有力的思想武器。列宁曾经说过："理论一经掌握群众，也会变成物质力量。"[1]

美国模式的宪制原理来自三权分立原则，美国"宪法之父"汉密尔顿指出，美国要实行三权分立的宪政，三权之间的权力分配就要尽可能平衡，但实际上司法机构在三权中最弱，所以，将违审查权赋予司法机关最能体现国家权力之间的平衡。他明确指出："宪法除其他原因外，有意使法院成为人民与立法机关的中间机构，以监督后者局限于其权力范围内行事，解释法律乃是法院的正当与特有的职责。而宪法事实上是，亦应被法官看作根本大法。……宪法与法律相较，以宪法为准；人民与其代表相较，以人民的意志为准。"他还认为："司法部门既无军权，又无财权，不能支配社会的力量与财富，不能采取任何主动的行动。故可正确断言：司法部门既无强制，又无意志，而只有判断；而且为实施其判断亦需借助于行政部门的力量。"[2]因此，由司法机关监督宪法的实施是最合适的，对宪法造成的损害的可能性也最小。1803 年，美国联邦最高法院的首席法官约翰·马歇尔正是通过这种理论创立了普通法院违宪审查模式，一开司法机关违宪审查之先河。

法国模式的宪制原理虽然也是源自孟德斯鸠的三权分立学说，但法国的宪法实践在权力分立的旨趣上与孟德斯鸠的初衷相去甚远，即法国的权力分立不是为了使三大权力相互制衡，而是为了使三大权力绝对分离，尤其是司法权不得干涉行政权和立法权。1790 年 8 月，法国制宪会议在一项法律中规定："司法职能今后将永远与行政职能分离。普通法院法官不得以任何方式干扰行政机构行使职权，也不得对执行职务的行政官进行查

〔1〕《马克思恩格斯选集》（第 1 卷），人民出版社 2012 年版，第 9 页。
〔2〕［美］汉密尔顿等：《联邦党人文集》，商务印书馆 2017 年版，第 455 页。

询,查者应受罚。"[1]可见,三权分立这个原创于法国人的理论在本国革命伊始就被形而上学地理解,未得到充分贯彻,倒是被远隔重洋的美国人奉为圭臬,并且一开始就把握得十分到位。[2]

英国模式的理论选择主要是接受了"议会至上"原理,认为议会的权力是至高无上的,几乎也是万能的。因而合宪性审查当然就是议会的众多权能之一。这一原理在英国18世纪宪法名家布莱克斯通(Blackstone)的《英国法释义》(又译作《英法解诂》)中被发挥得淋漓尽致,一个多世纪以后的戴雪对之推崇有加,认为"在今日视之,其所持论已成经典",[3]戴雪在其《英宪精义》一书中还摘了一段精彩的原文,现转引部分如下:

"巴力门的权力所至,诚有如柯克(Sir Edward Coke)所云,不但是卓越,而且是绝对。唯其如是,他的管辖权当不能受制于何人何事……倘若专就地位观察,他是至尊无上;倘若专就权限观察,他是无所不包含复载。故切实言之,巴力门对一切法律可以创造,可以批准,可以扩张,可以收缩,可以裁减,可以撤回,可以再立,又可以诠释。"

可见,英国模式的价值基础是议会至上原则。两个多世纪前精通英国宪法的政论家狄龙(De Lolme)曾发出过一句流传甚广的精警语:"除了将男人变成女人、女人变成男人外,巴力门无一事不能为。这是英国法家所共同主张的基本原理。"[4]

苏联模式的宪制原理是议行合一,议行合一是马克思、恩格斯在批判资产阶级议会政治、建立无产阶级专政理论过程中确立起来的一项政权组

---

〔1〕 沈宗灵:《八国宪法首先实行的制度和特征》,载《浙江社会科学》2002年第1期。

〔2〕 美国的三权分立原理在实际操作层面上常表现为权力的重叠(overlap),以三权之间的重叠展示权力之间的制衡。参见[美]Jerome A. Barron, C. Thomas Dienes, *Constitutional Law*(5th edition),法律出版社2005年版,第1~3页。

〔3〕 [英]戴雪:《英宪精义》,雷宾南译,中国法制出版社2001年版,第117页。

〔4〕 [英]戴雪:《英宪精义》,雷宾南译,中国法制出版社2001年版,第119~120页。

织原则。所谓议行合一,就是代议权、执行权合而为一,或代议机关、执行机关合而为一。“苏联的苏维埃制度,中国的人民代表大会制度,以及其他一些社会主义国家的政权组织形式,都被认为是‘议行合一’制。”[1]议行合一原则在组织形式上体现民主集中制的精神。按照这一原则,人民代表机关是国家最高权力机构,在同一级国家机构内,人民代表机关的地位至高无上。行政、审判、检察等机关之间在一定范围内存在相互间的制约关系,但在与人民代表机关的关系上,只能受其监督,并向其报告工作,对其负责。

从理论上讲,社会主义国家的人民代表机关比实行议会至上原则的资本主义国家的议会地位更高:首先,人民代表机关的性质是国家权力机关,而议会的性质只是立法机关;其次,人民代表机关产生其他所有的国家机关,而议会除产生政府内阁外,并不能产生其他国家机关,如元首、法院等;最后,人民代表机关真正反映民意,可以绝对地对其他国家机关实施监督,其他国家机关则不能反向监督,根据西方的分权学说,议会有权监督政府,政府也可以制约议会,如在议会对内阁表示不信任或拒绝通过信任案的情况下,内阁可以通过国家元首解散议会,重新进行选举,重新选举的意义在于,当议会与内阁的意见难以调和时,通过选举的方式询问民意,可见议会的意志并不能真正代表民意。

奥地利模式直接受到规范论者凯尔森的法学思想的影响,凯尔森提出了法律规范的等级性理论,他认为,国家作为人格化的法律秩序,不是一个相互对等的、在同一个平面上的诸法规的体系,而是一个不同层次诸法规的等级体系。在这个体系中,一个规范的效力为另一个规范所决定,后者的产生又为一个更高的规范所决定,这一回归(regress)必然以一个“基本

[1] 《中国大百科全书》(政治学卷),中国大百科全书出版社1992年版,第439页。

规范”为终点。所谓基本规范，就是“一个不能从更高规范中引出其效力的规范”。[1] 通过各级规范的层层回归，我们会发现，只有宪法的效力不能产生于任何更高的法律规范，宪法就是基本规范，是其他一切规范产生的最高法律来源。

这种严格的法律规范的等级之分，使得宪法与普通法律被当然地区别开来，进而要求将宪法的适用与普通法律的适用也区别开来，这就为在普通法院之外再设立宪法法院提供了理论基础。在凯尔森亲自主持 1920 年奥地利宪法的制定时，将自己的法学思想贯彻到立宪之中，使得这部宪法成为最早确立宪法法院制度的典范。

(二)法系传统

在移植任何性质的法律制度时，都不能忽视传统这个有着深刻作用的因素。法律传统的外延极其宽泛，包含很多东西，这里仅就西方两大法系的影响作一简要分析。[2]

法系(legal family)是法的一种分类，其根据是法的历史传统(安格鲁—萨克森或罗马—日耳曼)、表现形式(判例法或成文法)、司法审判模式(当事人主义或职权主义)和主导性思维方式(归纳思维或演绎思维)。合宪性审查模式一般都与特定的法系相关联。笼统地讲，普通法院审查模式适合于英美法系国家(如美国、加拿大、澳大利亚等)；宪法法院审查模式则适合于大陆法系国家(如德国、意大利、韩国等)。

---

〔1〕 H. Kelsen, *General Theory of Law and State* (*revised edition*), Harvard University Press, 1945, p. 111.

〔2〕 有些学者还从合宪性审查机关的历史沿革方面考察某些国家在模式选择上的传统因素。如有人在研究德国宪法法院制度时认为，19 世纪德国的国事法院可以看作宪法法院的前身；甚至还有人将宪法审判制度追溯到 500 年前的神圣罗马帝国时期，当时的帝国最高法院、帝国宫廷法院和特别仲裁机关具有裁判贵族与邦领主之间的法律争议的权力，宪法法院制度由此初见端倪。参见刘兆兴：《德国联邦宪法法院总论》，法律出版社 1998 年版，第 10 ~ 15 页。

英美法系国家有着悠久的判例法传统,遵循“先例约束原则”,普通法院的判决不仅对本案有效,而且判决中所依据或体现的原则具有普遍的法律效力。这恰好同违宪审查对于裁决的普遍性要求相一致。在实行普通法院监督模式的国家,法官造法是一个普遍认同的事实,法官的创造性是判例法永不枯竭的源泉。宪法监督与普通的司法管辖并无根本区别,一切争议,无论性质如何,都以同样的程序和方式由同一法院裁决,不会因为某一案件中可能存在违宪问题而特殊对待。这使得在宪法争议案件中,普通法院能够得心应手地运用宪法和法律,可以作出必要的解释,宣布法律无效。

欧洲大陆法系国家,成文法传统深厚,普通法院的法官对成文法具有极强的依赖性,只能墨守成规,不能从具体案件中得出什么新的规则,立法者通常享有崇高的威信,并制定浩繁而严密的法律条文供法官在司法实践中援用,法官的唯一任务就是司法,无权造法,更不具有更改法律的权力,这就决定了大陆法系国家普通法院的法官没有足够的心理准备,经验积累和资格条件向立法机关制定的法律发起挑战。而且,大陆法系传统中不存在“先例约束原则”,普通法院的判决只有个案效力,不具有普遍效力,如果由普通法院进行违宪审查,势必会产生传统方面的障碍。因此,有必要成立专门的宪法法院,在赋予其违宪审查权的同时,赋予其判决的普遍效力。

当然,法系对于模式选择的影响也非绝对的,如日本这个大陆法系传统的国家自“二战”以后一直实行普通法院审查模式,至今尚未发现有什么明显尴尬的事件,更无迹象表明其必然会崩溃。但正如前文所言,这是有历史成因的,近年来,日本也有学者针对最高法院存在的判决数量少,不敢对权力进行批判、缺乏正面处理问题的勇气等问题提出批评,进而主张革故鼎新,建立宪法法院。

另外,英国这个普通法系传统的发祥地,也是最早确立司法独立的国家(1701 年《英国王位继承法》初步确立了法院独立原则,规定了法官终身制),却没有实行普通法院审查的模式,而是一直实行议会审查模式,原因何在?这就涉及另外一个影响模式选择的因素——历史际遇。

(三)历史际遇

英国确立议会监督宪法实施的模式,与英国议会至上的历史际遇休戚相关。这里至少有三个问题可谈。

1.关于"长期巴力门"

英国 1641 年的议会在历史上通常被称为长期巴力(Long Parliament)。当时,议会与司徒雅王室争权,起初双方互有胜负,后来议会大胜,王室大败。议会下院(House of Commons)便以法案废除了君主享有的解散议会的特权,规定议会的永久性不轮换,并且至少每 3 年自行集会一次,这次斗争的意义在于一方面限制了君主专制,另一方面正式确立了议会权威。

2.关于"七年巴力门法案"

英国议会 1694 年规定每 3 年选举一次,据此,1717 年将是改选年。但是 1716 年,英王与内阁为了防止雅各党人上台,遂请议会通过一项"七年巴力门法案",将大选期限由 3 年一次改为 7 年一次。这项法案如果发生在美国,正如戴雪所言,"必被视为违宪,决不能有法律效力",但在英国它顶着反对党的违宪呼声而最终获得通过,并且开创了前所未有的宪法习惯。此项法案在实质上强调一种理念:议会本身"绝不是选民的代理人,亦不是选举团的委办会,反之,它在法律上有国家的主权立法的权力","如果不明此旨,我们将不免轻视它向来所有立法的至尊性;如果轻视此项至尊性,我们将不能见及七年巴力门法案的宪法重心"。[1]

---

〔1〕［英］戴雪:《英宪精义》,雷宾南译,中国法制出版社 2001 年版,第 125~126 页。

3. 英王与议会的关系

英国皇嗣的法统问题在《英国王位继承法》通过之前一直没有一个确定的解决方法，迨至该法案通过以后，“如许重大问题的措置遂得定实。此项法案已刊载于威廉第三代档案第十二册及第十三册第二章；依据此法英王实受巴力门拥戴而登大位。故在此际嗣君对于王位的继承权只赖巴力门的一宗法案决定”，[1] 由议会决定王位继承问题，又解证了议会权力至上性的生动史实。

欧洲大陆法系国家嫁接美国模式纷纷以失败告终，这也跟欧洲大陆国家的法院与议会在资产阶级革命过程中不同的历史际遇及其形成的效应有关。欧洲的法院在资产阶级革命过程中是封建王权的堡垒，如法国大革命时期，巴黎的最高法院凭借登记备案制度（法令只有经法院登记备案才有效），一度行使着驳回政府法令或拒绝为政府的法令备案的权力。[2] 成为资产阶级革命政权的障碍，为资产阶级深恶痛绝，而议会在推翻封建统治的资产阶级革命中功勋卓著。所以，司法机关在法国大革命以后遭遇了普遍的不信任，从而导致最终排除了司法审查的可能，法国先后进行了5次宪法变革，有时行政权占统治地位，有时议会至上，最后才为半总统制、半议会制国家，形成了自己独特的政治体制及与之相适应的合宪性审查模式，这种在曲折而复杂的历史际遇中形成的模式是法国所特有的，很难直接被别国效仿。[3]

美国普通法院审查模式的诞生也有独特的历史际遇与深刻的政治背景。它直接渊源于马伯里诉麦迪逊一案的判例。当时美国第二届总统亚当斯在离任之前火速提名了一批联邦党人出任新调整的法官职位，这些人

---

〔1〕［英］戴雪：《英宪精义》，雷宾南译，中国法制出版社2001年版，第120页。

〔2〕参见［法］托克维尔：《论美国的民主》（上卷），董果良译，商务印书馆1989年版，第110页。

〔3〕参见李步云主编：《宪法比较研究》，法律出版社1998年版，第406页。

选在共和党人杰斐逊就任总统前两天获得由联邦党人控制的国会批准，次日，亚当斯正式签署了这些法官的委任状，并着手下发给法官本人，因而这些法官被称为“午夜法官”。但由于交通和通信的不便，仍有几位法官的委任状未能送出，其中就有杰斐逊上台后十分厌恶的“午夜法官”——马伯里等，因此，杰斐逊命令国务卿麦迪逊停发尚未发出的委任状。于是，马伯里向最高法院提起诉讼，请求最高法院对国务卿麦迪逊下达强制令，强令其向马伯里等人发出委任状。杰斐逊认为从宪法理论上讲最高法院无权对政府下达这种强制令，因此他指示麦迪逊拒绝出庭。

这样一来，时任首席大法官的马歇尔就被推到党派之争、权力角逐的风口浪尖上。他深深知道，即使最高法院下达强制令，麦迪逊也未必执行，更为严重的是会导致一场宪法危机。而在一旁静观其变的国会，手握弹劾权，时刻准备着对可能作出不当裁决的大法官进行弹劾。经过慎重的思考，马歇尔采取了避实就虚的分析方法，从实体上和程序上回避了马伯里的请求，尤其是在程序上，他认为，马伯里提出请求所依据的 1789 年《司法法》第 13 条违反了《美国宪法》第 3 条关于最高法院管辖权的规定，构成违宪，是无效的，因而驳回了马伯里的诉求。该判例的直接意义在于解决了政治斗争中的尖锐矛盾，马歇尔也得以明哲保身。但马歇尔始料不及的是，他居然在有意无意之中成为普通法院违宪审查模式的始作俑者，随着时间的推移，这一层意义越来越深远。

（四）司法体制

司法体制的界定众说纷纭，有人认为凡是与司法活动有关或对司法活动有影响的机关都属探讨之列，我国的传统说法是公、检、法三家，也有人提出公、检、法、司四家，有人提出只宜限于检、法两家。但近年来，倾向于法院一家的呼声日渐高涨。本书的旨趣在此主要不是讨论我国目前的司法机关的范围,而是着眼于比较法的分析,因而也就不必在此问题上纠缠下去。为了使分析的视角更加清晰,我们权且将司法体制理解为法院的体制。法院的体制包括宏观上的法院组织体系和微观上的法官任职方式。

1.关于法院的组织体系

普通法院宪法审查模式通常适用于具有单一性司法制度的国家,宪法法院审查模式则适用于具有多重性司法系统的国家。

在典型的普通法系国家美国,司法权统一由司法机关行使,其中,联邦最高法院享有违宪审查和解释宪法的最终权力。它既能保证宪法实施的统一性,又能通过多层级的审判体制保证宪法裁决的准确性。在美国没有特别的专门的"宪法诉讼"程序,违宪审查一般存在于普通的民事、刑事或商事等诉讼中。所以,在美国打官司,无论是当事人、律师还是法官,首先要考虑的是本案中是否存在合宪性问题。

但在实行宪法法院审查模式的国家,通常先对诉讼门类进行划分,包括民事、商事、行政、社会、刑事,然后再由不同的法院按不同的程序去处理,在发现关于宪法问题的诉讼时,就交由专门的宪法法院负责审理,普通法院一概不得涉猎,它们至多把有关宪法问题的争议提交宪法法院,而无权对宪法争议作出实质性的裁决。普通公民也可以在穷尽行政与司法救济之后,直接向宪法法院就基本权利受到侵犯的事实提起宪法诉愿。

2.关于法官的任职方式

法官的任职方式包括法官的产生方式、素质要求、角色扮演等内容。

实行普通法院宪法审查模式的国家,法官必须具备违宪审查的必要条件。法官由行政首脑提名、议会批准而产生,他们一般持有律师资格证书,从事过各式各样的职业(主要包括公务员、律师、法学教师、社会工作者等),具有丰富的社会的、政治的和法律的经验,享有特殊的身份保障,如美国联邦最高法院法官一经任命,即终身任职。在普通法院型模式下,法官扮演着独立自主的角色，基本上可以免除政治压力，如美国联邦最高法院法官被总统提名而进入最高法院以后，即不再受包括总统在内的任何人的牵制，恰如哈里·杜鲁门总统所言："最高法院的人事安排这种事简直没法干……无论什么时候，只要你把一个人送到最高法院，他就不是你的朋友了。我敢肯定这一点。"[1]

实行宪法法院审查模式的国家，普通法院的法官则难以胜任合宪性审查之职。他们基本上是科班出身，缺乏社会经验和政治素质，在职业训练时，接受的主要是如何适用成文法律的技术性技能，而非政策性取向的判断技巧。他们年纪轻轻就进入司法机关，然后论资排辈，往上升迁，在某些情况下还不能避免政府的调整或其他干预措施。这就注定了他们在确认某种行为是否构成违宪时会瞻前顾后、底气不足。所以宪法法院法官必须区别于普通法院法官的任职方式。例如，奥地利宪法法院由 12 名正式成员和 6 名替补成员组成，其中一半由联邦政府提名，总统任命，政府只能从法官、行政官员、法学教授、政治学教授中提名，且提名人必须精通宪法和政治。其余成员由议会提名、总统任命。奥地利还规定，联邦政府或前政府成员、议会成员均不得被任命为宪法法院的法官。

三、类型化抑或本土化：现代国家合宪性审查制度演进的潮流

虽然世界各国的合宪性审查模式可以大致分为几种典型性的类别，但就国别而言，基本上没有哪个国家是与其他国家完全雷同的，也没有哪一种现存的宪法监督模式是完美无缺、放之四海而皆准的。在选择本国合宪

[1] [美]亨利·J. 亚伯拉罕：《法官与总统——一部任命最高法院法官的政治史》，刘泰星译，商务印书馆 1990 年版，第 61 页。

性审查模式时,我们应当将移植国外现有模式与尊重本国国情有机地结合起来,如果脱离特殊的本土文化,即使模式在理论上或者在其他国家表现得再理想、再先进,也会被历史证明“走错了房间”。如“二战”之前,美国模式对于大陆法系国家一直具有神话般的吸引力,法国、德国在20世纪20年代,意大利在1947~1956年都曾经实验过美国的司法审查制度,结果却是邯郸学步,最终不得不放弃美国模式。韩国在第三共和国时期(1962~1971年),最高法院曾经行使过违宪审查权,但也以最高法院法官对争议法律的拱手让步而告终。日本似乎是大陆法系国家唯一一个移植司法审查制度而获得成功的国家,但众所周知,这与“二战”后美国对日本的统治和庇护有着历史成因方面的关系,如战后麦克阿瑟就强令日本宪法赋予最高法院的宪法监督权。总体来说,合宪性审查制度在世界范围内的发展虽然呈现出某些共同态势,但是在具体路径选择、规则设计、组织安排以及宪法实践的深度与广度等方面则表现出不平衡的国别性特征。具体表现在以下几个方面。

(一)合宪性审查主体安排的差异性

虽然各国合宪性审查主体呈多极化发展的共同态势,但在元素构成、权力分配、权利参与等方面各有特色。这可以从权力主体和权利主体两个方面进行分析。

一方面,权力主体的多元复合。这里的权力主体是指具有合宪性审查的实质性权力的国家机构。除了一个占主导地位的机构外,还有其他的国家机构也发挥着或多或少的审查权能。大致有但不限于以下几种情况。

议会与普通法院共同行使审查权,并以议会为主导机构。这种情况存在于英国模式中。根据英国的政治习惯和有关法律,二者的权限分工、运行程序和审查方式是不同的。一般来讲,议会的主要职权有:(1)审查议会立法的合宪性，审查方式是事先审查，而且主要是通过“三读”式严格程序进行的；(2)监督审查行政机关的行政法规、行政规章和具体行政行为的合宪性和合法性，审查方式主要是质询、辩论和信任投票；(3)议会上议院审查下议院提出的弹劾案以及普通民事、刑事上诉案件，审查方式是事后审查和个案审查。普通法院主要负责公民因基本权利受到侵害而提起的诉讼案件。审查的方式是按普通司法程序进行的事后审查和个案审查。

普通法院为主导，总统亦可有权审查议会的法案。这种情况以美国模式为典型代表。在美国，“每一个普通法院在审理具体案件时，都有权审查法律是否违宪，法官有权无视违宪法律，直接适用宪法裁判案件”，[1]普通法院对宪法的监督因此被纳入司法审查的范畴。但总统基于对国会法案的批准权可以在批准之前予以实质性审查，《美国宪法》第1条第7款规定：“经众议院和参议院通过的法案，在正式成为法律之前，须呈送合众国总统；总统如批准，便须签署，如不批准，即应连同他的异议把它退还给原来提出该案的议院，该议院应将异议详细记入议事记录，然后进行复议。倘若在复议之后，该议院议员的三分之二仍然同意通过文书法案，如若另一院亦以三分之二的多数通过，该法案即成为法律。”虽然美国宪法条文中没有明确说明总统的合宪性审查权，但总统对议会法案的合宪性审查理当是其行使法案批准权的题中应有之义。

宪法委员会为主导，总统、行政法院和普通法院各司其职，共同参与合宪性审查。在1946年确立宪法委员会之前，法国就有由行政法院和普通法院共同行使合宪性审查权的传统，这除了受到美国人的一定影响外，主要还是与法国的历史悠久、体制完备的行政法治系统有关。法国大革命后确立了三权分立原则和司法不得干预行政的原则，从而为普通司法和行政

---

〔1〕林来梵主编：《宪法审查的原理与技术》，法律出版社2009年版，第144页。

司法奠定了基础。法国行政法院有权审查行政法规、行政规章和具体行政行为的合宪性和合法性,并作出具有约束力的裁决。同时,法国普通法院负责审理公民因基本权利受到侵害而起诉的案件。由于法国存在这两种司法系统,因此大量的违宪案件能够得到有效的审查处理。但它们都无权对议会的立法进行合宪性审查。这项最重要的合宪性审查权力被赋予了宪法委员会。法国 1958 年《法兰西第五共和国宪法》受到美国宪法精神的鼓舞,赋予总统复议权,该宪法第十章规定:“在最后采纳的法律被转交内阁后的 15 天内,共和国总统应颁布法律。在此期限截止前,他可要求议会再次考虑法律或其中某些条款。这项要求不得被拒绝。”

议会为主导,政府和普通法院共同行使合宪性审查权。这种情况以瑞士为代表。《瑞士宪法》规定,联邦议会的职权包括为使联邦宪法得到尊重和各州宪法受到保障而采取措施进行干涉;联邦委员会即联邦中央政府的职权包括保证联邦宪法、法令、命令得到遵守,并保障各州宪法的贯彻实施;联邦法院的任务之一是受理关于侵犯公民宪法权利的控告,通过审判活动保障宪法。

另一方面,权利主体的广泛参与。这里的权利主体是指不具有合宪性审查实质权力,但享有启动合宪性审查程序的法定权利主体。在各类典型的合宪性审查模式中都有相关的制度安排。举例如下。

在英国模式中,公民作为权利主体可以因自己的宪法权利遭到侵犯而向普通法院提起诉讼。另外,对宪法性法律案,大多还要经过类似公民投票的批准程序,如 1971 年英国加入欧洲共同体之前就是先举行公民投票,然后才通过《欧洲共同体法》的。

在美国模式中,监督宪法实施、保障宪法权威的权利主体,在理论上几乎包括所有具有权利能力和行为能力的法律主体。因为美国的宪法监督存在于整个司法系统,与普通的司法管辖并无本质区别。一切争议,无论其性质如何，都以同样的方式和程序，由普通法院作出裁决，不会因为某一案件中可能存在违宪问题而特殊对待，因而对提出诉愿者也就没有什么特别要求。美国的宪法诉讼也因此而十分发达。

在法国模式中，公民亦可向法院提出宪法诉讼。但公民无权对议会制定的法律提出违宪诉讼。这种权利主体的范围十分狭窄，《法兰西第五共和国宪法》第六十一章规定："在获得颁布与获得运用之前，组织法和议会规则必须被提交宪法委员会，以决定其合宪性。为了同样目的，在法律获得颁布之前，共和国总统、总理、众议院和参议院议长或 60 名众院代表或参议员，皆可将它提交宪法委员会。"

在奥地利模式中，设有单独而专门的宪法法院。公民因违宪性侵权而提起宪法诉愿，宪法法院享有最终的也是最高的管辖权。

对议会制定的联邦法律和州议会制定的州法律的宪法监督请求权则不是一般公民享有的，如《德国联邦基本法》规定：应联邦内阁、州政府或众议院的 1/3 成员之提请，可对有关联邦与各州法律是否合宪提出质疑。我国《立法法》的制度安排与此种模式的旨趣颇为类似，只是在提请主体的范围上更为广泛，不仅包括除全国人大及其常委会以外的各级国家机关，还有各社会团体、企事业单位以及公民个人，这充分体现了我国合宪性审查制度中的民主精神。在实际生活中也出现过越来越多的公民提请对某项行政法规或司法解释等规范性文件进行合宪性审查的案例。需要说明的是，由于国家立法机关与合宪性审查机关的同一性，因而全国人大及其常委会制定的法律不在合宪性审查的对象之列。

德国还有提起合宪性审查义务主体的规定，如《德国联邦基本法》第 100 条第 1 款规定："如果法院的决定取决于法律的有效性，且法院认为该法律违宪，那么它即应中止审判程序；且如果认为州法违反了本州宪法，那么它应交由对宪法争议具有管辖权的州宪法法院而获得决定；如果认为法律违反了《联邦基本法》,那么它应交由联邦宪法法院以获得决定。"《德国联邦宪法法院法》第 80 条根据基本法的这一精神,为普通法院设定了法定移送的义务,即在具备基本法规定的条件时,法院应当直接移送给联邦宪法法院作出裁判。

(二)合宪性审查职能分配的专门性

合宪性审查职能的专门化虽已成为一股世界性潮流,但在不同模式下,审查职能专门化的发展有其独特的内在固有表现。

1. 从最直观意义上讲,合宪性审查专门化体现在主导机构的专门化上

专门机构审查模式由奥地利在 1920 年首创。而后,世界各国尤其是欧洲国家纷纷效仿。原来引进美国模式的一些国家也改换门庭,实行这一模式,如法、德、意等国。目前,这一潮流方兴未艾,呈现出越来越强劲的势头。采行这一模式的国家现有奥地利、德国、意大利、法国、塞浦路斯、土耳其、南斯拉夫、葡萄牙、西班牙、比利时、波兰、韩国及东欧剧变之后的俄罗斯、中亚各国以及东欧国家等。

这一潮流的出现有着深刻的政治、文化背景,并与美国普通法院审查模式、英国议会审查模式过去在很多国家中失败的教训存有深刻的联系。当欧洲国家在 20 世纪初纷纷效仿美国模式时,它们逐渐发现这种模式亦非适合本国国情的理想模式,在实际运作过程中暴露出许多弊端,例如:(1)法官素质的先天不足。欧洲大陆的法官缺少马歇尔式的政治经验与理论权威,表现得孱弱和胆怯,在心理准备和价值取向上不能胜任司法审查的准政治功能。(2)司法体制的复合性存在妨碍了普通法院的宪法监督。与美国一元化普通法院体制不同,欧洲国家的法院系统都是二元的甚至是多元的,各类法院之间很难协调行使司法审查权。(3)法院实际上难以发挥的最高法律权威,对议会也没有多大的约束力。因此,在对自己的东施

效颦进行了一番反思后,大多数国家又在凯尔森理论的影响下改弦易辙,建立起宪法法院审查模式,并为其他各洲树立起成功的典范,而法国则独树一帜,终于将尘埃落定在宪法委员会上。

还有一些国家抛弃议会审查模式的缘由主要在于:此种模式不能防止多数党专横,不利于民主自由的存在和发展。由于现代政党制度的发展,传统的三权分立、互相制衡的体制在议会制国家中已被突破,因为多数党既控制了议会,又掌握了内阁,行政权与立法权的制衡已不存在,代之而起的是多数党在政府和下院中的联合集权。

2. 在非专门机构审查模式下,合宪性审查职能也有专门化倾向

这里所要论及的是,合宪性审查职能的专门化对采取其他两种模式(议会模式和普通法院模式)的国家也产生了一定的冲击力和影响力。主要有以下三种情况。

(1)增设合宪性审查专门性辅助机构。如罗马尼亚起初采取传统的权力机关审查模式,但受合宪性审查机构专门化的影响,在1965年宪法中设立了"宪法委员会",1975年改为"宪法和法律委员会",作为大国民议会的专门性辅助工作机构。就我国而言,理论界和实务界大多数学者也主张建立一个宪法监督的专门性工作机构(如宪法委员会或宪法监督委员会),辅助全国人大及其常委会实施宪法监督。这一设想在实践中有一些进展,目前是在全国人大下面设立了一个宪法和法律委员会,但这仍然处于渐进式发展阶段,尚不是终极目标。

(2)改革现有的司法体制。国外一些学者认为美国模式在某些方面正向欧洲模式靠拢,其表现是"美国最高法院,只在有些方面是通常那种上诉法院,在其他情况下,它与欧洲宪法法院一样,是'宪法审查的一个特殊机构'"。有人则主张:"在美国产生一个联邦上诉法院,使它对现在由最高法院处理的普通案件有实际的最后决定权,这一建议会使最高法院更像一个

宪法法院。"[1]希腊也是美式司法审查模式,但由于存在司法法庭和行政法庭的双重体制,为了防止两种序列的最高法院之间可能会就同一个问题得出不一致的结论,其宪法规定成立一个特别最高法院解决这种冲突。其结果便是美国模式与欧洲模式的一种独特混合。在印度,也有人主张在现有法院体制外建立宪法法院,专门处理与宪法有关的事务。[2]

(3)建立督察专员制度。由于时代的变迁,英国这个注重萧规曹随传统的老牌国家,议会合宪性审查的职能也开始出现专门化倾向,其突出的表现是议会中的督察专员制。督察专员由议会选出具有较强法律能力的人担任。作为立法机关的组成部分,督察专员主要负责审查行政机关的行政行为、保证官员活动的合宪性和合法性,并调查处理因政府的错误行为而引起的公众申诉,以保证公众免受政府越权的侵害。到目前为止,有芬兰、丹麦、挪威等30多个国家建立了督察专员制度,负责合宪性审查的部分职能。审查方式主要是事后审查和具体审查,以弥补传统模式仅采取事先审查的不足。

3. 合宪性审查可诉性程度的不均衡性

虽然监督途径的可诉性已成为宪法制度整体安排中不可或缺的环节,但各国在宪法实践中的开放性程度参差不齐,呈现出不平衡性的特征。

从理论上讲,当有争议的当事人穷尽行政或一般法律途径无法得到解决时,可以通过宪法救济的途径最终得到处理或解决。但是不同模式的国家在宪法诉愿的问题上,其在可诉性的范围、审查的主体、程序规则的准备等方面有很大不同。

---

〔1〕 [法]路易·法沃勒:《欧洲的违宪审查》,载[美]路易斯·亨金、阿尔伯特·J.罗森塔尔编:《宪政与权利》,郑戈等译,三联书店1996年版,第51~62页。

〔2〕 参见林良光主编:《印度政治制度研究》,北京大学出版社1995年版,第114页。

(1)在采行美国模式的国家中,由普通法院进行合宪性审查,而且审查的范围极其广泛,合宪性审查请求与一般法律诉讼混合在一起,不作特别区分,在民事、刑事、行政等所有案件中,诉讼当事人对法院适用的法律的合宪性均可提出疑义,法院对疑义法律进行合宪性审查。这种审查被称作附带性审查或附随型审查,其适用的程序为普通诉讼程序。在民事案件审理过程中进行附带性审查的,适用民事诉讼法;在刑事案件审理过程中进行附带性审查的,则适用刑事诉讼法。

具体来说,宪法诉讼案件的当事人资格、管辖、起诉、受理、开庭、证据调查、辩论、裁判、效力、执行等内容同普通诉讼法的规定几无二致。以美国联邦最高法院的审理程序为例,其具体过程为:法官们详细阅读、研究有关本案的诉讼文件;开庭审查时不要求 9 名大法官全部到庭,只要有 6 名大法官出庭即可;由诉讼双方进行口头辩论,两告各占半小时。然后,进行法庭调查,大法官可就案件疑点提问,由诉讼双方进行解答。调查完毕后,由首席大法官召集出庭的大法官开会,首席大法官首先阐明本人的意见,而后按资深程序逐一询问各法官的意见。表明意见后,进行投票。投票的次序与发言的次序正相反,资历最浅者先行投票,资历最深者在后。多数派的投票意见,即最高法院的意见。投票结束后常休会两周,撰写判决书。判决书通常包括主文、补充意见及反对派意见三部分。休会期满后的星期一,宣读本案的判决书。

世界上其他实行美国模式的国家的普通法院行使司法审查权,同样完全是按照诉讼程序进行的,充分体现了合宪性审查程序的司法性。然而,在实践中,采用美国模式的国家,其普通法院并非像美国那样将合宪性审查搞得有声有色,而是表现得谨小慎微,如瑞典和丹麦,至今还从未有过一部法律因违宪而被宣布无效。

(2)采行欧洲模式的国家其可诉性的范围没有美国那样宽泛,而且对宪法诉愿与一般法律诉讼作了严谨的划分，普通法院无合宪性审查权，而是由专门机构处理宪法争讼案件，而且在诉讼程序上有专门的规定。以德国为例，其《联邦宪法法院法》对宪法诉讼案件的诉讼程序作出了相当详尽、严密的规定，在该法中，诉讼程序被分为两大部分：一部分是一般审理程序，另一部分是特别审理程序。

一般审理程序适用于所有宪法诉讼案件，特别审理程序适用于各种特定宪法诉讼案件的程序。在一般审理程序部分，规定了诉讼当事人、诉讼代理人、辅佐人、申请回避、查阅卷宗、言词辩论与职权调查、证人及鉴定人、裁定中止审理程序、诉讼费用、司法协助及职务协助、评议、判决与裁定、裁判效力和执行方法、紧急处分等内容。

在特别审理程序部分，则用15节的篇幅对各种宪法诉讼案件的不同程序作出具体规定。如关于宣告丧失基本权利案件的诉讼程序，宪法法院法在一般审理程序的基础上，又作出有针对性的特殊规定。它规定此类案件的起诉主体为联邦众议院、联邦政府、州政府。在正式审理程序启动之前，它规定首先要经过前置程序。在此程序中，宪法法院要指定一定的期限，由申请相对人陈述意见，进行答辩。宪法法院还要调查案件的诉讼要件及起诉、答辩的内容，以便对案件作出裁定。在前置程序阶段不需进行口头辩论。前置程序结束后，宪法法院作出如下裁定：如果起诉不合法或理由不充分，予以驳回；如果理由充分、合法，则进入正式审理程序。因为宣告丧失基本权利案件在性质上类似于刑事案件，故在某些程序上可援用刑事诉讼法，如在进入正式审理程序后，法院可依职权或申请裁定采取扣押或搜查措施。宪法法院为了准备口头辩论，可以裁定进行预审。预审由另一庭主持，以保证公正、客观。正式审理结束后，宪法法院宣告相对人是否丧失基本权利。如果确认起诉有理，则决定褫夺基本权利的范围与期限，此期限不得少于1年。亚洲的韩国也制定了类似的法律，对合宪性审查的诉讼程序作了较为缜密、翔实的规定，为监督宪法实施提供了良好的程序上的依据和保证。

由此可见，由宪法对合宪性审查程序加以原则性的规定，再由宪法性法律作出详尽的规范、调整，使合宪性审查具有现实的可诉性，将逐步成为当今国际社会合宪性审查制度的一大趋势。

（3）比较而言，我国在合宪性审查的可诉性方面发展滞后，在宪法实践中几无一例完整的案例。造成这种局面的原因至少有三点。

其一，许多人对我国的宪法体制的认识尚不到位。在现实生活中，公民因为宪法权利受到侵犯，往往会起诉到法院，法院一般会以不属于其受案范围为由不予受理或驳回起诉。许多人责备法院无能，其实法院的这种做法是符合中国目前宪法体制要求的，因为我国《宪法》规定，合宪性审查权由全国人大及其常委会行使，法院无合宪性审查权。如果法院试图对宪法作出解释以及对是否违宪作出裁判，其行为本身即构成违宪，这也不能不说是最高人民法院最终废止关于齐玉苓案批复的根本原因。

其二，在既定的体制框架下，我国现有的程序规则供给仍有不足。虽然全国人大及其常委会有合宪性审查权，但是对具体的违宪侵权案件的管辖、启动、受理、调查、审理、裁决等程序性规范付诸阙如，这导致我国公民基本权利的救济在穷尽了行政与司法途径想寻找宪法救济仍然存在不少困难。

其三，对抽象行为的合宪性审查诉求，我们在宪法实践中的政治经验与智慧的积累尚有待时日。现行宪法早已预设合宪性审查制度，《立法法》中对有关法源性文件的违宪违法审查也有了一定的程序性规定，但是由于相关的实践活动不足，可循之先例较少。因此，当遇到有人提出合宪性审查请求时，权力机关也就难有不俗表现。在这一点上，孙志刚案所引发的合宪性审查请求案,给我们留下了足够的反思。

四、中国特色合宪性审查"特"在哪里:特色与超越

(一)方法论前提:类型化研究向国别性研究的转变

合宪性审查制度是中国特色社会主义法治国家建设中的一项重要政治制度,是权力制约政治理念在宪法领域的制度安排。现代国家对合宪性审查的具体制度都有不尽相同的安排,这些现实中的合宪性审查制度按照不同划分标准和观察角度,可以形成若干种类的合宪性审查模式,反映了宪法监督关系中各种主客体要素在具体组合和运行时所呈现的不同范式。在传统研究中,最为流行的划分方法是按照审查主体的不同对合宪性审查模式进行分类。这种划分又分为三分法和四分法两种具体情况。三分法是将模式分为议会审查型、普通法院审查型和专门机关审查型,四分法则是将三分法中的专门审查机关再细分为宪法委员会和宪法法院两种。[1] 但这些都是近代西方中心主义思维的产物,在全球化与本土化辩证发展的当代,各个国家在其制度创新的实践中都会寻求自身的民族特色,类型化特征越来越模糊,个性化国别性特征越来越明显。

由类型化借鉴向个性化创新,这是国家与国家之间宪法制度的相互生成与发展演进的基本轨迹。合宪性审查发轫于近代西方法治文明,并且一开始都是以类型化的模式在许多国家推广,但世界各国根据自身的历史文

〔1〕 还有一些特例,如泰国的专门审查机关叫作宪法仲裁委员会;韩国1988年以前设置的机构叫作宪法裁判所,1988年9月改制为宪法法院。参见[韩]金埈荣:《2015韩国宪法学的发展》,载韩大元、莫纪宏主编:《中国宪法年刊》2015年第11卷,法律出版社2016年版,第258页。

化传统和时代发展条件，无论在观念上还是在制度上，都更加注重本土化的创新，模式不断在新的模式中被打破。正如前文所述，自从马歇尔开创了普通法院进行违宪审查的先例以来，合宪性审查模式便呈现出多样性，传统的英国议会合宪性审查模式被打破；而当欧洲国家在 20 世纪初叶纷纷效仿马歇尔模式时，它们却发现这种模式亦非适合本国国情的理想模式，在奥地利人凯尔森的影响下，大多数国家建立起宪法法院合宪性审查模式；而法国则独树一帜，终于将尘埃落定在宪法委员会审查模式上。对于社会主义国家而言，自从苏联将议行合一的人民代表机关监督制度写进宪法之后，后起的社会主义国家亦毫不犹豫地唯马首是瞻，随着东欧的剧变，东欧原社会主义国家的宪法监督模式亦被无情地扬弃，代之而起的是以俄罗斯为代表的宪法法院合宪性审查模式，与奥地利模式可谓殊途同归。

各国合宪性审查制度的发展遵循着一般性与特殊性相统一的必然规律，既要体现宪法发展的某些普遍性的理论原则，又要充分体现“闻道有先后”的不平衡性以及“术业有专攻”的国别性。普遍性的研究由于需要对宪法价值之间进行比较、权衡与总结，因而更加具有基础性的抽象意义。这项工作在学术界已经表现得比较成熟。国别性的研究则直接关涉各国合宪性审查制度如何在本国的各种既定条件下开辟出具有本土特色的路径，科学地向前发展，因而在视野上更加具有纵深感，涉及的问题也更为具体多样，对于发展和完善民族特色的合宪性审查制度，比类型化性研究更具有开拓性的实际价值意义。

我国现行的 1982 年《宪法》确立了以全国人大及其常委会为合宪性审

查主体的宪法监督制度，履行合宪性审查职能。[1] 然而在实践层面，很长一段时间我国合宪性审查工作的实际进展缓慢，合宪性审查工作的落地尚缺乏诸多体制和机制方面的现实条件。相关制度基本停留在框架性、原则性的层面，特色与优势还不够明显，尽管颁布了一些配套性法律如《立法法》《各级人民代表大会常务委员会监督法》，但还是不能完全满足合宪性审查制度的完备要求。

进入新时代，我国宪法监督制度得到长足发展，“在思想上有巨大解放，在机构和职责安排上终于实现了突破”。[2] 党的十八大以来的历次党代会都强调要加强对宪法和法律实施的监督。党的十九大报告明确提出，“加强宪法实施和监督，推进合宪性审查工作，维护宪法权威”。[3] 党的二十大报告进一步强调要“加强宪法实施和监督，健全保证宪法全面实施的制度体系”。[4] 这既是向我们提出了在中国特色社会主义法治建设进程中如何完善宪法监督制度的时代课题，也为我国合宪性审查工作的不断推进和创新提供了整体性、系统性思路。从法治实践层面来看，2018 年宪法修正案对全国人大的机构设置进行了一项重要调整，将法律委员会改组为宪法和法律委员会，虽然在文字上只增加了 3 个字，但在合宪性审查体制创新上迈出了一大步。2023 年，我国《立法法》第二次修正，进一步明确了

---

〔1〕 我国现行《宪法》第 62 条第 2 项、第 67 条第 1 项明确规定了全国人大及其常委会享有宪法监督权。此外，宪法文本中还有如下相关规定：(1)宪法具有至上性。一切法律法规都不得同宪法相抵触(序言、第 5 条第 3 款)。(2)宪法具有制裁性。一切违反宪法和法律的行为都必须予以追究(第 5 条第 4 款)。(3)全国人大享有审查权、批准权、改变权、撤销权和任免权(第 62 条、第 63 条)。(4)全国人大常委会享有宪法和法律解释权、审查权、批准权、撤销权和任免权(第 67 条)。(5)各专门委员会协助全国人大及其常委会研究、审查和拟订有关议案(第 70 条第 2 款)。(6)全国人大及其常委会享有特定问题的调查权(第 71 条)。(7)全国人大常委会享有审查和批准民族自治地方人大制定的自治条例和单行条例的权力(第 116 条)。(8)地方各级人大在本行政区域内，保证宪法、法律、行政法规的遵守和执行(第 99 条)。

〔2〕 张翔：《“合宪性审查时代”的宪法学：基础与前瞻》，载《环球法律评论》2019 年第 2 期。

〔3〕 《习近平著作选读》第二卷，人民出版社 2023 年版，第 32 页。

〔4〕 《习近平著作选读》第一卷，人民出版社 2023 年版，第 34 页。

立法和备案审查中的合宪性审查要求，这些举措使我国合宪性审查制度的运行更加具有可操作性，我国加强宪法实施与监督的步履越来越清晰、步伐也越来越快了。

经过新中国成立后的初步探索、改革开放新时期的拨乱反正以及中国特色社会主义新时代的不断推进，我国合宪性审查制度在充分关照本国国情和科学借鉴外国有益经验的基础上已逐渐形成自身的民族特色。总体来讲，与世界上一些典型国家的合宪性审查模式相比，我国的合宪性审查模式更加具有复合性，这种复合性特征充分彰显出中国特色社会主义法治的比较优势。

（二）合宪性审查主体的设置更具复合性

一般来说，合宪性审查主体的复合性与宪法监督机制的整体性、系统性和民主性程度呈正相关。复合性程度越高，越能体现监督机制的整体性、系统性和民主性。具体来说，合宪性审查主体的复合性包括审查主体之间的复合性和审查主体内部的复合性。与其他国家合宪性审查模式相比，我国的合宪性审查主体无论就类型化构造还是就内部构造而言，其复合性程度更高。

1. 主体之间的复合性

合宪性审查主体之间的复合性是指宪法监督主体呈现出多样性和组合性，一般表现为“主导—参与式”的基本架构，体现了对公共权力的合理分配。这在世界各国宪法监督制度中也或多或少有所体现，如英国是以议会审查为主导，但其最高法院则致力于审理具有最大公众影响力和最具有宪法重要性的案件；法国是以宪法委员会为主导，总统、行政法院和普通法院则被赋予对法案颁布前合宪性审查的事前提交权；德国以宪法法院为主导，辅以联邦政府、州政府或 1/3 以上联邦议员对已公布法案合宪性审查的事后提交权;美国是以普通法院为主导,同时又赋予总统审查国会法案的权力。[1] 并且这些国家的公民都有针对违宪侵权案件提出宪法诉讼或诉愿的权利。

与这些国家相比,我国宪法监督对象的范围更广,合宪性审查主体复合性构造的视野更为宽泛、更为宏阔,也更加具有层次感。

(1)合宪性审查权力主体不仅有国家机关,还有执政党的审查机构。国外的合宪性审查对象只限于国法范畴,而政党制定的规范性文件并不必然纳入宪法监督范围。我国合宪性审查主体,需要在中国特色社会主义法治体系的特定语境下才能完整地勾勒出来。其在监督权力主体的构造上,最大特色就是表现为"党规归党审查、国法归国家审查"的复合模式。党的十八届四中全会主题报告首次将党内法规体系纳入中国特色社会主义法治体系中,用分号将之与国法体系相提并论,而且要求"把所有规范性文件纳入备案审查范围,依法撤销和纠正违宪违法的规范性文件"。[2] 也就是说,不仅国法要纳入合宪性审查范围,党规也不例外。与此相对应,在审查主体机关的体制安排上就不能是单一性的(由同一个机关进行审查),而是复合性的。有人称为"二元式"或"双重机制"。[3] 国家的法律、法规以及其他规范性文件的合宪性审查属于国家层面的审查,目前,我国《宪法》《立法法》已经确立了以全国人大及其常委会为主导的审查主体机关,无须赘述;至于党内法规的合宪性审查,宪法与法律均无明确规定,而是走的另一条线路,根据2019年修订的《中国共产党党内法规制定条例》有关规定,党规在党内进行合宪性审查。

---

〔1〕 参见韩大元主编:《外国宪法》(第4版),中国人民大学出版社2013年版,第110页。

〔2〕 《中共中央关于推进全面依法治国若干重大问题的决定》(辅导读本),人民出版社2014年版,第9页。

〔3〕 参见范进学:《论中国合宪性审查制度的特色与风格》,载《政法论丛》2018年第3期。

(2)在“主导—参与式”的基本监督体制下,我国合宪性审查的参与机关要比欧美国家宽泛得多。从《立法法》第110条我们可以看出,对于行政法规、地方性法规、自治条例和单行条例,国务院、中央军事委员会、国家监察委员会、最高人民法院、最高人民检察院和各省级人大常委会,均有合宪性审查要求权,此处的“要求权”是一种具有支配性的程序权力,一经合法提出,全国人大常委会的受理机构必须无条件地分送到各专门委员会进行审查,提出意见。此外,根据《立法法》第108条第3、5、6项,第109条第4项及第112条的精神,对规章进行合宪性审查的机关并非全国人大及其常委会,而是国务院、地方人大常委会和省、自治区人民政府,而且其有权作出改变或撤销的决定。可见,这些机关在违宪规章的审查问题上,不再仅仅具有程序性权力,它们已经拥有了实质性评判权。

从司法实践的层面看,我国最高人民法院在实际审判工作中,对涉及侵犯宪法规定的基本权利如何具体适用的问题也进行过这样或那样的司法解释,[1]20世纪80年代至今,最高人民法院在审判实践中对宪法所保护的公民储蓄权、劳动权如何理解问题,对宪法平等权在法律援助制度中如何具体运用问题,对政治权利在特殊情况下的限制问题等都作过司法解释。曾有学者认为,这已经成为我国宪法解释的一项惯例。[2] 但这种惯例本身的合宪性问题是遭到质疑的,而且这种质疑随着21世纪初齐玉苓案中司法解释的废止而被证成。最高人民法院因齐玉苓案而作出的《关于以侵犯姓名权的手段侵犯宪法保护的公民受教育的基本权利是否应承担民事责任的批复》,不仅突破了司法判例中不直接援引宪法规定作为准据的

〔1〕 对司法解释的合宪性审查,也是我国区别于普通法院审查模式国家的一大特色。虽然《宪法》及《立法法》均未明确将司法解释作为审查对象,但2005年全国人大常委会第四十次委员长会议通过的《司法解释备案审查工作程序》中明确规定,国家机关、社会团体、企事业单位和公民都有权对司法解释提出合宪合法审查的要求或建议。

〔2〕 参见周伟:《宪法解释惯例研究》,载《社会科学研究》2002年第3期。

传统，增强了宪法的司法适用性，而且还开创了普通法院在具体的私法（而非公法）案件中直接从事合宪性审查的先例。所以，该批复一出来，学界为之击节而歌者甚众，将之誉为“中国宪法司法化第一案”，但该批复被最高人民法院迅速废止。

（3）公民等权利主体参与合宪性审查的权能更大。权利主体直接参与合宪性审查是我国宪法监督制度最为难能可贵之处。《宪法》第41条规定公民享有对国家机关及其工作人员提出批评和建议的权利。但这个规定比较笼统，关于合宪性审查建议权的针对性也不强。根据后来的《立法法》第110条第2款，我国的社会团体、企事业单位和公民等权利主体可以直接向全国人大常委会提出对行政法规、地方性法规、自治条例和单行条例进行书面审查的建议。公民合宪性审查建议权的确认已十分明显。其他国家的公民一般没有这种抽象审查的建议权，只能在具体的侵犯基本权利案件中向宪法法院或普通法院提起。当然，我国公民等权利主体的这种“建议权”与上述国家机关的“要求权”在权能属性上还不一样，它不具有支配性，受理机构在研究认可后，才会送交有关专门委员会，所以公民的这种建议权不属于程序性权力范畴，其属性乃是一种程序性权利。

2. 主体内部的复合性

所谓主体内部的复合性，是指合宪性审查机关系统内部各有关机构要素的有机组合。就我国而言，表现为国家权力机关系统内部构造与职能分工具有更为复杂的层级性构造特征，具体到合宪性审查问题上，可以从以下两个方面进行分析。

（1）就最高国家权力机关内部而言，已经形成了全国人大专门委员会、全国人大常委会法制工作委员会及其具体工作机构的三位一体审查格局。见图4-1。

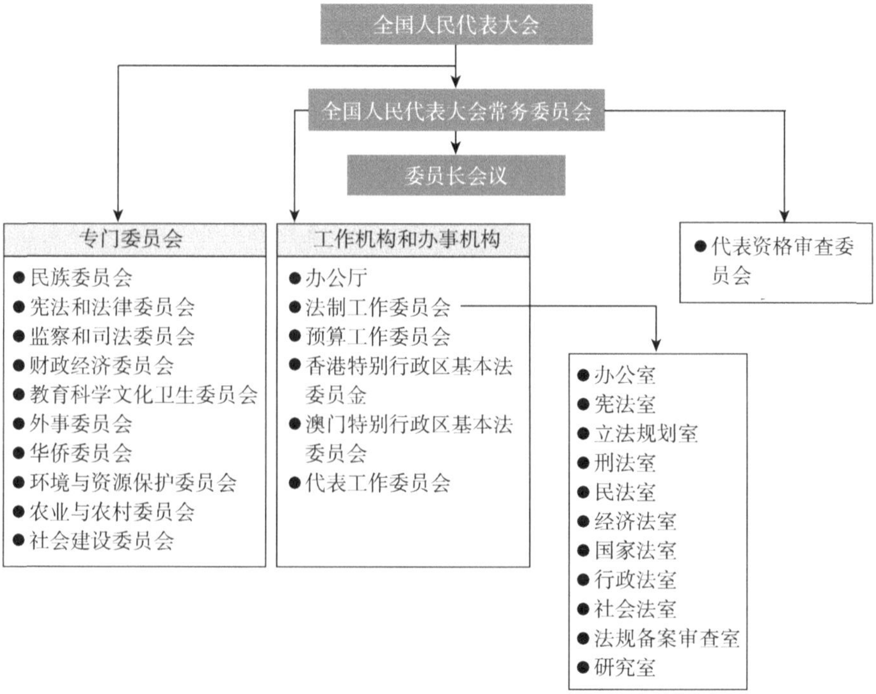

图4－1　权力机关三位一体审查格局

这种格局可以充分体现全国人大宪法和法律委员会的权威性，全国人大常委会法制工作委员会的惯常性以及法规备案审查室、宪法室等具体工作机构的专业性，使得我国全过程人民民主的优势在宪法监督的制度设计中更具立体感。宪法和法律委员会的职责分为两项：一项是承担全国人大组织法、立法法、各级人大常委会监督法、全国人大议事规则、全国人大常委会议事规则规定的原“法律委员会”的职责；另一项则是在继续承担统一审议法律草案等工作的基础上，增加推动宪法实施、开展宪法解释、推进合宪性审查、加强宪法监督、配合宪法宣传等工作职责。我国《立法法》中还规定了基本的审查过程以及具体的审查机构和审查要求，并将合宪性审查权在审查过程中进一步分解。有全国人大常委会工作机构的受理权，相关专门委员会的提出意见权，宪法和法律委员会与有关专门委员会的联合审查权（包括要求说明权、提出意见权、获得反馈权、提案权），委员长会议的提请审议权和人大常委会的审议决定权等。

（2）就整个国家权力机关系统而言，不仅中央而且地方各级人大多有合宪性审查权的可能性空间。《宪法》第99条明确规定了地方各级人民代表大会在各行政区域内，保证宪法、法律、行政法规的遵守和执行。可见，宪法赋予地方人大保证宪法遵守和执行的权力。那么如何保证？逻辑前提就是对相关行为作出合宪性与否的判断，但根据现有机制，地方人大不能作出裁决，只能形成初审判断，然后层层上报全国人大常委会。不管在实际生活中有没有具体实施和动作，从理论上可以说，这种制度安排为人民群众对违宪案件的检举、控告提供了便利条件，可以克服合宪性审查权过于集中于最高合宪性审查机构而带来的大国治理中的诸多困难，有利于减轻全国人大及其常委会的负担，也有利于形成对某种案件的过滤机制。

在"一国两制"框架下，特别行政区立法会可以根据特别行政区基本法在制定、修改和废除特别行政区法律时进行合宪性审查，只是依据的是特别行政区基本法，而不是国家宪法本身，并且它区别于联邦制国家中各成员单位（如美国的州）的地方性宪法，依然是中央最高立法机关的立法，但基本法归属宪法法律部门，是宪法性法律，所以依据基本法进行审查可以理解为广义合宪性审查或"准合宪性审查"。[1] 当然，中央立法机关有权依据宪法对特别行政区法律进行合宪性审查，中央立法机关对香港地方立法的合宪性审查在香港立法会之后，而且还在其之上，享有终极的审查权。这体现了我国单一制国家结构形式下的制度逻辑。

---

〔1〕 吴延溢：《中国特色合宪性审查的体制改革与机制创新》，载《思想战线》2023年第3期。

(三)合宪性审查方式的设计更具复合性

合宪性审查大致可分为事前审查与事后审查两种方式。一般而言,不同的宪法监督模式都有与之相适应的合宪性审查方式,但从国别性分析视角来看,不同国家在事前审查与事后审查的制度设计上各有侧重。

1. 合宪性审查方式的国别性考察

法国的宪法委员会审查模式采取的是典型的事前审查方式,就是在法律生效之前,就其合宪性予以审查。根据《法兰西第五共和国宪法》第61条的规定,对法律的合宪性审查是一种事先审查,总统、总理、众议院和参议院议长或60名众议院代表或参议员,在法律颁布之前皆可将之提交宪法委员会,以决定其合宪性。

这种审查方式的优点在于可以因审查机关的审验而减少立法机关违宪法律出台的可能性,避免冲击既有的法律秩序,维护了立法机关的权威。但事前审查也存在一定的不足。其一,由于中央立法机关的立法在合宪性审查机关审查通过之前不能生效,延长了立法过程,降低了立法效率;其二,由于审查机关通常只对法案进行原则性审查,监督人员受审查能力的局限,而且某些法案仅从字面上无法发现其是否合宪,需要经过一段时间的实践检验后才能确认,因而不能绝对保证审查的全面、准确、到位。

事后审查方式又分两种情况,一是因宪法授予有关主体的违宪审查提请权或要求权而对生效法律进行的审查,二是因产生法律纠纷案而对案件中所适用法律的合宪性进行的审查。前一种情况主要见之于宪法法院监督模式的国家,如《德国联邦基本法》第100条及《德国联邦宪法法院法》第13条第6项,联邦政府、州政府或联邦议会1/3以上议员可对有争议的生效法律提出违宪审查申请。《奥地利宪法》规定,应最高行政法院以及拥有二审管辖权法院的申请,宪法法院必须就某项联邦法律或州法律是否违宪作出裁决。后一种情况主要见之于普通法院监督模式，美国模式就是一种典型，由普通法院在审理具体的民事、刑事、行政案件时，针对当事人对有关已生效法律的合宪性提出的疑义进行审查，是附带于各类具体诉讼之中的事后审查。[1]

事后审查的优点表现为：其一，事后审查在法律生效之后进行，不影响立法效率，并可及时满足社会的需要；其二，在法律施行一段时间之后进行审查，容易发现其违宪之处，因而事后审查较为准确；其三，当法律的普遍性与特殊性发生冲突或社会关系发生重大变化时，事后审查可以个案解释或判决的形式实现个别公正。但事后审查方式也有缺陷。其一，事后审查不能保证审查的全面性。事后审查是一种消极、被动的审查方式。在有权主体没有提请审查的情况下，宪法监督机关一般并不进行积极、主动的审查。这就不能使未被提起审查的违宪法律得到纠正。其二，事后审查不利于形成稳定的法律秩序。在具体的过程中，其他机关可以在具体案件中拒绝适用违宪法律，还可以对恶意违宪和明显不适应社会现实的法律行使强制性建议权；在抽象审查的过程中，其他机关的强制性建议可能会对有关法律的命运构成重大威胁。因为撤销或中止某项法律对现存法律秩序的冲击无疑是巨大的。

2. 我国的合宪性审查方式更具立体多样性

我国的合宪性审查方式从我国的实际出发，既有事前审查也有事后审查。将事前审查与事后审查相结合，可以克服法国模式、德国模式和美国模式的不足，在审查方式的设计上更具复合性。当然，我们在设计复合性

[1] 但也有特殊情况，如美国总统的退回复议权和口袋否决权又具有事前的抽象的非讼的书面审查的性质。再如，欧洲模式中虽然事先审查规定在大部分国家都没有，但也有一些国家的宪法法院可以应总统或部长的要求对规范性文件进行事前审查，葡萄牙便是一例。参见吴延溢：《中国特色合宪性审查的逻辑、规范与经验》，九州出版社2020年版，第137页。

审查方式时,不是指对所有的合宪性审查事项都采用两种方式,而是指根据合宪性审查的内容进行分工,对中央立法机关的立法(全国人大及其常委会制定的法律)一般采取事前的抽象的书面审查方式。为了突出单一制国家结构形式的特点和国家权力纵向运作规则,以及为了体现国家宪法在涉外法治关系中的主权价值意义,我国对民族区域自治条例和单行条例、设区的市的地方性法规以及国际条约采取审批式事前审查方式,主要表现为:(1)全国人大常委会依职权对自治区制定的自治条例和单行条例的批准(《宪法》第116条);(2)省或自治区人大常委会依职权对自治州、自治县制定的自治条例和单行条例的批准(《宪法》第116条);(3)省、自治区人大常委会依职权对设区的市人大及其常委会制定的地方性法规的批准(《宪法》第100条第2款);(4)全国人大常委会依职权批准和废除同外国缔结的条约和重要协定(《宪法》第67条第15项)。这种事前审查是一种审批式审查,未经审查机关对其合宪性与合法性进行确认并予以批准,相关法律文件不得生效与施行。

对其他国家机关制定的规范性文件则适用事后审查方式。从理论逻辑上讲,事后审查中有的是抽象的书面的非讼审查(针对规范性文件),有的是具体的对抗性或诉愿性审查(针对宪法性争讼);从制度规范上讲,事后审查又可分为备案审查和受理审查。备案审查是指特定的规范性法律文件公布之初须报有关机关备案的制度。《宪法》第100条第1款和第116条有关于备案的规定,《立法法》则规定得更为集中、更为具体,通过专章专条(第五章第109条)详细规定了行政法规、地方性法规、自治条例和单行条例、规章的备案机关,并规定这些法律文件应当在公布后30日内报送备案。第118条、第119条还专门规定了监察法规和司法解释的备案机关。曾有教科书将备案审查看作一种事前审查方式,[1]这是值得商榷的,因为

---

[1] 参见蒋碧昆主编:《宪法学》(修订本),中国政法大学出版社1999年版,第87页。

报送备案的规范性法律文件已经生效并公布，备案审查的对象已然生米煮成了熟饭，即使审查机关发现其有违宪之处，也要通过既定的程序方可使违宪条款失效。受理审查是指受理有关机关、组织及公民的要求或建议而进行的审查。《宪法》中没有明文规定，最多是打了个“擦边球”（如第41条关于公民批评建议权的规定），《立法法》第110条、第112条对受理审查作了全程性的规定。包括启动审查程序、提出修改意见、获得反馈意见等具体环节，以及在受审查的法规和条例的制定机关不予修改的情况下如何向委员长会议提出撤销议案，再由委员长会议决定是否提请常委会作出决议。还有学者基于大国治理的考量，提出在我国的受理审查制度中设置过滤筛选机制的设想，[1]甚至在司法机关提出合宪性审查请求前引入某种听证机制，“通过听证程序进行充分论证以决定是否向全国人大常委会提出合宪性审查请求”。[2] 这对于防止合宪性审查请求权的滥用和节约合宪性审查资源无疑具有重要意义。

备案审查是按照既定的备案要求而进行的例行公务式的审查，不针对具体争议或异议，故而不妨称为例行审查或无异议审查。这种审查方式比较单调，一般是在同一序列或同一类型国家机关的上下级之间作为一种日常工作而习惯性、日常性地进行。受理审查则是一种偶然审查或异议审查，具有鲜明的针对性和尖锐的对抗性。相较而言，受理审查方式在宪法监督的实际运作中效果更加明显，更具有实质性意义，较集中地反映了宪法监督关系中的利益冲突问题，使得宪法活动更加生动。因为此类案件涉及的当事人种类较多、层次较繁，涵盖了各类国家机关、社会团体、企事业单位及公民个人等利益主体，它引发的既可能是由于不同国家机关之间的

---

〔1〕 参见胡锦光：《论合宪性审查的“过滤”机制》，载《中国法律评论》2018年第1期。

〔2〕 李友根：《经济法规的合宪性审查标准——基于对美国联邦最高法院判例的考察》，载《法学评论》2020年第1期。

权限争议问题，也可能是由于国家机关行使公共权力不当造成公民基本权利受到侵犯而形成的权利与权力的冲突问题。一般情况下，备案审查难度不大，利益冲突关系比较抽象，而受理审查往往是由具体的利益冲突关系引发，遇到的问题比较棘手，很有可能会打破国家机构之间包容和谐的平衡关系，公权力机构之间这种包容自洽性逻辑容易导致"在没有先例可循和足够把握的情况下，贸然进行合宪性审查不仅缺乏实践经验，可能还要冒一定的法律风险"。[1] 如因孙志刚案引发的对国务院行政法规《城市流浪乞讨人员收容遣送办法》的违宪违法审查请求案，审查机关在受理公民的请求后并没有急于实质性启动审查程序，而是采取让子弹再飞一会儿的策略，给予国务院及时作出反应的机会和时间，尽量避免"冲击或者打破迄今在现实中形成的政治权力分配格局"，[2] 该案最后以国务院对该项行政法规的自行废止而告终。

3. 我国对党内法规的合宪性审查方式也是复合多样的

对党内法规的合宪性审查是中国特色社会主义法治体系建设的题中应有之义，其审查方式主要包括审核式审查、适用审查和备案审查三种情形。

(1)审核式审查是对党规草案的审查。根据《中国共产党党内法规制定条例》第27条的规定，审议批准机关收到党内法规草案后，交由所属负责法规工作的机构进行审核。审核的内容之一就是"是否同宪法和法律不一致"，如果认为有违宪之处，审核机构经批准可以向起草部门和单位提出修改意见；如果意见不被采纳，审核机构可以向审议批准机关提出修改、缓办或者退回的建议。这里的审议批准机关根据所审查党规的类型不同而

---

〔1〕 苗连营：《合宪性审查的制度雏形及其展开》，载《法学评论》2018年第6期。
〔2〕 林来梵：《从规范宪法到宪法规范：规范宪法学的一种前言》，商务印书馆2017年版，第348页。

对应不同的党内机关,《中国共产党党内法规制定条例》第 28 条详细列举了 6 种类型;这里的审核机构就是分别隶属这 6 类审批机关的法规工作机构。

(2)适用审查是指党规在发布后在适用过程中所受到的合宪性审查。《中国共产党党内法规制定条例》第 32 条规定,中央纪委以及党中央工作机关和省、自治区、直辖市党委制定的党内法规有同宪法、法律和行政法规相抵触的,由党中央责令改正或者撤销。

(3)备案审查也是党规发布后的审查。根据《中国共产党党内法规制定条例》第 35 条规定,中央纪委以及党中央工作机关和省、自治区、直辖市党委制定的党内法规应当自发布之日起 30 日内报党中央备案。中央办公厅按照有关规定负责具体审查工作。《党内法规和规范性文件备案规定》明确了备案的审查标准之一就是"是否同宪法不一致"。适用审查和备案审查都是党规发布后的审查,但二者的发现机制有所区别,备案审查的发现机制仅来自备案工作,而适用审查的发现机制则更为宽泛一些,虽然《中国共产党党内法规制定条例》中有点语焉不详,但从逻辑上讲,应当还包括其他发现机制,如有关机构、组织、党员个人甚至党外人士的意见。

(四)对违宪法案的处置措施更具复合性

从规范法学意义上讲,违宪的处置措施是合宪性审查制度必须具备的后果性内容。各国根据本国的宪制传统和宪法体制选择适用不同的合宪性审查处置措施,从而使得宪制责任能够有效落实。违宪行为的表现形式是多种多样的,不同的违宪形式也有相应的不同处置措施,本书主要考察对违宪法案的处置问题。一般而言,对于违宪法案的处置措施有撤销违宪法律、宣布违宪法律无效、不批准或不同意某项违宪法案、责令立法机关修改等多种情形。

1. 不同国家的违宪处置措施相对单一化

在不同审查模式下，各国在违宪处置措施的安排上也各不相同，但有一个共同点，就是处置方式相对单一化，不够多样性。如美国这个普通法院审查模式的典型国家，主要是在具体的司法案件中宣布某项法案违宪，直接导致其不能适用案件中的人和事，以马伯里诉麦迪逊案的司法判决一开先河。尽管宪法赋予了总统对国会立法案的否决权，从理论上讲，总统也可以违宪为理由否决国会立法案，但国会还有反制的机会，根据《美利坚合众国宪法》第 1 条第 7 款的规定，国会可以对被总统否决的立法案再次进行表决，只要两院 2/3 以上参会议员同意，那么该项法案就无须经总统签署而生效。值得一提的是，美国总统只能批准或否决整部法案，无权就法案中的部分项目行使批准或否决权，因此又给了国会可乘之机，把总统喜好的和反对的内容一并写进法案，从而牵制其行使否决权。更富戏剧性也是最能体现美国普通法院审查模式的特征是，1996 年国会曾通过《项目否决法》，经克林顿总统签署成为法律，它赋予总统以项目否决权，但“在 1998 年的 *Clinton v. New York* 案中，联邦最高法院宣告此法违宪无效”。[1] 美国在合宪性审查的终极裁判权的归属问题上，由此一目了然。

欧洲国家在对违宪法案的处置措施上也是各有侧重。根据《法兰西第五共和国宪法》第 62 条，法国对违宪法案的处置措施主要是由宪法委员会进行抽象审查，作出两种处理决定或裁决，一是违宪的法律条款不得公布，二是违宪的议会规则不得施行。这两种处置措施可以归为一层意思，亦即对违宪法案不予批准。这对我国那些适用事前审查方式的法案来说，具有借鉴意义。作为宪法法院审查模式典型代表的德国，则是对已生效法案进

〔1〕 韩大元主编：《外国宪法》（第 4 版），中国人民大学出版社 2013 年版，第 192 页。

行审查,如与宪法相抵触,则作出宣布违宪、撤销该法案的宪法判决。这对我国那些适用事后审查方式的法案来说,具有参考价值。英国作为议会审查模式的先驱,其议会上院有权审查下院的立法案,但"根据1949年的《议会法》,上院对下院通过的立法案,已无直接的否定权,只有拖延1年的延搁权(而财政案只有1个月的延搁权)"。[1] 可见,即使上院作出违宪判断,也无权否决下院制定的法律,只能作延搁处理,只要这1年内下院没有被解散,那么该法案在1年延搁期满后可直接交由国王签署生效。

2. 我国对违宪法案的处置措施更加立体多元

与西方国家相比,我国合宪性审查制度在对违宪法案的处置措施上安排更加立体多元,复合性程度更高。我国主要采取撤销违宪法律、不批准违宪法案以及发回与宪法相冲突的特别行政区立法等多种形式,以监督宪法实施,并形成自己的特色。具体表现在以下几个方面。

(1)改变或撤销与宪法相冲突的法律和地方性法规,撤销有关机关的违宪决定。这种违宪责任形式是与事后审查方式配套使用的,具体有以下几种情况:其一,全国人民代表大会有权改变或撤销全国人民代表大会常务委员会制定的不适当法律,有权撤销全国人大常委会批准的违背宪法的自治条例和单行条例;由此可见,全国人大具有终极的合宪性审查权,即使是获得全国人大常委会批准生效的法案,全国人大也可以进一步进行合宪性审查。其二,全国人大常委会有权撤销国务院制定的同宪法相抵触的行政法规和决议。其三,全国人大常委会有权撤销省、自治区、直辖市权力机关以及全国人大及其常委会授权的机关制定的同宪法相抵触的地方性法规。西方国家将下位法不能抵触宪法的法理依据归因于法规范层级结构理论。"但我国的实践和理论将传统层级结构理论里上位法作为下位法的

---

〔1〕 韩大元主编:《外国宪法》(第4版),中国人民大学出版社2013年版,第32页。

效力根据变成了效力与内容的双重根据”。[1] 审查标准更具复合性。此外,地方各级人民代表大会有权撤销同级人大常委会的不适当决定,撤销本级人民政府不适当的决定和命令,以及地方各级人大常委会有权撤销下一级人民代表大会及常委会的不适当的决议和撤销本级人民政府的不适当的决定和命令。这里的“不适当”在法理逻辑上可作宽泛意义的理解,其外延形态包括违宪情形在内。

(2)不批准违宪法案。这种制度是与事前审查方式相适应的一种违宪责任形式。凡是以报上级批准作为法律生效的必经程序,而又因为违反宪法不予批准的,在此种情况下“不批准”可视为对违宪法案的一种否定性评价。按照现行宪法和有关法律的规定,运用“不批准”这一违宪责任形式主要对应前文所述的事前审查情形,具体表现为:全国人大常委会因与外国缔结的条约或重要协定违宪而不予批准;全国人大常委会因自治区人民代表大会常委会制定的自治条例和单行条例违宪而不予批准;省、自治区或直辖市人民代表大会常委会因自治州、自治县制定的自治条例和单行条例违宪而不予批准;省、自治区的人民代表大会常委会因设区的市人民代表大会制定的地方性法规违宪而不予批准。

(3)发回与宪法及宪法性法律相冲突的特别行政区立法。“一国两制”是前无古人的伟大创举,以此为根本遵循的特别行政区宪制秩序是中国特色社会主义宪法体制的一大特色,在国家政治体制的发展中展现出其他国家无法比拟的包容增长性和多样统一性,体现了大国治理的宪制优势。习近平在庆祝香港回归祖国二十五周年大会上的讲话指出:“必须坚持中央全面管治权和保障特别行政区高度自治权相统一。香港回归祖国,重新纳入国家治理体系,建立起以‘一国两制’方针为根本遵循的特别行政区宪

---

〔1〕 王旭:《合宪性审查中“相抵触”标准之建构》,载《中国法学》2021年第6期。

制秩序。”[1]这一讲话精神在对香港特别行政区和澳门特别行政区立法案的合宪性审查制度安排上已经得到充分体现。《香港特别行政区基本法》和《澳门特别行政区基本法》均在第17条第1款和第2款中规定了特别行政区享有立法权,全国人大常委会对特别行政区立法案采取备案审查方式,备案程序本身不会影响相关法案的生效,这体现了特别行政区的高度自治权;但在第3款中又彰显了中央全面统一的管治权,赋予全国人大常委会对相关法案的发回权,这是一种能够导致相关法案立即失效这一实质性结果的处置措施;同时该款还规定了中央行使发回权的依据是相关法案是否符合基本法中关于中央管理事务及中央和特别行政区央地关系条款的规定,这就是特别行政区所要坚持的基本宪制秩序。值得一提的是,被全国人大常委会发回的立法案虽然立即失效,但无溯及力。

提到溯及力,这里还需要进一步探讨的是合宪性审查机关对某项违宪法案作出撤销裁决的生效时间问题。从立法学意义上讲,一项新法律的出台一般都要遵循“不得溯及既往”原则以及调整对象利益最大化原则,所以对既往的行为一般采用“从旧兼从轻”的做法。但违宪裁决行为不是立法行为,是对现行法律法规的规范性文件的评判,一旦被判断为违宪或与宪法不一致,就意味着该项文件自发布之始就不合宪,从法理逻辑上讲,就是自始无效,即合宪性裁决具有溯及力。但是从各国的宪法规定来看,制度的设计却并非如此,基本上都强调,合宪性裁决的生效只是意味着被宣布违宪的规范性文件同时失去效力,一般不对裁决生效日之前产生追溯效力,即裁决无溯及力。[2] 可见这种做法的背后并不是一种法律逻辑,而是

[1] 《习近平著作选读》第二卷,人民出版社2023年版,第602页。

[2] 当然也有个别国家赋予违宪裁决的溯及力。如《叙利亚宪法》第145条就有相关规定,但基于很多现实因素的考量,又对这些违宪条款作了责任豁免的规定,试图既能满足法理逻辑的自洽,又能避免政治性危机等不利后果。

更多基于某种政治逻辑的考量,“避免了违宪的法律自始无效对法安定性的影响”。[1] 就我国合宪性审查制度安排而言,除了不批准某项法案的决定不涉及溯及力问题外,改变、撤销或者发回某项法案的决定都会面临是否具有溯及力的拷问。关于发回决定的溯及力问题,两个特别行政区基本法中已明确规定了无溯及力,这也是基于贯彻“一国两制”治理模式的政治考量,在彰显中央统一管治权的同时,也尊重了特别行政区的自治权。至于改变或撤销某项法案的决定是否有溯及力,在现行宪法和法律中均无明确规定,在实践中,我国合宪性审查机关并不愿意日常性的权力平衡关系被突如其来的某个事件打破,为了避免国家机构之间的内卷或折叠,也会倾向于不去追溯既往。如在因孙志刚案引发的对国务院行政法规违宪违法审查请求案中,审查机关采取了某种延搁审查的方式,不急于作出合宪性与否的判断和处置,从而给被审查机关留出合理时间去自我反思、认真调研、咨询论证直至宣布自行废止相关行政法规并另立新规。在国务院宣布废止该项行政法规后,全国人大常委会也就自然终止了审查程序,对国务院废旧立新的积极回应措施予以了默认,根据立法法原理,新规是以不得溯及既往为原则的。还有一点需要说明,这里所说的延搁审查,与英国议会审查模式下的延搁权制度相比,在运作旨趣与机制上大不一样。前者的旨趣在于构建国家机构之间包容和谐的关系;后者则是为了形成一种对抗性、否定性的评价。前者的运行机制是在一个合理的延搁期后,被审查机关仍无积极回应的,则继续走审查流程,直至作出合宪与否的判断并形成决定,该决定具有终局性;后者则是某项法案在上院延搁期满后,又会被下院重新激活,进入生效程序,延搁权不能形成合宪性裁决,只是一种过程性的措施。可见,我国合宪性审查机关在实践中形成的这种延搁审查策略

[1] 王锴:《论备案审查结果的溯及力——以合宪性审查为例》,载《当代法学》2020年第6期。

与英国议会的延搁权制度相比,具有某种潜在法理预期,也隐含了更加丰富的政治智慧。当然,延搁审查行为也会引来另一种评价,即合宪性审查机关又存在保守与消极的一面,这个问题我们将在本书第六章详细讨论。

第五章

我国合宪性审查制度的发展空间

宪法的生命在于实施，而宪法实施的关键在于推进合宪性审查。我国合宪性审查工作的推进已经取得初步成效，但在体制改革与机制创新方面依然存在一定的不足，尚有进一步完善的空间。从体制上讲，谋求在国家权力横向配置体系中有更大突破的方案很难具有现实可行性，但我们可以基于中国特色的单一制国家结构形式，在纵向配置体系上构建"一极性"合宪性审查的基本体制；同时，根据大国治理需要，在中央审查机构实行"两委制"，并适度拓展地方合宪性审查空间。从机制上讲，合宪性审查工作的有效推进，需要激发审查机制的活性。在启动机制上，我们可以通过设置执政党的介入机制，增加启动渠道，提升权威性；在受理环节上，通过筛选过滤和分流机制，实现工作的高效性；在审议环节上，通过解释创意、案情调查和信息反馈机制的完善，提高审查的能动性；在处理环节上，通过撤销机制和改变机制的强化，提高审查的实效性。

一、我们还有哪些亟待解决的问题：自我审视与梳理

虽然宪法监督主体具有复合性，但这不能掩饰其主体的短缺性；虽然

合宪性审查的方式具有双重性，但合宪性审查的对象和内容是单调的；虽然违宪责任形式具有多样性，但真正实施违宪制裁措施的法案凤毛麟角。这并不是因为现实生活中不存在违宪现象，而是因为从官员到民众，人们对诸多的违宪现象熟视无睹、见怪不怪。这些不足之处都不利于在全社会养成依宪治国的思维习惯与形成宪法权威的自觉认识。

(一)审查对象缺失问题

在我国，合宪性审查的对象范围比较狭隘、种类比较单调，我们可以看出两种类型的短缺。

1. 根本性短缺

这主要表现为忽略了拥有公共权力的组织。虽然《宪法》第5条第5款规定任何组织和个人都不得有超越宪法和法律的特权；但这只是一种口号式的规范，全无任何司法适用性，在《宪法》和《立法法》规定人大的合宪性审查权时也根本没有将之列入其权限范围。这与长期以来人们将宪法监督与人大监督混为一谈有关，以为宪法监督就是人大监督，而人大监督的对象又必然地囿于由它产生的国家机关及其工作人员，对不是由它产生的组织则不能进行监督；其实宪法监督的对象范围，根据客体，理应包括政党、利益集团、企事业单位等社会组织。另外，与特定职权相关联的个人也未被纳入监督对象，如立法、行政、司法机关的首脑与下属官员，执政党的领袖与下属各级领导等。

2. 体制性短缺

体制性短缺是就某类国家机关的内部系统而言的。在我国现行模式下主要表现为立法机关作为监督对象的系统要素的体制性溢出。

根据《宪法》和《立法法》，我国的立法机关是由全国人大及其常委会、省级人大及其常委会、设区的市的人大及其常委会等组成的一个完整系统。这个立法的权力系统理应完全纳入合宪性审查的视野;但遗憾的是,翻遍我国《宪法》《立法法》《国家机构组织法》的所有条文,我们惊异地发现,在我国合宪性审查的立法机关中却迷失了一个具有"领头羊"地位的对象——全国人民代表大会这个最高立法机关。

这种局面的产生,与我国合宪性审查机关的设置原则有关。我国合宪性审查机关的设置不是按照权力的属性和制衡原则进行的,而是按照权力的层次和等级原则设置的;这些都散见于《宪法》第三章之中,《立法法》第108、109、111条的规定则更加具体和集中。这种设置的结果是使得合宪性审查在层层推演之终端会产生一个"顶尖难题":最高立法机关(全国人民代表大会)制定的基本法律〔1〕由谁进行审查、监督?于是产生三种说法:第一种说法认为,全国人大绝不可能违宪,说它违宪是对我国根本制度的怀疑;如果真的出现这种情况,那就是说整个国家成问题了。〔2〕第二种说法认为,全国人大的基本法律如果违宪了,那只好由全国人大来个"自我监督";而理论和实践都已证明:自我监督等于没有监督。〔3〕第三种说法认为,这是我国合宪性审查的一个空白点,并建议建立司法审查模式或宪法法院模式。第一种说法不符合理论逻辑和实定法规定,〔4〕犯了类似黑格尔的"凡存在即合理"的错误;第二种、第三种说法则是相通的,也是具有实证精神的。综合考量这些说法,第一种说法并没有提出切实可行的方案;第二种说法提出了符合中国国情的解决方案,但又缺乏自信;第三种说法显然并不符合当代中国的宪法体制。在人民代表大会制度这一中国根本政

〔1〕基本法律,是相对"其他法律"(或非基本法律)而言的。《宪法》和《立法法》根据立法主体的不同,将全国人大制定的法律称为"基本法律",全国人大常委会制定的法律则被称为"其他法律"。

〔2〕参见张友渔:《加强宪法理论的研究》,载《宪法论文选》,法律出版社1983年版,第14页。

〔3〕参见《吴家麟自选集》,宁夏人民出版社1996年版,第35页。

〔4〕正如前文所述,立法权有异化的可能。我国现行《宪法》《立法法》亦明确规定了一切法律均不得同宪法相抵触,这里的"一切法律"当然包括全国人大制定的基本法律。

治制度的语境下,设计人大的自我监督有其理论逻辑和制度支撑,不能简单地将自我监督界定为没有监督。

3. 形态性短缺

合宪性审查对象在世界各国的宪法文本或宪法实践中都有很多形态;尤其是专门审查机关模式的国家,其审查对象一般都包括规范性文件、特定个人的行为、国家机关之间的权限争议、选举争议、公共权力对公民宪法权利的侵犯等多种形态。我国合宪性审查的形态基本上停留在规范性文件这一层面上,而对其他的违宪行为或宪法争议则几乎没有涉及。即使是对规范性文件的合宪性审查,也存在一定的不足。

所谓规范性文件,是指那些适用范围广、具有普遍效力的规则和原则的集合体。其外延除国家法律文件之外,还包括政党、特定团体等公权力组织或机构制定的规范性文件等。对法律文件的合宪性审查在我国现行宪法监督制度中规定得比较具体。《宪法》明确规定,一切法律、法规、条例均不得与宪法相抵触;《立法法》又将部门规章和地方政府规章添加为审查的对象,从而使得立法机关和行政机关制定的规范性法律文件都被纳入合宪性审查的范围。新时代以来,中国共产党党内法规也被纳入合宪性审查的对象范围,这是中国特色合宪性审查制度的一大进步。关于这一点,第三章和第四章中已有专门讨论,此处不再赘述。

但我国对国家法律和党内法规之外的社团等公权力组织或机构制定的规范性文件的合宪性审查,则完全是一片空白。造成空白的原因,从根本上讲,也是在合宪性审查的客体范畴上存在狭隘的理解,以为只有国家机关凭借国家权力制定的规范性文件才可以纳入合宪性审查范围,而拥有国家权力以外的其他公共权力的组织所制定的规范性文件,则不予考虑。事实上,"利益集团和公司都属于20世纪以来,特别是'二战'以来在政治生活中扮演重要角色的'新贵',许多国家在宪法文本中为它们留下了位置。它们影响国家和社会的共同形式之一,就是规范性文件,如工会、宗教、教育文化、退役军人等社会团体以及那些大公司制定的章程”。[1] 这些章程都可能制定侵犯公民宪法权利的条款。

(二)主体构造空场问题

从主体方面看,合宪性审查主体展开于两对对抗关系(权利对权力,权力对权力)之中。因此按照其属性,可以将主体分为权力主体和权利主体:前者包括拥有合宪性审查权的机关、其他有关国家机关和执政党,后者包括公民和享有宪法权利的社会组织。按照其作用方式,又可以分为裁决主体和参与主体:前者是一种主导性的存在,在不同模式下各不相同,有议会或人大、普通法院、宪法法院、宪法委员会之分;后者是一种社会化的存在,包括公民、社会团体、政党、除前者之外的其他国家机关。

我国目前的合宪性审查在权利主体方面已经设置了公民可以作为合宪性审查的建议权主体。《立法法》第 110 条第 2 款明确规定:“前款规定以外的其他国家机关和社会团体、企业事业组织以及公民认为行政法规、地方性法规、自治条例和单行条例同宪法或者法律相抵触的,可以向全国人民代表大会常务委员会书面提出进行审查的建议,由常务委员会工作机构进行审查;必要时,送有关的专门委员会进行审查、提出意见。”而且,当代中国法治实践中,合宪性合法性审查的案例不断涌现,成为中国特色社会主义法治道路上的一道亮丽的风景。然而,在权力主体方面仍然还有不足之处,比如,执政党参与合宪性审查的制度与机制还不够完善。

从理论与制度逻辑上看,执政党监督是坚持党的领导在宪法监督领域的题中应有之义。中国共产党作为执政党,是我国社会主义建设事业的核

---

〔1〕 李忠:《宪法监督论》,社会科学文献出版社 1999 年版,第 134 页。

心力量，居于领导地位。法治国家建设、宪制文明建设是我国社会主义事业的重要组成部分，中国共产党作为中国的执政党，首先是要依宪执政；无论是建立宪法监督制度，还是推进合宪性审查工作，都离不开党的正确领导。在我国合宪性审查工作中任何企图削弱或者摆脱党的领导的想法和做法都是危险的：这不仅不能改善和加强宪法监督，而且会把合宪性审查工作引向迷途。总之，现在的问题不是要不要党对合宪性审查工作的领导，而是如何在制度上建立、健全党对合宪性审查工作的领导。

然而，从抽象的道理到具体的制度尚有一段距离，事实上，我国现行宪法及其他法律均未规定政党对违宪行为的监督。其实增添政党对合宪性审查的参与力量，是改善和加强中国共产党对合宪性审查工作领导的必然要求，是中国共产党的政治领导的制度化、法律化的生动体现，也能充分发挥中国共产党领导下的多党合作的作用。虽然我们一贯强调要坚持党的领导，但是为何在合宪性审查问题上忽略了政党这个重要的参与主体呢？原因有很多，主要是没有正确认识和处理以下三对关系：

第一，没有正确认识和处理好党的领导和国家实行宪治、法治之间的关系。其实二者在根本上是一致的，这本是一个无须解释的道理。但是还有极少数党的组织和党员至今没能明白这个道理，而把两者对立起来，认为应该两者必居其一：要坚持前者，就不要坚持国家的宪法和法律；而要坚持国家宪法和法律，就是不要坚持党的领导。所以，也就无所谓宪法监督政党还是政党进行宪法监督。

第二，没有正确认识和处理执政党的政策和贯彻实施国家的宪法和法律的关系。由于人们长期以来形成了依照党的政策办事的传统，导致在实际工作中对国家宪法和法律的忽略，至今仍然有少数党的组织和党员没有切实转变过来，政党对合宪性审查工作的介入也就无足轻重、无关痛痒。

第三，没有正确认识和处理好党政分工。党的领导首要的是政治领导,不能包办代替国家机关的工作。但因此就把合宪性审查看作只是国家机关的事,与政党无关,这是形而上学的一种观点;党政分工并不意味着政党不可以监督宪法实施,党政分工只是在职能上有所区别而已。在我国,执政党参与宪法生活的情况也不乏其例。如在制定1954年《宪法》时,由中国共产党中央委员会先提出宪法草案初稿,然后由中央人民政府委员会成立以毛泽东同志为首的中华人民共和国宪法起草委员会,以此为基础,组织讨论,提出宪法草案。以后的宪法修改都遵循上述惯例,由中国共产党中央委员会首先向全国人民代表大会或者全国人民代表大会常务委员会提出修改宪法的建议。

所以,要确立政党监督宪法的制度,首先要解决的不是制度本身的问题,而是要切实完成思想的解放、观念的变革和认识的深化;什么时候象征着自然法则的"头顶上的星空"能内化为人们"心中的律令",那什么时候事情就好办多了。

(三)审查功能薄弱问题

功能者,功用效能也,体现了某种事物的有用性或使用价值。我国合宪性审查的现有模式,对于维护宪法权威、制约公共权力、保障公民基本权利的确具有十分重要的功能意义;但是其仍存在种种局限,从而使现有模式没能切实有效地将宪法监督功能发挥出来。

1. 合宪性审查机关的专门性有待提升

合宪性审查是一项专业性、技术性很强的工作,客观上要求设立专门的机关负责处理违宪事务。因此,合宪性审查机关的专门化是有效实施宪法监督的前提和保证。尽管我国宪法监督主体具有多层次性,但目前还没有一个纯粹的机关专门负责合宪性审查工作。虽然2018年《宪法》修正以后全国人大将法律委员会改组为"宪法和法律委员会",使得审查机关的专门性有了一个质的提升;但依然存在合法性与合宪性双重职能,而且“在现行体制下,合法性审查制度具有吸纳实质抵销合宪性审查的功能”。[1] 从人大的宪法和法律委员会、人大常委会法制工作委员会的运行情况看,由于它们在法律草案的拟定过程中做了大量的事前审查工作,因而在避免法律违宪方面发挥了重要作用。但是,鉴于专门(工作)委员会的地位和性质,它在宪法生活中的作用也是有限的。人大的宪法和法律委员会与人大常委会法制工作委员会不具有独立从事合宪性审查的主体资格,它们只是有权主体下设的职能机构;此外,人大的宪法和法律委员会的合宪性审查工作只是其职能之一,其承担的其他繁重任务,也实际上会在客观上影响合宪性审查工作的效果。所以说,宪法和法律委员会的重组,是合宪性审查工作的一大进步,但依然任重道远。

就全国人大来说,也存在专门性问题的障碍:(1)代表人数近 3000 人,不仅不便集会,也不能指望大家一起坐下来审查和辩论法律、法规的合宪性问题;(2)随着社会的发展,法律的专业性、技术性含量也逐渐增加,要求人大代表在短时间内对违宪问题作出准确、恰当的判断,是不现实的;(3)由于宪法赋予全国人大的职能多达 15 项,因而全国人大每次会议需要处理许多事关全局的重大问题,审理许多议案,无暇顾及宪法实施的监督工作。所以,全国人大虽然有监督宪法实施的职能,但从实际情况看,仍无法更加有效地履行这一职责。

全国人大常委会作为全国人大的常设机关和工作机构,在实施宪法监督方面,具有许多优点。它组成人员较少,一般都富有政治经验、法律知识,每两个月举行一次例会,与全国人大相比,便于召集,宜于审查,因而可以在一定程度上弥补全国人大的局限和不足。但是,全国人大常委会的组

〔1〕 林来梵:《合宪性审查的宪法政策论思考》,载《法律科学(西北政法大学学报)》2018 年第 2 期。

织和构成特征仍然不能满足合宪性审查实践的需要：(1)全国人大常委会组成人员近200人，仍不便于讨论问题；(2)宪法赋予全国人大常委会的职能达21项之多，即使常委会每两个月召开一次会议，也没有太多时间和精力解决合宪性审查问题。

2. 合宪性审查工作的连续性有待加强

合宪性审查工作的连续性是及时、有效地处理宪法问题的内在要求。但从我国现行宪法监督制度看，合宪性审查工作不够连贯：(1)全国人大每年的会期相对固定，合宪性审查问题却是经常的、不定期的，因而不能保证合宪性审查问题得到及时处理；(2)全国人大常委会虽然召开的次数多，但由于会议期限短、职责事项多，也无法对随时可能出现的合宪性审查问题进行处理；(3)各专门委员会虽然是常设性的工作机关，在合宪性审查方面做了大量工作，但因其所承担大量其他繁重任务，其实际效果也受到一定影响。

3. 合宪性审查流程可操作性有待细化

尽管现行宪法规定了违反宪法的制裁性以及制裁措施，但由于缺少具体的程序规定和可行的审查标准，合宪性审查工作的实际效果仍未完全发挥。比如，《宪法》第62条规定全国人大可以改变或撤销其常委会不适当的决定，但何为“不适当”，是含混不清的，这就给合宪性审查实践带来了困难和障碍。这种问题在我国《立法法》的制定和修改中也同样没能解决。又如，发现违宪后的制裁，无论是撤销违宪法律、法规，还是不批准违宪法律、法规，从严格的意义上讲，都不具备制裁性；虽然罢免具有一定的制裁性，但它本身并不是一项专门的违宪制裁措施，因而在对违宪责任者的制裁中所起作用不太大。

二、路在何方：我国合宪性审查的体制改革展望

党的二十大报告明确指出，要“加强宪法实施和监督，健全保证宪法全面实施的制度体系，更好发挥宪法在治国理政中的重要作用”。[1] 要健全宪法全面实施的制度体系，不能仅局限于纸上的宪法规范，还必须着眼于当代中国政治体制改革的伟大实践。新时代以来，中国特色社会主义政治体制改革逐步向纵深推进，通过司法体制改革开始实现破冰之旅，通过监察体制改革实现重点突破，又通过深化党和国家机构改革实现全面铺开。特别是在全面深化党和国家机构改革的进程中，合宪性审查机构的改革也有幸纳入其中。我国现行宪法第五次修正后，全国人民代表大会下面的原法律委员会改组成宪法和法律委员会，全国人民代表大会监督宪法实施的职能终于有了一个专门机构具体落实，这一机构调整标志着合宪性审查体制改革实现了新突破。但这只是体制改革与机制创新宏大书卷中的一个重要篇章，改革还有不断深化的空间。有学者呼吁未来可将宪法委员会和法律委员会分设，由前者专司合宪性审查工作。“要推进合宪性审查工作，促进宪法实施和监督的活性化……有必要在全国人大内部建立一个高规格的、有权威的审查机关——宪法委员会。”[2] 这个建议完全是可行的，下面只是时间的问题。那么我们可不可以再进一步，将宪法委员会从全国人大的二级机构体系中独立出来，升格为宪法一级机构呢？这个试图在国家权力横向配置体系中谋求更大突破的方案不具有现实可行性。但我们完全可以在现行人大体制下把目光投向合宪性审查权的纵向配置领域，借助

〔1〕 习近平：《高举中国特色社会主义伟大旗帜 为全面建设社会主义现代化国家而团结奋斗——在中国共产党第二十次全国代表大会上的报告》，人民出版社2022年版，第41页。

〔2〕 林来梵：《合宪性审查的宪法政策论思考》，载《法律科学（西北政法大学学报）》2018年第2期。

国家结构形式这一概念分析工具探讨合宪性审查体制的改革进路。

(一)构建符合单一制原则的“一极性”基本审查体制

1.单一制下为何要采取“一极性”合宪性审查体制

一个国家的合宪性审查体制从根本上讲,取决于该国的国家权力配置模式;这种模式在横向上表现为政权组织形式,在纵向上表现为国家结构形式。前者在我国就是人民代表大会制这一根本政治制度,这是我们必须坚持,不能改变的;后者在我国就是单一制的央地权力配置模式。本书着眼于合宪性审查纵向体制改革,所以这里只探讨单一制下合宪性审查的体制建构问题。我国在国家结构形式上的单一制决定了合宪性审查的基本框架只能是采取“一极性”单一体制。所谓“一极性”,就是在中央层面设立一个全国性的主导合宪性审查的专门机构,不在地方上设地方性的专门审查机构;并且审查的标准是唯一的,即《宪法》及相关基本法律。在我国这个“一极性”合宪性审查机构就是全国人大及其常委会。这种架构符合单一制的宪法体制要求。因为单一制下央地之间权力架构的基本路线是自上而下,先有中央权力,后有地方权力;地方的权力来自中央的授予,凡是没有授予地方的权力全部集中在中央。其重心在于确认地方权力的范围;其模式特征是中央集权。单一制下全国只有一部宪法,宪法的修改、解释与审查都由中央一级机关负责,体现了宪法实施与监督的统一性、权威性和终局性。所以,单一制国家结构形式要求我们采取“一极性”合宪性审查体制。

在联邦制条件下,无论是在司法审查模式还是在宪法法院审查模式的联邦制国家,都是采取双重审查体制。因为联邦制下央地之间权力架构的基本路线是自下而上,先有地方权力,后有中央权力;中央的权力来自地方的让渡,凡是没有让渡给中央的权力全部保留在地方。其重心在于规范中央权力的范围;其模式特征是地方分权。整个联邦国家有一部宪法,各个联邦成员也有自己的宪法。中央层面设联邦宪法法院,根据联邦宪法行使合宪性审查权。各联邦成员也设宪法法院,根据成员单位的宪法(如州宪法),在本行政区域内行使合宪性审查权;各地方普通高等法院与联邦最高法院、各地方宪法法院与联邦宪法法院不具有上下级隶属关系和业务指导关系,表现为一种平行的双重审查体制,有两套审查的标准系统。这种平行性审查体制是联邦制国家结构形式下的必然结果,与中国单一制体制的旨趣截然相反,根本不适合中国国情。

2."一极性"合宪性审查体制的中国特色

当代中国的单一制区别于单纯意义上的行省制。我国在央地关系架构上还存在民族区域自治和特别行政区自治等具有高度自治权的地方结构形式,从这一意义上讲又会形成某种双重审查的格局。具体而言,就是对特别行政区基本法和民族区域自治法这些宪法性法律,中央和自治地方都有相应的合宪性审查权。就中央层面而言,特别行政区基本法与民族区域自治法都是由中央最高立法机关制定,其解释、修改和监督实施的权力也自然最终集中在中央最高立法机关。就地方层面而言,民族自治地方享有自治性立法权,可以在坚持法律原则不变的前提下制定与普通法律不一致的变通性自治条例和单行条例;当然,这些自治条例或单行条例还必须以民族区域自治法为上位法。所以,各个自治区的自治机关就有必要也有责任对相关条例是否符合自治法这一宪法性法律进行审查。香港特别行政区与澳门特别行政区在"一国两制"的基本框架下,其立法权更具自治性,司法权甚至具有终局性,[1]法律的制定与实施和内地差异很大;但不管

[1] 司法终局性的一体例子是香港特别行政区高等法院就港内的案件享有终审权,重心是"一国两制"中的"两制"。2020年6月30日通过的《香港特别行政区维护国家安全法》第55~61条,又设置了一种局外局,重心在于"一国两制"中的"一国"。

怎样，其立法的上位法依据是特别行政区基本法，因而特别行政区立法会在制定本行政区法律时，理应审查该法是否与特别行政区基本法这一宪法性法律相抵触。

然而，我国这种双重审查体制依然是单一制意义上的，与联邦制意义上的体制架构在本质上和形式上都存在明显区别。在本质上，我国这种双重审查并非完全意义上的合宪性审查，只是根据相关的宪法性法律进行的准合宪性审查，而不是根据宪法进行审查；而且这种审查的准据法不是地方性宪法，依然是中央最高立法机关的立法，单一制性质一目了然。在形式上，它不具有平行性，而是层级性的，地方审查权的效力要低于中央。以《香港特别行政区基本法》为例，该法第 73 条第 1 项规定，香港特别行政区立法会根据基本法规定并依照法定程序制定、修改和废除法律；该法第 17 条第 3 款中又规定："全国人民代表大会常务委员会在征询其所属的香港特别行政区基本法委员会后，如认为香港特别行政区立法机关制定的任何法律不符合本法关于中央管理的事务及中央和香港特别行政区的关系的条款，可将有关法律发回，但不作修改。经全国人民代表大会常务委员会发回的法律立即失效。"这些规定不仅说明中央立法机关对香港地方立法的合宪性审查在香港立法会之后，而且在其之上，享有终极的审查权。〔1〕《澳门特别行政区基本法》第 71 条第 1 款和第 17 条第 3 款亦有同样的规定。

虽然我国香港与澳门两个特别行政区法律制度分别沿袭了英美法系

〔1〕 从司法意义上讲，由于香港法沿袭英国传统，又受到美国模式的影响，其法院具有广泛的司法审查权。在《香港特别行政区基本法》取代殖民时代的宪法性文件之后，香港法院司法审查的范围进一步扩大了，从过去的对违法行政行为的审查扩展到对违反基本法这一"小宪法"的立法和行政行为的审查，朝着类似美国模式的方向变化，比传统英国的司法审查模式更为活跃。因此曾有人认为，这就不可避免地会产生香港法院与全国人大常委会在对基本法同一条款的解释上的冲突。（林峰：《〈基本法〉对香港司法审查制度的影响》，载《法学家》2001 年第 4 期。）当然，如果真有冲突发生，仍然以中央立法机关解释效力为高。

和大陆法系的传统,但在司法体制安排上又带有明显的中国特色,亦即均被赋予了司法案件的终审权,特别行政区设有终审法院。这种体制下司法审查的权力增强了,司法审查的范围也扩大了:特别行政区法院不仅可以对违反特别行政区自身立法的具体行政行为和抽象行政行为进行审查,而且可以对违反基本法这一宪法性法律的特别行政区立法和行政行为进行审查,比传统的英国和欧洲大陆的司法审查体制更为活跃。因此,也就不可避免地会产生特别行政区法院与全国人大常委会在对基本法同一条款解释上的冲突。如果出现此类冲突情形,根据我国单一制宪制原则,应当以全国人大常委会的解释为准。同时,针对基本法中不同类型的条款,全国人大常委会与特别行政区法院在解释权的分配上也是有差异的。根据《香港特别行政区基本法》第158条和《澳门特别行政区基本法》第143条的规定,特别行政区法院想要对特别行政区自治范围内的条款自行解释的,只需获得全国人大常委会的授权即可;但如果在司法案件中需要对基本法中关于中央人民政府管理的事务或中央和特别行政区关系的条款进行解释,在对该案件作出不可上诉的终局判决前,应当由特别行政区终审法院提请全国人大常委会作出解释,而且这种解释应当成为法律适用中援引的依据。

(二)在央地两个层面拓展适应大国治理需要的审查体制空间

1. 中央合宪性审查机构实行“两委制”对我国的大国治理十分必要

在大国宪法治理中,中央合宪性审查机构会遇到种类不同、数量庞大以及复杂性强的合宪性审查案件,对合宪性审查工作形成巨大压力。为了分解这些压力,就有必要在审查机构的内部体制上进行适当分工。欧洲一些宪法法院审查模式的大国就采取了分工协作的体制安排,如俄罗斯实行“两院制”,德国施行“两庭制”。尽管它们都是联邦制国家,但其在中央合宪性审查机构的分庭式制度设计中对我国未来的合宪性审查机构的“两委制”改革具有借鉴意义。

以大陆法系典型国家德国为例，其中央合宪性审查机构联邦宪法法院共设有第一庭和第二庭两个庭。这两个庭不是宪法法院的下级机构，它们任何一个庭都可以代表联邦宪法法院，这就是所谓的“双胞胎法院”（德文为 Zwillyng—gericht）。[1] 第一庭与第二庭是有明确分工的：根据《德国联邦宪法法院法》第 14 条第 1 项和第 2 项的规定，第一庭分管法律法规的审查、宪法诉愿以及选举争议，第二庭则管辖第一庭管辖范围之外的案件。两个庭的法官不得相互串岗，参与另一庭的合宪性审查，但因需要依法组成联合庭的除外。在合宪性审查实践中，把受理的案件按不同类别分配给两个庭审理，往往会出现负担不均衡的局面。例如，分配给第一庭审理的法律法规违宪案件、宪法诉愿案件等，近年来不断增加，而分配给第二庭审理的有关联邦与州之间的争议案、国家机关之间的争议案等均无增加趋势。[2] 为此，《德国联邦宪法法院法》第 14 条第 4 项规定：联邦宪法法院的任何一个法庭如果具有不只是暂时的超负荷负担，联邦宪法法院的联合庭（Plenum）则可以另作决议，对两庭的管辖权进行变更。可见，德国也意识到两庭分工可能带来的现实问题，并且通过制度性的调整以实现案件负担在两庭之间的大体平衡。

我国的合宪性审查机构是由全国人大、全国人大常委会以及专门委员会和工作委员会共同构成的一体化体制。宪法明确规定全国人大和全国人大常委会都有权监督宪法实施，行使合宪性审查权。全国人大下设宪法和法律委员会专司该项职权，全国人大常委会下设法制工作委员会行使该

---

〔1〕 参见刘兆兴：《德国联邦宪法法院总论》，法律出版社 1998 年版，第 37 ~ 38 页。

〔2〕 参见吴延溢：《中国特色合宪性审查的逻辑、规范与经验》，九州出版社 2019 年版，第 158 页。

项职权。实践表明中国的合宪性审查工作在体制改革和机构设置上在不断向前推进,取得长足进步,积累了丰富的合宪性审查经验。但是也要看到,目前我国合宪性审查在某些方面还存在不足,仍需不断深化体制和机构的改革。未来,人大机构改革时,可以将宪法和法律委员会分为宪法委员会〔1〕和法律委员会,由宪法委员会专门行使合宪性审查职能。同时,在宪法委员会中再设两个分委会:一个委员会专司对抽象行为的合宪性审查,另一个委员会专司对具体行为的合宪性审查。两个分委会的审查裁决均以宪法委员会名义作出,宪法委员会对两个分委会的工作进行总体协调和必要整合,以求得两委之间工作负担的平衡。全国人大常委会法工委下的法规审查备案室也要改革,可提升为与法工委平行的备案审查工作委员会,在现行体制下对应和专门辅助全国人大宪法和法律委员会的合宪合法审查工作,〔2〕在未来分化改革后则对应和专门辅助宪法委员会中专司对抽象行为审查的分委会合宪性审查工作以及法律委员会的合法性审查工作。全国人大常委会法工委下的宪法室则相应地提升为与法工委平行的宪法工作委员会,对应和专门辅助宪法委员会中专司对具体行为审查的分委会合宪性审查工作。

2. 我国是否具有地方性合宪性审查的空间

关于合宪性审查地方性研究涉及宪法监督权力在央地之间的配置这一重大理论与实践问题,学者们的分歧较大。自20世纪90年代以来一直争议不休。自王世茹发表肯定观点以来,和者甚多,如李忠、周叶中、任喜

〔1〕 为了提升合宪性审查的权威性,有人提出可借鉴中央军委或国家监察委的模式,设立由中共中央和全国人大双重领导的宪法委员会。(参见林来梵:《合宪性审查的宪法政策论思考》,载《法律科学(西北政法大学学报)》2018年第2期。)这个观点充分彰显了中国特色,对中国宪制的本质特征把握得很到位。

〔2〕 参见苗连营:《合宪性审查的制度雏形及其展开》,载《法学评论》2018年第6期。

荣、刘松山等；但胡锦光、王叔文等人持否定的观点。[1] 也有人提出法规备案审查权需要适度下放，建构一个以中央审查为统领、地方审查为必要补充的立体式审查体制。[2] 虽然没有明确论及合宪性审查权，但已隐含了相应的审查职能。从大国治理意义上讲，纵向分权是化解民主与规模两难困境的一种方式；国家越大就越需要纵向分权，否则必然会削弱整个国家的民主机制。中国是个疆域辽阔、人口众多、情况复杂的大国，就更需要认真对待中央与地方的纵向分权问题；具体到合宪性审查论域，就是在地方上是否可以下放一定的合宪性审查权。笔者认为，在坚持单一制原则的前提下，在地方上适度拓展合宪性审查空间是可行的。

具体内容如下：

(1)发展地方合宪性审查在我国是必要的，也具有现实可能性。我国地域辽阔，各地方公共机构依宪依法治理的水平参差不齐，违宪现象大量存在，仅靠一个中央机构很难胜任繁重的合宪性审查工作，所以有必要在地方上设立宪法监督机构。在我国政治体制改革实践中，省一级地方承担了许多过去由中央行使的权力，积累了丰富的政治经验；一些地方还出现过依据宪法纠正错误行为的事例；同时地方上也不乏资深的政界精英和宪法专家。这些都给发展地方宪法合宪性审查工作带来现实性与可能性。

(2)发展地方合宪性审查不仅具有实践逻辑，而且具有理论逻辑。地方性公共权力是地方合宪性审查的逻辑起点，也是地方合宪性审查法律关系的客体范畴，由此可以展开地方宪法监督的主体、对象、内容、范围等一系列范畴，形成基本理论框架。地方性公共权力是相对中央权力而言的，

---

〔1〕 参见吴延溢：《理性与经验之间——宪法监督的中国式生成》，中国书籍出版社 2010 年版，第 8 页。

〔2〕 参见封丽霞：《制度与能力：备案审查制度的困境与出路》，载《政治与法律》2018 年第 12 期。

可以分为地方性国家权力和其他地方性公共权力。这就决定了地方合宪性审查的对象除了“一府一委两院”等国家机关外，还应包括其他拥有公共权力的地方组织或机构，如地方上的政党、社团等。地方合宪性审查的范围应当涵盖抽象行为与具体行为两大方面；其审查内容包括地方性规范文件、国家机关权限争议、非民事的选举争议、公共权力对公民宪法权利的侵犯等。

(3)虽然宪法文本未明确规定地方合宪性审查问题，但在现行宪法体制中可以拓展出地方宪法监督的制度空间。我国是单一制国家，地方权力不是自然生成的，而是来自中央授权。根据我国宪法，合宪性审查权属于全国人大及其常委会；地方人大在无宪法明文规定的情况下如果要行使合宪性审查权，则必须有最高权力机关的授权。鉴于此，可考虑先采用委托制模式，即由全国人大常委会委托省级人大及其常委会在本行政区域内受理和承办地方合宪性审查事务，同时以地方向中央的请示、备案等制度为配套。这样便可以解决省级人大作为地方合宪性审查主体的合法性问题。随着法治中国建设的深入推进，还可以考虑新的模式，如派驻制或巡回制。派驻制或巡回制可以在更大区域范围内设立，跨几个省级行政区作为一个单位，直接以中央合宪性审查机构的名义受理、审查并处理地方上涉嫌违宪的案件。

在各省级地方推行地方合宪性审查制度，可能会造成同一类案件在不同地方受到不同的对待，产生合宪性审查实务的地方差异性与国家宪制秩序的统一性之间的矛盾。对此，我们可以通过不断完善地方合宪性审查的运行机制特别是合宪性审查的程序设计予以化解。

三、我国合宪性审查机制如何激活：关键点与着力点

（一）激发启动程序的活性是合宪性审查机制创新的关键

1. 对启动程序的一般性考察

启动程序是合宪性审查程序的第一个环节。从各国的宪法实践来看，启动程序的方式主要有以下几个：

（1）提起宪法诉讼。

这是当事人因具体的宪法争议而直接向主管机关提起诉讼要求的方式。如《德国联邦基本法》第93条第1款规定，在穷尽司法救济途径的情况下，任何公民或法人对于任何法律或国家机关的行为都有进行合宪性挑战的权利。起诉人针对法律的违宪诉讼要在法律生效1年后才能提起，并且要证明其宪法权利受侵犯的原因与法律的实施有关。[1]

（2）法定提交。

法定提交又分为事前提交和事后提交。《法兰西第五共和国宪法》第61条有关于事前提交的规定。各项组织法在颁布之前、议会两院的内部规则在获得执行之前，均必须提交宪法委员会审查。出于同样的目的，在法律获得颁布之前，共和国总统、内阁总理、两院中任何一院议长、60名议员，皆可把它提交宪法委员会。[2]《德国联邦基本法》第126条以及《联邦宪法法院法》第13条第6项则对有争议的联邦法律或州法律作了事后提交的规定。州宪法法院、联邦政府或州政府或者联邦议会1/3以上的议员均

---

〔1〕参见韩大元主编：《外国宪法》（第4版），中国人民大学出版社2013年版，第110页。

〔2〕参见韩大元主编：《外国宪法》（第4版），中国人民大学出版社2013年版，第72页。

可对有争议的法律提交违宪审查请求。[1]

(3)普通法院的请求或移送。

《奥地利宪法》规定,应最高行政法院以及拥有二审管辖权的法院的请求,宪法法院得就某项联邦法律或州法律是否违宪作出裁决。《德国联邦基本法》第100条第1、2款则设定了普通法院移送审查的启动方式,规定在所有法院处理的案件中,如果当事人一方认为某项法律违宪,那么法院就必须中止诉讼,将案件的宪法问题提交给联邦宪法法院裁定。[2]

(4)主动调卷。

美国的司法审查模式是事后被动审查的典型:法律生效或政策施行后,如果没有一项具体的诉讼涉及该项法律或政策,法院是不会启动合宪性审查程序的。[3] 但美国联邦最高法院在发现各联邦上诉法院之间发生冲突或者在前法院裁决了一个宪法问题可能与最高法院以往的裁决发生矛盾时,可主动通过调卷令审查下级法院的判决。

目前,我国的合宪性审查程序的启动方式集中在《立法法》第110条。从类别上看,应属于事后法定提交一类,规定了中央国家机关(全国人大及其常委会除外)均有提出违宪审查的要求权,其他国家机关、社会团体、企业事业单位及公民个人都有提出合宪性审查的建议权。但是还存在两个问题:一是对人大常委会的法律没有具体规定提交审查的程序,这主要是因为人大常委会受人大监督,而人大是非常设机关,因而会存在"告状无门"的尴尬的可能性;二是其他几种启动方式尚属空白,这一点我们完全可以批判地借鉴外国经验。例如,在法律未公布前,赋予国家主席、国务院总理以及若干全国人大代表合宪性审查的事先提交权;规定普通法院对涉及

---

〔1〕 参见韩大元主编:《外国宪法》(第4版),中国人民大学出版社2013年版,第110页。

〔2〕 参见韩大元主编:《外国宪法》(第4版),中国人民大学出版社2013年版,第110页。

〔3〕 参见韩大元主编:《外国宪法》(第4版),中国人民大学出版社2013年版,第197页。

违宪审查问题的案件的法定移送情形;对以调卷令方式的移植似乎难度较大,因为美国是普通法院司法审查模式,而我国是代议机关审查模式,其合宪性审查的旨趣与美国相去甚远,法院调卷审查的宪制基础不存在。至于宪法救济,虽然这种启动方式在各国合宪性审查中运用得相当广泛,但在我国全国人大占主导地位的现行模式下,由于人大不具有司法性,不具有审判的职能,因而只能通过赋予其下的宪法和法律委员会合宪性审查职能解决问题。

2. 如何在中国特色的宪制下赋能合宪性审查启动机制

以上只是对合宪性审查启动机制的一般性考察。当然,这里还有一种极具中国特色的启动机制的构想,那就是执政党的介入机制,这种机制能够赋予合宪性审查强大的政治权威性和有效的工作推动力。在任何国家任何历史时期讨论宪法问题,都离不开特定语境。比如讨论美国的违宪审查制度,就离不开“三权分立”的美国语境;讨论英国的宪法制度,则离不开“议会至上”的英国语境。而在中国讨论合宪性审查问题,就必须放在中国特色的宪制语境下进行才具有现实意义。这个问题可能表现得很简单,也可能表现得很复杂。说它简单,是从学术探讨上讲,法理逻辑一目了然;说它复杂,是因为它很容易会转换成意识形态领域的纷争。所以,我们必须坚持马克思主义的立场、观点和方法,充分尊重新时代中国特色社会主义民主政治的民族特色和历史传统,大胆假设,小心求证,走中国特色的合宪性审查之路。那么,当代中国宪制的最大特色是什么呢?既不是“三权分立”,也不是“议会至上”,更不是个人专制,而是一种“国家后”模式,即在国家权力之后还有一种更具权威性的执政党权力,对整个国家的民主政治生活起着深刻的决定作用,坚持中国共产党领导是中国特色社会主义宪制区别于西方宪政主义的最显著特征。

单纯从《立法法》来看,启动合宪性审查程序的主体限于国家机关和公民，政党组织不在此列。因此，提出让执政党介入合宪性审查启动程序中的设想的确有一种“破冰”之感，或者说在抚摸天花板上的玻璃，因为目前学者们的眼光大多集中在国家权力的内部分配与制约的问题上，[1]还没有特别关注政党政治对宪法监督的现实意义。在中国合宪性审查制度的构建中引入政党的助推力可以说是一种极具中国特色的制度安排。当然，这也绝非是没有源头的，而是有其深厚的中国语境。

有人认为不应该把执政党监督纳入宪法审查体系中进行讨论。因为宪法规定的国家机构中没有执政党组织和政协组织，它们并没有被授予任何国家权力；所以，把它们对国家权力的监督问题列入宪制维度中进行考察，似乎难以找到宪法依据。其实这种观念是狭隘的。为什么这么说呢？理由如下：（1）基于宪法权力的逻辑构成。在当代中国，宪法意义上公共权力的视阈并不局限于国家权力，其外延形态更为宽泛。这种宪法权力是统摄国家权力、政党权力在内的公共权力。根据中国特色宪制发展的基本态势，执政党的领导权和国家机构的职权构成宪法意义上公共权力不可或缺的维度。（2）基于宪法文本的明确规范。我国宪法序言当中旗帜鲜明地指出：中国各族人民将继续在中国共产党的领导下，发展社会主义民主，健全社会主义法治。2018 年《宪法》修正后，又明确将“中国共产党领导是中国特色社会主义最本质的特征”这一论断写入《宪法》正文第 1 条第 2 款。英国宪法学家戴雪曾经断言：在英国，如果轻视议会的至尊性，将不能见及英国宪法的重心。[2] 我们不妨套用这句话：在我国，如果轻视中国共产党的至尊性，将不能见及中国宪法的重心。（3）基于宪法生活的生动实践。在

---

〔1〕 当然也有一些学者，如林来梵、秦前红等，已经敏锐地看到执政党的态度、策略及其行动对合宪性审查工作推进的积极作用。参见林来梵：《合宪性审查的宪法政策论思考》，载《法律科学（西北政法大学学报）》2018 年第 2 期；秦前红、底高扬：《合宪性审查在中国的四十年》，载《学术界》2019 年第 4 期。

〔2〕 参见［英］戴雪：《英宪精义》，雷宾南译，中国法制出版社 2001 年版，第 125 页。

我国宪法生活中，中国共产党作为执政党，一直扮演着举足轻重的角色。从历史发展脉络来看，不仅共和国宪法的起草出自共产党人之手，而且迄今为止的每一次宪法修改或修正，都是由中共中央首先向国家权力机关提出建议，然后再启动修宪程序。[1] 这已经成为我国的一项宪法惯例。从宪法贯彻实施的现实来看，宪法是多元利益表达和妥协的必然结果，是各种政治力量对比关系的集中体现，它的有效实施必须有一个能够总揽全局、协调各方、代表最广大人民最广泛利益的政治领导力量发挥主导作用。在此情况下，中国共产党理所当然责无旁贷。

在我国，共产党的领导权已经渗透国家生活的方方面面，各国家机关都有共产党的相关组织，国家机关的主要领导都是共产党员。中国共产党作为执政党，其监督活动可以分为内部监督和外部监督。从内部监督意义上讲，主要通过思想教育、作风建设、民主生活和组织人事安排等方面得以贯彻，并主要体现为加强党内专门监督机构的建设，着重完善党的纪律检查委员会制度。从外部监督意义上讲，就是展现总揽全局、协调各方的执政能力，对国家机关公权力运行的合宪性与合法性进行监督。党的二十大报告进一步强调："党的领导是全面的、系统的、整体的，必须全面、系统、整体加以落实。健全总揽全局、协调各方的党的领导制度体系……完善党中央决策议事协调机构，加强党中央对重大工作的集中统一领导。"[2] 现在问题的关键就在于：我们是通过宪法惯例的形式介入合宪性审查领域，还是通过宪法规范的形式明确执政党的合宪性审查权。权衡二者，似乎前者更为可取。以修宪的宪法惯例来看，执政党是以中国共产党中央委员会的名义介入修宪活动，成为修宪的原始推动力；那么，合宪性审查是否需要中

---

〔1〕 参见杜强强：《论宪法修改程序》，中国人民大学出版社 2008 年版，第 281 页。

〔2〕 习近平：《高举中国特色社会主义伟大旗帜　为全面建设社会主义现代化国家而团结奋斗——在中国共产党第二十次全国代表大会上的报告》，人民出版社 2022 年版，第 64 页。

共中央直接介入呢？那倒不必如此。因为修宪涉及的是整个国家的基本制度、权力体系以及公民基本权利等宏观而抽象的重大问题，《中国共产党章程》第16条规定："有关全国性的重大政策问题，只有党中央有权作出决定……"[1]所以，修宪建议案由党的最高领导机构中共中央出面提出为宜。合宪性审查工作不同于修宪工作，合宪性审查往往都是微观层面的具体问题，如哪条法规是否合宪、哪种行为是否合宪，没有必要由中共中央事必躬亲去介入。从目前党和国家机构改革的情况来看，我们完全可以将这个职能赋予中央全面依法治国委员会，由中央全面依法治国委员会针对具体法律法规等规范性文件或国家机关的公权力行为是否违宪问题向全国人大常委会提出合宪性审查的建议或要求。这种制度设计可以极大地赋予合宪性审查启动机制势能和动能，有效克服现行机制运行中疲软乏力、逡巡不前的困境。

（二）激发活性还需要在其他环节上寻找着力点

1. 受理环节上的筛选过滤和分流机制

（1）在纵向体制突破中建立对抽象审查请求的筛选过滤机制

前文说过，就整个国家权力机关系统而言，除了全国人大及其常委会外，地方各级人大也存在合宪性审查的可能性空间。从规范法学意义上讲，《宪法》第99条规定："地方各级人民代表大会在本行政区域内，保证宪法、法律、行政法规的遵守和执行……"可见，宪法赋予地方人大保证宪法遵守和执行的权力，如何保证？逻辑前提就是对相关行为作出合宪性与否的判断；但根据现有体制，地方人大不能作出裁决，只能形成初审判断，然后层层上报到全国人大常委会。从体制改革的前景预期来看，即使不明确

[1] 《中国共产党章程》，人民出版社2022年版，第35页。

授予地方人大在本管辖范围内合宪性审查的受理权和初评意见权，考虑到大国事务的复杂性和繁重性，也可以全国人大常委会的名义在地方上附加委托制或派驻制、巡回制合宪性审查机构，受理、审议并处理地方上涉嫌违宪的案件。

不管在实际生活中有没有具体动作，从理论上可以说，这种制度安排为各类型各层次的宪法关系主体对违宪案件的检举、控告提供了便利条件，可以克服合宪性审查权过于集中于北京最高合宪性审查机构而带来的诸多困难，有利于减轻全国人大及其常委会的负担，也有利于形成某种外围的案件筛选过滤机制以及地方性合宪审查事务的案件分流机制。

(2)在司法体制改革中建立对具体审查请求的司法过滤机制

胡锦光教授提出，应当按照合法性审查优先原则、穷尽法律救济原则和国家行为免受司法审查原则以及合宪性审查启动主体的适格性要求，建构一套合宪性审查的过滤机制，这样能够有效避免合宪性审查权的滥用和宪法审查资源的浪费。[1] 林来梵教授认为，应当适度赋予法院一种非宪定职权性的审查职能，将司法审查机制整合到合宪性审查的过滤机制中，主张建立一种“合宪性审查问题优先移送”制度。其基本流程为：各级人民法院审理案件的时候，如果发现某个法律法规有可能违反宪法，可基于当事人的请求，暂时中止审理程序，依据法院系统内部现有的案件请示制度，将案件提请最高人民法院，由后者初步审核之后，依据现行《立法法》第110条第1款，将该案件优先移送到全国人大的专门审查机构进行合宪性审查。[2]

---

〔1〕 参见胡锦光：《论合宪性审查的“过滤”机制》，载《中国法律评论》2018年第1期。
〔2〕 参见林来梵：《转型期宪法的实施形态》，载《比较法研究》2014年第4期。

2. 审议环节上的能动性机制

(1)解释创意机制

合宪性审查机关在对具体个案进行合宪性审议的过程中,常常需要对宪法规范的内容作出解释说明。关于合宪性审查机关的宪法解释权,一些国家都有具体的规定。如《俄罗斯联邦宪法法院法》第 3 条第 5 项规定,联邦宪法法院有权根据俄罗斯联邦总统、联邦委员会、国家杜马、俄罗斯联邦政府、各联邦主体立法机关的询问,解释联邦宪法。再如,法国的宪法委员会亦被宪法赋予解答咨询的权力,《法兰西第五共和国宪法》第 16 条规定,一旦共和国机构、国家独立、领土完整或国际义务的履行受到严重和直接威胁时,总统即应根据形势采取必要的措施。该条第 3 款规定,这些措施的目的必须是在最短的时间内保证宪法规定的国家机关获得手段,以履行各自所分配的职能,在这些问题上应咨询宪法委员会。可见,法国总统在行使非常权力及采取相应措施时,必须征求宪法委员会的意见,获得合宪性解释,否则相应不能有效行使。对宪法的有权解释在我国就是全国人大及其常委会的宪法解释。但实际上具体的宪法实务都是由全国人大下设的宪法和法律委员会以及全国人大常委会法工委去办,所以在宪法解释问题上,也要赋予宪法和法律委员会以及法工委原初的宪法解释创意权,即对合宪性审查中需要宪法解释的事项发表意见,供全国人大及其常委会参考。

(2)案情调查机制

案情调查是合宪性审查机关正确、有效地行使权力以达到预期公正裁决结果的重要手段。依据人民主权原则,受审查机关作出规范性文件和实施某种决策的行为本质上是以人民的名义进行的,理应让人民知道,受人民监督,而且有义务为自己的公权力行为承担举证责任。因此,在合宪性审查程序启动后,为了保证合宪性审查工作的顺利进行,主导机关有权就与宪法问题有关的事项进行调查,包括组织特定问题调查委员会、向有关国家机关和社会组织索取与该问题有关的文件、要求有关机关或组织提供信息、听取有关机关或组织工作人员的解释和说明等。在合宪性审查机关行使调查权时，有关机关、组织及其工作人员负有服从和配合的义务。如果拒绝向合宪性审查机关提供文件和其他信息，或通报虚假情况，有关机关将承担相应的法律责任。

(3)信息反馈机制

信息反馈机制又可分为两种情况：①受审查机关对审查机关调查事项和审查意见的反馈。这一点无论在国家的《立法法》还是执政党的《中国共产党党内法规制定条例》中都有明确的程序性规定。但有一个问题，即受审查机关如果不反馈任何意见，或者说，对合宪性审查机关相关工作机构的意见和要求不予理睬，是否应当承担相关的责任。对此还没有明确规定，只是规定可以提请或建议有裁决权的审查机关作出直接处理的决定，但这还是得不到反馈意见。所以，为了将反馈机制落到实处，应当对怠于提供反馈意见的机关设置消极不作为的法律责任。②审查机关将审理流程、审理期限、审理结果对提请人进行反馈。这是基于对合宪性审查参与主体的知情权的尊重，便于参与主体对合宪性审查机关的工作进展情况进行监督，也符合正当程序原则对审查机关职责的义务性要求。

3.处理环节上的处分机制

合宪性审查机关享有对审查对象的宪法性行为和活动作出有拘束力裁决的处分权。这一点已有明确规定，但相关处分的形成机制并不详细，所以还要具体细化制度上的设计。

(1)撤销机制

撤销机制，是指合宪性审查机关对其他机关提交的规范性文件合宪性审查建议撤销案，经过特定的程序和方式决定是否要撤销。具体来说，对相关申请主体送呈的针对法律法规等规范性文件的建议撤销案，如果合宪性审查机关不能以2/3以上多数予以否决,就应当撤销包括立法机关在内的有关机关制定的规范性文件;如果以2/3以上多数予以否决或者未曾有相关主体送呈有关的建议撤销议案,那么任何国家机关、社会组织或公民个人不得因为对某一规范性文件的怀疑而拒绝适用该项规范。

(2)改变机制

最终改变权是合宪性审查机关对合宪性审查参与主体提交的关于改变有关机关制定的规范性文件的建议案,享有通过特定的程序和方式决定是否予以改变的权力。建议改变权的性质和特征与建议撤销权一样。如果对参与主体提交的建议改变议案无法以2/3以上的多数达成否定性的一致意见,那么合宪性审查机关就必须根据合宪性审查参与主体的意见和建议,在规定的方式、内容和时间范围内予以改变。

四、对具体行为合宪性审查是否有可能:程序设计与展望

合宪性审查判断的形成需要遵循特定的程序逻辑才能获得自身的合法性。规范性文件的合宪性审查可以分为事先和事后两种类型,主要表现为备案审查和提请审查两个方式;这一点在《立法法》中已有具体规定,在此不再赘述,尽管在实务中的适用情况还不太理想。但审查机关的合宪性审查工作远不止法律法规等规范性文件的合宪审查,当公民的基本权利受到侵犯而且穷尽行政与司法救济途径时,还可以向合宪性审查机关提出宪法救济;不同国家机构之间、省级以上不同区域之间以及地方自治机关与中央机关发生权属争议时,亦可提出合宪性审查的诉求。正当程序是正义女神的"蒙眼布",也是罗尔斯所谓的为中立裁判者降下的一道"无知之幕",[1]针

〔1〕 参见[美]约翰·罗尔斯:《正义论》,何怀宏等译,中国社会科学出版社1988年版,第136页。

对具体行为的合宪性审查,其自成体系的程序逻辑可以分为一般程序和特别程序。一般程序适用于合宪性审查机关审理的所有案件,属于总则性规定;特别程序是适用于各类不同的具体行为的审理程序,属于分则性规定。由于特别程序内容很多,这里仅就一般程序作一初步的设计。一般情况下,对具体行为的宪法救济包括下述五个阶段:

(一)受理

合宪性审查机关根据法定国家机关、组织和公民提出的书面请求(询问、申请书或控告),受理案件。各种形式的书面请求均应包括下述内容:

(1)合宪性审查机关——请求的送达机关(一般情况下提交给全国人大常委会,全国人大开会期间亦可由全国人大受理);

(2)申请者的名称(或姓名)、地址;

(3)有关申请者代表的必要资料、申请者代表的权限;

(4)向合宪性审查机关提出书面请求的依据;

(5)应受审查文件的确切名称、顺序号数、通过日期、公布的报刊等有关资料(或应给予解释的宪法条款);

(6)合宪性审查机关审理该书面请求的具体依据;

(7)申请者所提问题的立场及其法律依据(宪法条款摘录);

(8)向合宪性审查机关提交的询问、申请书或控告中的要求部分;

(9)书面请求的附件表。

书面请求的附件,应包括以下几个:

(1)受审查文件的文本(或应给予解释的宪法条款);

(2)证明申请者代理人权限的委托书或其他文件;

(3)交纳国税的凭证;

(4)以其他文字书写的需附中文译本;

(5)证人、鉴定人的名单。

合宪性审查书面请求书及其附件,应当按照审查机关的要求提交副本。

(二)准备

案件审理准备工作,主要包括以下内容:

(1)合宪性审查机关工作机构检查书面请求的正确性。如果认为书面请求符合上述要求,就给予登记;如果书面请求中提出的问题不属于合宪性审查机关管辖,就将其送达有权解决该问题的国家机关或组织;如果书面请求在形式上不符合上述要求,就责成申请者进行修改,重新履行登记手续。

(2)合宪性审查机关工作机构初步研究书面请求。自书面请求被登记时起的2个月内,全国人大常委会法工委主任按照法定程序委托1名或几名委员对其进行初步研究。初步研究结束后,上述委员应当向法工委报告初步研究的结论意见。

(3)确定案件的管辖和案件的合并。自书面请求的初步研究结束之日起的1个月内,全国人大常委会法工委就是否将书面请求交付审理的问题通过决定。自决定审理书面请求之日起的1个月内,全国人大常委会法工委在全会上确定案件归宪法和法律委员会审理(如果未来设立分委员会的话,还要确定归两个分委会中的某一个审理,一般情况下应分给专司对具体行为合宪性审查的分委员会)。需要指出的是,法工委有权将涉及同一客体的几个书面请求,合并为一个案件审理。然后,由宪法和法律委员会确定7~9名委员组成审委会负责审理此案。

(4)通知当事人到会。关于合宪性审查机关审理的通知书、书面请求的复印件、受审查文件的复印件等,应当在审理前15日送达合宪性审查机关委员和参加者。

(三)审理

案件审理阶段,包括:

(1)到会。提起对具体行为合宪性审查的当事人,包括申请者(向合宪性审查机关提交书面请求的机关或个人)和颁布受审查文件的机关或公职人员(或者其职权有争议的国家机关)。审理时,当事人为个人的,应当亲自到会;当事人为机关单位的,其主要负责人应当到会,特殊情况不能到会的可以指定其他相关负责人到会。双方当事人可委托代理人代为办理相关事务。案件可以在一方当事人缺席的情况下审理。如果有正当原因缺席,可以延期审理或中止审理。审委会对被审查问题实质性的调查,是从做案件审理准备工作的委员对该案件审理的依据、问题的实质、现有材料的内容、为准备案件所采取的措施进行通报后开始;该委员发言结束后,审委会听取当事人的建议,并进入案件的调查程序。

(2)证据和证人。在调查程序中,由审委会主持人建议当事人双方就被审议问题的实质作出自己的说明,并以法律文件作为自己立场的依据。在一方当事人作出说明后,委员可以向当事人提问,并要求回答。经委员允许,另一方当事人可以提问。鉴定人也可以提问。审委会根据调查的需要,可以传唤了解情况和掌握材料的人出庭作证。证人应当如实向审委会提供被审理案件在实体或程序方面的情况,并回答审委会的补充提问。

(3)提前中止有争议文件的效力。在案件审理结束之前,审委会有权在不容耽搁的情况下以宪法和法律委员会名义向有关机关建议,中止有争议文件的效力。提出这样的建议,有利于维护公民的宪法权利和自由,有利于捍卫宪法和法律的尊严。

(4)审理记录。合宪性审查机关审委会审理案件,必须有记录。记录必须符合“议事规程”(议事规程由全国人大常委会议定)提出的要求。审理会议的记录,由审委会所有委员签署。双方当事人有权查阅会议记录并提出意见。审理程序的其他参加者经合宪性审查机关许可,也可以查阅会议记录。

(四)裁决

审委会调查结束后,经充分评议,就被审理案件作出最终裁决。参加评议会的人,除审理该案件的委员外,还有合宪性审查机关负责会议记录和会务的工作人员。评议会上,委员发言的时间不受限制。每个委员的观点和意见均应记录在案。该评议会记录,包括各位委员的发言情况、争论焦点、投票结果,由所有与会委员签署,不得公开。审委会作出的裁决都是合宪性审查机关的裁决。

合宪性审查机关的裁决,是最终裁决。裁决应当立即在合宪性审查机关公报、《国务院公报》以及国家监察委员会和最高人民法院、最高人民检察院的公报上刊登。合宪性审查机关的裁决,一经宣布,立即生效。被宣布不符合宪法的规范性文件,则不能生效。法院及其他机关依据被宣布违宪的规范性文件所作出的裁决,不得执行,应当按照国家法律规定的程序重新审议。拒不执行、不认真执行或阻挠执行合宪性审查机关裁决的,将根据国家法律的有关规定追究其责任。

(五)执行

执行是合宪性审查的最后一道程序。对合宪性审查机关裁决的执行,是指为实现合宪性审查机关裁决的内容而创设某种事实的所有必要措施。这些措施必须依据不同情况实施,具体来说,就是要根据不同案件中的各种具体要素及其关系,如不同的诉讼当事人(如行政机关、司法机关、监察机关和特定的组织机构等）的不同地位，决定执行的不同种类、范围和内容等。

合宪性审查机关具有对裁决执行的决定权和支配权，应在裁决中明确写入执行裁决的人员、执行的种类和方式等；如果合宪性审查机关在其裁决中对执行人员或执行种类和方式不甚明确，亦可在此之后以独立的裁定方式宣告裁决的执行方式等。但对这种独立的裁定要有严格的限定，即该项裁定不得对原先的裁决书作任何补充、修改或者扩充其原意，更不能宣告废止原先裁决中的某个部分，只能对原裁决的内容作更有力的维持以及为如何有效地实现裁决而作出具体规定。

合宪性审查裁决的执行不同于民事判决或刑事判决等任何其他普通司法裁判的执行，因为案件的性质截然不同。合宪性审查案件涉及国家和社会生活的基本方面，乃至国际方面的问题，涉及国家机关、政党、社会团体的利益冲突，涉及立法、司法、行政、监察以及中央和地方之间的各种宪法性争议，涉及宪法所确认的公民基本权利的维护与保障，因此其裁决的执行必然要求极高的权威性。针对个案的具体情况，合宪性审查机关可以选择各种执行方式，赋予其既定范围内的自由裁量权。亦可多渠道地组织相关部门或地方参与执行或协助执行，如在涉及地方性法规或部门规章或司法解释等规范性文件违宪的案件中，可以协调地方人大、政府负责人或国务院有关部门负责人或“两院”负责人共同参与执行。例如，在德国，对政党违宪案、选举争议案、州与州的州界争议案以及其他多种案件的裁判，均由联邦内政部长亲自指挥执行；联邦政府的许多部长被联邦宪法法院授权亲自指挥过与自己职权相关的案件裁判的执行事宜。

第六章

我国合宪性审查实践中怯场与冲动并存

当代中国,具有轰动效应的合宪性审查事例时有发生;但是宪制责任的配置与担当之间的差距,使相关主体的宪制责任还未得到精准有效的落实,缺位与越位现象均有不同程度的体现。一方面,合宪性审查机关还有些消极被动,显得有点怯场。在宪法生活领域,不仅执政党高度重视合宪性审查工作,从党的十九大到《立法法》的再次修改,政治决断不断落实为制度安排,一系列工作进展得有声有色,[1]而且广大公民也通过各种渠道积极行使参与权和监督权,表现得越来越活跃,具有轰动效应的合宪性审查案例或事件时有发生,并且引发了一轮又一轮热烈而广泛的讨论。"在

〔1〕 2017年10月18日,党的十九大报告提出"加强宪法实施和监督,推进合宪性审查工作,维护宪法权威"的宪治要求,2018年宪法修正案提出一项看似貌不惊人其实具有重大创新意义的机构改革方案,即将过去的全国人大"法律委员会"改革为"宪法和法律委员会",从而使得合宪性审查工作有了一个明确的宪定主体;2017年和2018年,全国人大常委会法工委法规备案审查室收到公民、法人提起的审查建议分别为1084件和1229件,与往年相比,有了突飞猛进的增长(据不完全统计:2002年10件;2003年10件;2004年3件;2004年5月至2011年11月1004件,年均133件;2013年62件;2014年43件;2015年246件;2016年92件。其中,绝大部分是关于司法解释的审查建议,2013~2016年合计1116件,而对法规的审查建议案只有90件),说明公民参与的积极性空前高涨。参见林来梵:《合宪性审查的难题与可能》,载微信公众号"宪道"2019年1月10日;苗连营:《合宪性审查的制度雏形及其展开》,载《法学评论》2018年第6期。

思想上有巨大解放，在机构和职责安排上终于实现了突破”，[1]但到目前为止对各种规范性文件合宪性审查请求案还缺乏公开的实质性审查行动，更缺乏权威性判断和结论，责任担当缺位，以孙志刚案为典型。另一方面，司法机关在某些场合又过于积极能动，表现得比较冲动。在具体个案中援引宪法、解释宪法和适用宪法，似乎已经开启了宪法司法化的先河。但这些个案只能说明司法机关在普通案件的审理过程中不恰当地行使了合宪性审查权，责任担当越位，以齐玉苓案为典型。所以有必要对各类国家机关的宪制责任予以厘定，在合宪性审查问题上扮演好自己的角色。

一、被审查机关自行废止某项法案是否必然导致审查机关的审查程序终结：溯及力问题

（一）从一起刑事案引发的宪法案说起

2003 年 3 月 17 日晚，被害人孙志刚因未携带任何证件外出，被广州市公安局天河区分局黄村街派出所民警错误收容。3 月 18 日晚，孙志刚称有心脏病被送至广州市收容人员救治站诊治。3 月 19 日晚，因孙志刚大声呼叫，引起救治站护工乔燕琴不满。乔燕琴遂与吕二鹏、乔志军、胡金艳等人商量，授意李海婴等 8 名被收治人员殴打孙志刚。3 月 20 日凌晨，被告人李海婴、钟辽国、周利伟、张明君、李龙生、韦延良、何家红、李文星等先后两度对孙志刚轮番殴打，致使孙志刚于 3 月 20 日上午经抢救无效死亡。后经法医鉴定，孙志刚系因背部遭受钝性暴力反复打击，造成大面积软组织损

---

〔1〕 张翔：《“合宪性审查时代”的宪法学：基础与前瞻》，载《环球法律评论》2019 年第 2 期。

伤致创伤性休克死亡。

法院经审理判决结果如下：

以故意伤害罪判处被告人乔燕琴死刑，剥夺政治权利终身；判处被告人李海婴死刑，缓期2年执行，剥夺政治权利终身；判处被告人钟辽国无期徒刑，剥夺政治权利终身；判处被告人周利伟、张明君、吕二鹏有期徒刑15年，剥夺政治权利5年；判处被告人李龙生有期徒刑12年，剥夺政治权利4年；判处被告人韦延良、何家红、李文星、乔志军、胡金艳有期徒刑3～10年。

孙志刚案作为刑事案件已经了结，但后续事件才刚刚开始，由此引发了广泛关注和热议的合宪性审查案件。从案件由来可以看出，宪法意义上的孙志刚案，确切地说，应当是由孙志刚案引发的行政法规违宪违法审查请求案，因为孙志刚案件本身只是一起发生在收容所里的故意伤害致人死亡的刑事案件。孙志刚案作为刑事案件已经迅速了结，犯罪分子得到了应有惩罚，在法理上毫无悬念，没什么可探讨的法理学问题；但案结事未了，由此引发的合宪性审查案件才是法学界关注的焦点，作为一个宪法事件，其法治意义远大于刑事案件。其法治价值其实并不在于有多少媒体进行过报道，不在于有何种级别的领导关注，不在于有多少群众的扼腕叹息，也不在于有多少被告人被判处死刑或徒刑；而在于它引发了中国公民对当时的某些行政法律制度的合宪性质疑。

在案件处理过程中，有3位法学博士根据《立法法》的有关规定，2003年5月以公民的名义联名上书全国人大常委会，要求对国务院制定的《城市流浪乞讨人员收容遣送办法》进行违宪违法审查，因为其中的有关限制公民人身自由的条款与宪法保障的公民自由权相抵触，也与《立法法》规定的限制人身自由的立法权限相违背（限制人身自由的事项只能通过全国人大及其常委会制定法律为之）。紧接着又有5位学者向全国人大常委会上书，建议针对孙志刚案引发的法规违宪违法问题启动特别问题调查程序，组织特别问题调查委员会，行使监督权。对于5位学者的“公民上书”，全国人大常委会虽然没有成立专门的调查委员会，但还是对他们的建议给予高度重视，自我检讨了一些人大自身的工作，搜集了一批地方性法规，并做了一些针对性的调研工作。这些都说明了公民积极的政治参与对人大的宪法监督工作起到了现实的推动作用。

之后，国务院作出了快速反应，6月宣布废止了《城市流浪乞讨人员收容遣送办法》，同时出台了《城市生活无着人员救助管理办法》；在草拟新办法的过程中，还邀请了姜明安、马怀德、应松年、袁曙宏、韩大元等一批知名的法学专家举行了专家论证会，在新办法中采纳了不少专家意见。

（二）孙志刚案遗留的宪法问题

孙志刚案作为一起合宪性审查案件似乎也到此终结；但从法理上看，本案意犹未尽，正如本书在第一章中提到的那样，还有未决之悬念。这个悬念就在于：当国务院废止了某部正处于立法审查程序中的行政法规时，是否必然导致全国人大常委会对此法规的审查工作自动终止，全国人大常委会是否还有必要就此前的违宪违法请求或建议继续审查工作并作出结论呢？换句话说，国务院自行废止行政法规与全国人大常委会宣布行政法规无效这两者之间有没有什么不同之处？

答案是肯定的。也就是说，即使国务院已经自行废止了有争议的行政法规，但从法理逻辑上讲，仍然不能自然终结全国人大常委会的合宪性合法性审查，案件还应当继续办下去，最理想的结局应当是全国人大常委会通过严格审查程序之后作出一个宣布《城市流浪乞讨人员收容遣送办法》因违宪或违法而无效的裁决。那么这样做的意义在哪里呢？它和国务院自行宣布废止该行政法规有何不同呢？答案就在于：国务院自行宣布废止，只是意味着该行政法规从宣布废止之日起不再具有法律效力，但对在此之前的人和事仍然具有效力，以往适用该行政法规的行政相对人不可再因为行政法规的废旧立新而提出异议，通俗地讲，过去的就让它过去，不再炒冷饭；而如果全国人大常委会裁决该行政法规中设定限制人身自由的条款无效，那么所引发的法律后果则大不相同，它意味着国务院制定的该行政法规的相关条款自始无效，进而意味着各级行政机关依据该条款进行强制收容遣送的案件都是错案，凡是被收容过的行政相对人都有权提出国家赔偿，这无疑会给政府治理的原有秩序造成广泛的振荡效应，甚至引发政府治理的财政危机、信任危机。所以全国人大常委会还是充分观照到现实主义因素，而没有贸然地、激进地作出简单化的纯法律性裁决，以免造成难以收拾的残局；毕竟，宪法案件的审查与普通案件的审理有着属性上的差异，不仅要考虑到宪法的法律性，还要考虑到其政治性。

从合宪性审查理论上讲，这里就涉及合宪性审查机关的裁决是否具有溯及力的问题。

首先要搞清合宪性裁决的生效时间是怎么确定的；这是逻辑前提，也是关键节点。就专门机关审查模式的国家对合宪性审查制度设计来看，一项法律法规或其他规范性文件一旦被合宪性审查机关宣布无效或裁决撤销后，一般都要规定该项裁决何时生效。大多数国家规定自裁决和判决公布之日起生效。但也有自公布后第二天生效的，如意大利、西班牙；[1] 有的国家则规定自公布 3 天后生效，如保加利亚；[2] 还有的国家，如罗马尼亚、[3] 奥地利，宪法授权宪法法院可以在裁决书中指定裁决生效日，但不得

〔1〕 参见《意大利共和国宪法》第 136 条、《西班牙宪法》第 164 条第 1 款。

〔2〕 参见《保加利亚共和国宪法》第 151 条第 2 款。

〔3〕 参见《罗马尼亚宪法》第 145 条。

超过 1 年,如未作指定则自废止令公布之日起生效。[1] 在宪法法院作出裁决某项法律法规不符合宪法后,并不必然进入公布程序;而是规定了议会的反制程序,即议会制定的法律如被裁决违宪,议会还可以就同一项法律案进行二次审议表决,如果二次审议以特别多数通过该法案,则违宪裁决不能成立,法律必须予以颁布。

其次来看溯及力问题。从立法学意义上讲,一项新法律的出台一般都要遵循"不溯及既往"原则以及调整对象利益最大化原则,所以对既往的行为一般都适用"从旧兼从轻"原则。但违宪裁决行为不是立法行为,是对现行法律法规的规范性文件的评判,一旦被判断为违宪或与宪法不一致,就意味着该项文件自发布之始就不合宪,从法理逻辑上讲,就是自始无效,即合宪性裁决具有溯及力。但是从各国的宪法规定来看,制度的设计却不是如此,基本上都强调,合宪性裁决的生效只是意味着被宣布违宪或与宪法不一致的规范性文件同时失去效力,一般不对裁决生效日之前的行为产生追溯效力,即裁决无溯及力。可见这种做法背后并不是一种法律逻辑,而是更多基于一种上文所说的政治逻辑的考量。

当然,也有个别国家(如叙利亚)的宪法明确规定了合宪性裁决具有追溯效力,但基于很多现实因素的考量,又对这些违宪条款作了责任豁免的规定,试图既能满足法理逻辑的自洽又能避免政治性危机或不利后果。[2] 还有一些国家,虽然确立了"不溯及既往"原则,但也有这样或那样的变通性规定,如奥地利就赋予了宪法法院更多的自由裁量权。《奥地利联邦宪法性法律增补案》第 7 条规定,除未决案件外,被裁决撤销的法令,对撤销令公布前的案件依然有效适用,除非宪法法院在撤销令中另有规定。最后

---

〔1〕 参见《奥地利联邦宪法性法律》第 140 条第 3 款。
〔2〕 参见《阿拉伯叙利亚共和国宪法》第 145 条第 3 款。

一句意味着宪法法院有权在撤销令中对溯及力问题作出溯及既往的规定。再如乌克兰,其宪法也规定被宣布违宪的规范性文件从判决它们违宪之日起失效,但同时还规定,被认为违宪的法令或行动给自然人或法人造成物质或精神损失的,由国家按照法律规定的办法补偿。[1]

尽管孙志刚案已是曲终人散,但它推倒了第一块多米诺骨牌,此后,有关公民上书全国人大常委会要求对规范性文件进行违宪违法审查的事件时有报道,最为突出的是要求对一些侵犯公民宪法平等权和私有财产权的法规与政策行使宪法监督权,如数以千计的乙肝病毒携带者联名要求对国务院有关公务员体检标准的歧视性规定进行审查,一些女性公民提出要对男女退休年龄不平等的退休制度进行合宪性审查,数以千计的公民纷纷要求对城市房屋拆迁管理条例和地方制定的相关规定中涉嫌侵害公民私有财产权的内容进行合宪性审查,[2]还有人请求对最高人民法院的有关司法解释进行违宪违法审查。但由于《立法法》第110条对公民合宪性审查建议权"只作了原则性的规定,这种规定比较简单,没有相应的具体程序和可行标准,可操作性差",[3]导致实际效果并不理想。

二、劳动权仅限于劳动法上的理解吗:认真对待公民权利

(一)从一起劳动人事争议案说起

张先著乙肝歧视案的意义同样不在于这个行政诉讼案件本身,也不在于社会法学关于劳动人事法律关系论域的思考,而是引发了两个最基本的

---

〔1〕 参见《乌克兰宪法》第152条第1款、第2款。

〔2〕 参见蔡定剑:《中国社会转型时期的宪政发展》,载《华东政法学院学报》2006年第4期。

〔3〕 魏建新:《论我国宪法实施的行政法路径》,载《河北法学》2010年第4期。

宪法问题的思考：一个是劳动法上劳动者的劳动权与宪法上公民的劳动权要区分开来；另一个就是在公民的基本权利受到侵害后，在穷尽法律途径之后仍然得不到救济时，就应当有一种宪法救济机制。

张先著案引发了一系列对涉嫌就业歧视的地方性法规的审查请求案；而且全国的乙肝人群空前团结起来，结成维权联盟。就在张先著提起行政诉讼不久，同年（2003年）的11月20日，一封由1611名公民联合签名的信件递交到全国人大常委会、卫生部（现为国家卫健委）和国务院法制办，信件的标题是《要求对全国31省（市）公务员录用限制乙肝病毒携带者规定进行违宪审查和加强乙肝病毒携带者立法保护的建议书》。应该说这一连串的事件对反乙肝歧视产生了重要的影响，也引起了国务院的高度关注。由此，公务员录用体检通用标准制定的帷幕正式拉开。2005年1月20日，《公务员录用体检通用标准（试行）》正式颁布实施。新标准不再限制乙肝病毒携带者成为公务员，成为中国社会反乙肝歧视的一次重大胜利。[1]

张先著案基本案情是这样的：

2003年6月，原告张先著在安徽省某市人事局报名参加该省公务员考试。经过笔试和面试，其综合成绩在报考该职位的30名考生中名列第一，按规定进入体检程序。同年9月17日，由某市人事局指定的医院体检报告显示，张先著乙肝两对半中的HBsAg、HBeAb、HBcAb均为阳性，主检医生依据《安徽省国家公务员录用体检实施细则（试行）》确定其体检不合格。张先著随后向某市人事局提出复检要求，并递交了书面报告。同年10月18日，张先著在接到该通知后，表示不服，向该省人事厅递交行政复议申请

〔1〕 参见北京益仁平中心2008年1月发布的《中国乙肝人群生活状况调查报告》，该报告由肝胆相照论坛与北京大学法学院合作完成。

书。同年10月28日,该省人事厅作出《不予受理决定书》。同年11月10日,张先著以被告某市人事局的行为剥夺其担任国家公务员的资格、侵犯其合法权利为由,向法院提起行政诉讼,请求依法判令被告的具体行政行为违法,撤销其不准许原告进入考核程序的具体行政行为,依法准许原告进入考核程序并录用至相应的职位。这就是闻名遐迩而且持续发酵的"中国乙肝歧视第一案"。[1] 本案的焦点在于:被告对乙肝病毒患者的招聘歧视行为是否侵犯了原告的劳动权?能否适用《劳动法》?如果侵犯劳动权,那么应通过何种途径获得救济?

法院审理后认为,国家行政机关招录公务员,由人事部门制定一定的标准是必要的,国家人事部作为国家公务员的综合管理部门,根据国务院《国家公务员暂行条例》,制定了《国家公务员录用暂行规定》这一部门规章,该省人事厅及卫生厅共同按照规章授权目的和范围行使权力,制定《安徽省国家公务员录用体检实施细则(试行)》,该规范性文件与上位法并不冲突,既未突破高位阶法设定的范围,也未突破高位阶法的禁止性规定。因此,依照《最高人民法院关于执行〈中华人民共和国行政诉讼法〉若干问题的解释》第62条第2款的规定,《安徽省国家公务员录用体检实施细则(试行)》属于合法有效的规范性文件,可以参考适用。

被告某市人事局根据《安徽省国家公务员录用体检实施细则(试行)》的规定,委托医院对考生进行体检,应属于行政委托关系,被委托人所实施的行为后果应由委托人承担。某市人事局作为招录国家公务员的主管行政机关,仅依据医院的体检结论,认定原告张先著体格检查不合格,作出取消原告进入考核程序资格的行政行为主要证据不足,依照《行政诉讼法》第54条第2项第一、二目之规定,应予撤销;但鉴于2003年该省国家公务员

[1] 参见韩大元主编:《中国宪法事例研究(一)》,法律出版社2005年版,第52~53页。

招考工作已结束,且张先著报考的职位已由该专业考试成绩第二名的考生进入,故该被诉具体行政行为不具有可撤销内容,依据《最高人民法院关于执行〈中华人民共和国行政诉讼法〉若干问题的解释》第56条第4项之规定,对原告的其他诉讼请求应不予支持。

据此,法院依据《最高人民法院关于执行〈中华人民共和国行政诉讼法〉若干问题的解释》第57条第2款第2项之规定,确认被告某市人事局在2003年该省国家公务员招录过程中作出取消原告张先著进入考核程序资格的具体行政行为,主要证据不足。遂作出如下判决:撤销该市人事局作出的取消原告进入考核程序资格的具体行政行为;对原告的其他诉讼请求不予支持。

法院判决只是一场对行政诉讼的有限回应,张先著案还是留下了许多值得深思的宪法问题。

(二)法理剖析:本案引出合宪性审查的实体与程序问题

1. 对劳动权概念及其人权意义的宪法探寻

总体来说,劳动权是一项综合性的基本人权;具体地讲,可以做以下理解:

(1)从劳动权的产生与演变来看,劳动权经历了由简单到复杂的发展过程。劳动权的出现是近代社会工业革命以来,工人阶级与资产阶级不断斗争的结果,它萌发于19世纪初资本主义国家的工厂立法。首先是英国《学徒健康与道德法》(1802年)对童工工作时间的限定,规定童工日工作时不可超出12小时及禁止做夜工,之后《法兰西第二共和国宪法》(1848年)确定了从业自由、劳资平等和职业培训等权利。1948年《世界人权宣言》第23、24、26条明确规定了工作权、自由择业权、工作环境权、失业保障权、同工同酬权、参加工会权、休息权、休假权、技术与职业教育权等。1966

年《联合国人权公约》第 6 ~ 8 条在肯定这些权利的基础上,增加了平等机会升迁权、组织和选择工会权、罢工权等。在现代社会中,含有如此内容的劳动权已进入各国宪法,成为公民的一项普遍的社会权利。

(2)从劳动权的现实内容来看,劳动权是一项母权利,它包括相当宽泛的子权利类型。劳动权的内涵是指公民依法参加劳动及享受与之相关待遇的权利。劳动权的外延则包括平等就业权、劳动报酬权、福利待遇权、就业训练权、受职业教育权、休息权、休养权、休假权、退休权、社会保障权、企业民主管理权、男女同工同酬权、创造性工作受鼓励和帮助权。我国《宪法》第 6、16、17、19、42 ~ 44、47 条对此作出了明确规定。可见,劳动权是一种综合性的权利体系。就本案而言,具体涉及平等就业权问题。

(3)从公民个人、用人单位和国家的角度来看,劳动权具有多重法律意义。对公民来说,意味着享有包括就业权和择业权在内的劳动权。即公民不论性别、民族和财产状况等,有权实现就业,通过劳动获取生活主要来源;有权依法选择适合自己特点的职业和用工单位,参与这种选择过程中的竞争;有权利用国家和社会所提供的各种就业保障条件,以提高就业能力和增加就业机会。对用工单位来说,意味着必须尽可能提供更多的就业岗位,平等地录用符合录用条件的职工,履行提供失业保险、就业服务、职业培训等方面的应尽职责;并且不得以任何方式阻碍公民劳动权的实现。对国家来说,意味着应当为公民实现劳动权提供保障。但是,这并不能同“统包统配”“铁饭碗”画等号,而只是说,应当从宏观上确保全体公民有均等的就业机会,通过促进经济、社会发展创造就业条件,保护公民的劳动权不受侵犯。本案中的某市人事局代表国家行使公权力,通过招聘方式向社会提供就业机会,这是好事;但在招聘条件的设定上又明显暴露出歧视性,违背了公民对国家公权力公平行使的期待。

2. 本案被告不构成《劳动法》上的侵权，但构成《宪法》上的侵权

(1)劳动法与《劳动法》

劳动法有广义和狭义的理解。广义的劳动法是指与劳动权的维护和劳动关系的调整有关的所有规范性文件，是从一个法律门类的意义上理解的，涉及各类法律渊源；包括《宪法》中的有关规范，全国人大及其常委会制定的有关劳动的法律（如《劳动法》《劳动合同法》《公务员法》《教师法》等），有关的行政法规（如《劳动合同法实施条例》）、地方性法规、部门规章、地方政府规章及国际公约等。狭义的劳动法专指劳动法典，即《劳动法》。本案虽然从《劳动法》中尚找不到可直接遵循和引用的条款，但我们可以援引《宪法》第 42 条作出某市人事局的招聘歧视行为构成对原告劳动权的违宪性侵犯的判断。认识这一点并不难，难就难在法院能否作出违宪侵权的判决。这个问题将在后文专门阐述。

(2)公民的劳动权与劳动者的劳动权

有学者认为：首先要有权利，然后才有权利被侵犯的可能。从这个角度看，本案中的劳动权还没有形成，不存在被侵犯的问题。这个观点是错误的，它混淆了公民的劳动权与劳动者的劳动权的概念。我们知道，劳动权的主体是公民，但是，“公民的劳动权”与“劳动者的劳动权”在宪法和劳动法中是两个有严格区别的法律概念。《宪法》第 42 条所规定的“公民有劳动的权利和义务”，其权利主体是指“一切有劳动能力的公民”。由于并非每一个有劳动能力的公民都一定能进入劳动关系中，而未进入者不能被称为“劳动者”，虽不能由此认为他不享有劳动权，但是与劳动者的劳动权相比，他的劳动权则少了许多的内容。根据宪法，在未获得劳动者身份之前，公民的劳动权主要包括：就业权和就业前的培训权。至于年老体弱时接受国家和社会援助或救济的权利，以及社会保险权和医疗卫生权等，则属于他的其他社会权利；这些权利在劳动者那里则是随同劳动权的享受而

存在,即劳动权本身的内容。劳动者劳动权的内容相当丰富和宽泛,除了上述权利外,依劳动法他还享有这些权利:签订劳动合同权、解除劳动合同权、经济补偿权、工作时间权、劳动竞赛权、合理化建议权、科学研究权、技术革新权、发明创作权、受表彰或奖励权、参加组织工会权、民主协商参与权、批评检举和控告权、劳动培训权、职业技能考核权、劳动安全权、劳动保险权、劳动环境权、病伤产期不受解雇权、女工和未成年工受特殊保护权、伤残保障权、疾病保障权、退休保障权、退职保障权、待业保障权、家属抚恤权等。

由此可见,劳动权既包括公民的劳动权又包括劳动者的劳动权。因此不能以其没有形成劳动关系为由而否认公民的劳动权。

3. 本案被告的招聘歧视行为侵犯的是原告劳动权中的平等就业权

(1)平等是劳动权的应有之义。有人认为本案的实质在于被告的招聘歧视行为违反了宪法关于公民平等权的规定,而不是劳动权。也有人认为,被告既侵犯了原告的平等权,也侵犯了其劳动权。这些观点均有一定道理,但并未抓住问题的关键。其实本案的关键在于原告的劳动权,而非平等权,更非参政权。不可否认,在宪法学上,平等权和劳动权分属不同的范畴。但平等权不是抽象而独立存在的,而是往往蕴含在各种其他权利当中,在劳动权中平等权已经成为劳动权的一项重要内容。平等权在劳动权中的体现应属于劳动权的问题。如劳动权包括就业平等权、男女同工同酬权以及社会主义国家中的按劳分配等。国际劳工组织在第二十六届国际劳工大会上通过的《费城宣言》规定:“全人类不分种族、信仰和性别都有权在自由和尊严、经济保障和机会均等的条件下谋求其物质福利和精神发展。”因此,对于录用限制来说,笔者认为,主要是侵犯了传染病患者的劳动权,而非单纯的平等权。

(2)从宏大叙事的意义上看,本案被告既侵犯了原告的平等权,又侵犯了其劳动权;但从更为精确的意义上看,被告侵犯的是原告的平等就业权。本案有其特殊性,这种特殊性在于它不是普通的用人单位与劳动者之间的招工与应招的关系,而是国家公务员的招聘与应聘关系,这就决定了本案更多的考虑在于是否违反公务员法律制度而非《劳动法》。但是,正如前文所述,这并不妨碍对被告是否构成侵犯劳动权问题的判断。公务员固然属于执行国家公务的人员,与企业等用人单位的劳动者有工作类型上的区别,但无本质区别;不能因为某人是公务员,我们就否认他是劳动者,公务员也是一种社会职业,并且在社会从业人员中占有相当大的比例。因而,担任公务员也是实现个人劳动权利的一种途径和方式;并且,劳动权不仅仅指从事劳动的自由和有从事劳动的地方,而且还包括选择职业的自由和通过自己的能力谋求更好的职业的权利。所以,不难看出,本案中某市人事局取消原告进入考核程序资格的决定已经在很大程度上缩小了包括原告在内的广大市民可选择职业的范围和减少了他们通过自己的能力谋取更好的职业的机会,从而侵犯了他们的劳动权中的平等就业权。

4. 本案中张先著的劳动权如何才能得到有效救济

这里其实探讨的是一种对公民基本权利救济机制的程序性制度安排问题。本案中张先著虽然获得部分胜诉,但是判决中未能对本案涉及的核心问题作出回应。张先著的劳动权并未得到有效救济,依然处于丧失就业机会的状态,且一直没有任何补救措施。这就引发了我们对相关权利救济途径(这里主要考察公力救济)的追问和考量。

(1)立法救济

立法救济,是指立法机关依照法定职权和程序,对侵害公民权利的行为以法律、法规形式或以审查的形式所进行救济的总称。通过法律、法规的形式进行的救济是一种主动的、静态的救济;通过审查方式所进行的是被动的、动态的救济。从本案的情况来看,被告某市人事局作出将原告排除公务员队伍的依据是该省卫生厅和人事厅共同制定的《安徽省国家公务员录用体检实施细则(试行)》。根据法院的认定,该地方政府规章与上位法并不冲突,即未突破高位阶法设定的范围,也未突破高位阶法的禁止性规定,也就是说该规定将继续在省内的公务员体检工作中适用,将有更多的属于其所谓的7项不符合公务员体检标准的乙肝病毒携带者遭受不公平待遇。对于立法上的不平等,公民有什么措施维护自己的合法权益呢?从我国现行法律来看,《立法法》第110条第2款明文规定了公民有权向全国人大常委会提起合宪性审查建议,但是由于该规定并非强制性规定,常委会有充分、自主的选择权,所以并没有法律拘束力。实践中,也有过建议,却鲜有答复,所以公民指望通过自己提起合宪性审查的方式维护自己的合法权益也几乎属于“生活在想象之中”。相对而言,通过诉讼和媒体引起立法者的注意却是个很好的途径。本案虽然是通过行政诉讼方式进行的,但是“乙肝歧视案”的称号确实使乙肝病毒携带者恶劣的生存环境和受到的不公正待遇充分展现在全国人民包括立法者面前。应该说本案的实际意义大于表象,简单的行政诉讼案件已经升格为公民权利保护的宪法层次,并对保护乙肝人群的合法劳动权产生了深远影响。在当代中国,无论是政府还是社会都对公民的劳动权采取了越发认真审慎的态度,如后来的《公务员录用体检适用标准(试行)》中肝病的检查指标与标准趋于相对合理,一些行业规范(如餐饮业)中也明确取消了对乙肝病毒携带者的准入性歧视。

(2)行政救济

行政救济,是指行政机关管理相对人在其合理权益受到行政机关的违法失职行为侵犯后依法提出申诉,由有监督权的行政机关按法定程序对其予以救济的一种法律制度。这种行政救济在劳动法中表现为劳动监察。《劳动法》第85条规定:“县级以上各级人民政府劳动行政部门依法对用人单位遵守劳动法律、法规的情况进行监督检查，对违反劳动法律、法规的行为有权制止，并责令改正。”由此可见，劳动监察的主体是劳动行政部门，劳动监察的依据是劳动法律或法规；劳动行政部门可以依职权主动进行监察，也可以应当事人申诉或他人举报而启动劳动监察程序。就本案而言，原告张先著可以向当地劳动行政部门提出申诉；但由于被告并未违反劳动法律法规，而是涉嫌违反了宪法和公务员法，超出了其法律监督的范围，故此路不通。

(3)司法救济

司法救济，是指司法机关按照法定的权限和程序，通过对具体案件中的当事人间权利义务的判断对权利受损害者的权利进行补救的机制。在劳动权的司法救济方面具体表现为民事诉讼和行政诉讼两种形式。民事诉讼的提起，根据现行《劳动法》规定，须以劳动仲裁为前置程序，不可以直接向法院提起劳动争议的民事诉讼。也就是说，要想进入民事诉讼，必须首先向劳动仲裁委员会申请仲裁。要申请仲裁，根据《劳动法》和《劳动争议调解仲裁法》，又必须以双方当事人之间存在劳动关系为前提。《劳动争议调解仲裁法》第 2 条规定：“中华人民共和国境内的用人单位与劳动者发生的下列劳动争议，适用本法：(一)因确认劳动关系发生的争议；(二)因订立、履行、变更、解除和终止劳动合同发生的争议；(三)因除名、辞退和辞职、离职发生的争议；(四)因工作时间、休息休假、社会保险、福利、培训以及劳动保护发生的争议；(五)因劳动报酬、工伤医疗费、经济补偿或者赔偿金等发生的争议；(六)法律、法规规定的其他劳动争议。”本案中，原告张先著并未与被告某市人事局形成劳动关系。故而此路亦不通。本案的当事人及其代理人当然也知道这一点，于是他们另辟蹊径，针对被告是行政机关的特点，以被告的具体行政行为违法侵权为由直接向法院提起行政诉讼，获得法院的受理并最终得到部分胜诉。但本案的判决中有两个关键性的核心问题没有解决，事实上也无法解决。第一个问题是法院无法就《安徽省国家公务员录用体检实施细则（试行）》这个地方政府规章的违宪与否进行审查。因为法院在行政诉讼中的司法审查范围是有限的，一般只审查具体行政行为，原则上不审查抽象行政行为（顶多只是在对具体行政行为进行审查的过程中，附带对相关的位阶较低的法源性文件进行消极审查，不能正面作出判断，只能消极地回避适用），尤其是对违宪与否的审查，法院更是无权作出判断。在我国，合宪性审查权不属于法院而是归最高立法机关，否则法院自身就会陷入违宪的危险境地，像洛阳李慧娟案那样落得“出师未捷身先死”的下场。第二个问题是法院在行政诉讼中无法就具体行政行为是否侵犯公民的劳动权进行审查。根据我国《行政诉讼法》第12条的规定，法院只有在行政机关的行政行为侵犯公民人身权或财产权时，才能受理公民提起的行政诉讼，而劳动权则不属此列。正是基于以上两个问题的考虑，本案中法院判决没有对被告的违宪侵权事实作出认定。尽管显得有些无奈，但也无可厚非。

（4）宪法救济

就公民权利救济体系的完整构造而言，在某个公民穷尽了所有行政和司法的救济途径后，其公民权利依然没有得到救济时，还可以寻求宪法救济。从世界范围来看，宪法救济在英美法系和大陆法系都存在，只是运作模式不同。英美法系国家采用的是普通法院审查模式：公民认为自己的宪法权利受到侵犯时，可以直接向普通法院起诉；法院并不将其作为一起特殊的宪法案件处理，而是作为普通案件一样对待，在程序上也无特别之处，因为在这些国家违宪审查权就是普通法院的职能之一。所以，在英美法系国家，普通法院可以解决公民劳动权的宪法救济问题。大陆法系国家采用的是专门宪法机关审查模式。如德国设立了专门的宪法法院，解决公民权利的宪法救济问题。但这里存在两种提起宪法诉讼的情形：一种情形是普通法院受理并审理了案件，但在普通法院作出终审法律裁判后，公民可以就普通法院所作的终审法律裁判依据的法律不合宪，直接向宪法法院提出诉讼；另一种情形是普通法院不受理该案件，则公民可以直接向宪法法院提出宪法控诉。因此，穷尽法律救济是宪法救济的前提，也是一项重要原则。所以，在这些国家，劳动权如果不能获得司法救济，也能获得宪法救济。

就当下中国法治实践中的公民权利救济体系的构建而言，宪法救济制度尚在探索阶段，所以，当公民穷尽了行政与司法途径仍无法获得基本权利救济时，往往出现渠道不畅的问题。

本案虽然原告部分胜诉，但依然体现出我国现行宪法体制下公民基本权利保护措施还不够严密。我们还应看到，类似本案中的对公民劳动就业资格的不合理分类标准，不仅存在于对乙肝患者的歧视中，而且性别歧视、身高歧视、地域歧视、农民歧视等大量的非理性歧视也时有所闻。在这里，一方面，我们看到公民基本权利的诉求日益彰显；另一方面，我们看到国家宪法救济机制的不完善。在中国特色社会主义法治体系的建设中，我们应当重视宪法救济机制的培育，使公民的基本权利能够在穷尽行政与司法的一切手段受到之后，还能有一个终极的救济途径。

三、宪法司法化的重新审视：以齐玉苓案为例

（一）民事案件是如何演变成宪法案件的

齐玉苓原名“齐玉玲”，与被告人之一陈晓琪都是山东省滕州市第八中学的学生。在1990年的中专考试中，齐玉苓被山东省济宁市商业学校录取。而陈晓琪在预选考试中成绩不合格，失去继续参加统一招生考试的资

格。山东省济宁商业学校给齐玉苓发出录取通知书,由滕州市第八中学转交。但在陈父(原村党支部书记陈克政)的一手策划下,陈晓琪从滕州市第八中学领取了济宁市商业学校给齐玉苓的录取通知书,冒名顶替齐玉苓入学就读,毕业后分配到中国银行山东省滕州支行工作。

1999 年 1 月 29 日,得知真相的齐玉苓以侵害其姓名权和受教育权为由向山东省枣庄市中级人民法院提起民事诉讼,将陈晓琪、济宁市商业学校、滕州市第八中学和滕州市教委告上法庭,要求停止侵害、赔礼道歉并赔偿经济损失 16 万元和精神损失 40 万元。一审法院作出了被告侵害原告齐玉苓姓名权成立的判决,并对各被告各自相应的赔偿责任作了判定。同时驳回齐玉苓的其他诉讼请求。原告不服,以受教育权受侵犯为由,向山东省高级人民法院提起上诉。

山东省高级人民法院认为此案适用法律方面存在疑问,报请最高人民法院解释。最高人民法院的司法解释认定:陈晓琪等以侵犯姓名权的手段,侵犯了齐玉苓依据宪法规定所享有的受教育的基本权利,应承担相应的民事责任。2001 年最高人民法院就此作出了《关于以侵犯姓名权的手段侵犯宪法保护的公民受教育的基本权利是否应承担民事责任的批复》(法释〔2001〕25 号)。该决定如下:

山东省高级人民法院:

你院〔1999〕鲁民终字第 258 号《关于齐玉苓与陈晓琪、陈克政、山东省济宁市商业学校、山东省滕州市第八中学、山东省滕州市教育委员会姓名权纠纷一案的请示》收悉。经研究,我们认为,根据本案事实,陈晓琪等以侵犯姓名权的手段,侵犯了齐玉苓依据宪法规定所享有的受教育的基本权利,并造成了具体的损害后果,应承担相应的民事责任。

谁也没料到,就这么一则短小简洁的批复,就这么一件标的不大的民事纠纷,却在不经意间制造了一个宪法性事实:最高人民法院行使了宪法解释和合宪性审查的权力。这就使得这起民事案件具有了宪法意义,并成为当代中国宪法发展史上的里程碑事件。它掀起了一场围绕宪法司法化问题而展开的学术讨论热潮;这是一场理性与激情共舞的政治参与,无论是学术界还是实务界都投入了浓厚的兴趣、积累了卷帙浩繁的评论文章。在这些文章中,最为精彩的当数一些法理与制度的叩问:谁有权进行违宪审查?谁才有资格违宪?宪法究竟约束谁?谁有权作出宪法解释?法院能否直接依据宪法作出判决?宪法基本权利是否具有私法效力?等等。[1]这些疑问的矛头直接指向最高人民法院那则批复本身的合宪性问题。

(二)司法机关能否在判决书中援引宪法

此案被认为是援引宪法判决的"破冰之举",也被称为"宪法司法化第一案"。在齐玉苓案援引宪法开创先河后,激发了一些地方法院在判决书中援引宪法的兴趣和尝试。除齐玉苓案外,目前可搜到的相关判决有:

(1)湖北省咸宁市中级人民法院〔2001〕咸民终字第76号;

(2)山东省临沂市河东区人民法院〔2003〕河民初字第76号;

(3)重庆市垫江县人民法院〔2004〕垫法民初字第836号;

(4)福建省漳州市中级人民法院〔2007〕漳行终字第13号;

(5)湖南省新邵县人民法院〔2007〕新民初字第385号;

(6)广州市黄埔区人民法院〔2008〕黄法行初第2号判决书;

(7)四川省成都高新技术产业开发区人民法院〔2015〕高新民初字第

---

〔1〕 参见彭亚楠:《谁才有资格违宪》,载赵晓力编:《思想与社会第4辑:宪法与公民》,上海人民出版社2004年版,第233页。

6730 号。

但从这些判决对宪法的援引方式来看,还是与齐玉苓案有不同之处,以上的判决书均在说理论证部分中引用了宪法,但在判决依据部分则回避了宪法条款。遵循了法院在判决中不得引用宪法作为判决依据的惯例,也遵循了现行的宪法体制对司法机关的定位要求。而齐玉苓案则首次突破了体制的界限,因而蕴含了更浓烈的宪法意味,同时带来了严峻的宪法问题。

就齐玉苓案本身的属性而言,是 2001 年发生在中国的众多民事案件中一起极为普通的侵权案件,受理法院也将之作为民事案件进行常规性审理。但由于审判过程中出现不同意见的冲突,由山东省高级人民法院向最高人民法院提出请示,最高人民法院在批复中明确指出:以侵犯姓名权的手段侵犯宪法保护的公民受教育的基本权利的行为,应当承担民事责任。山东省高级人民法院依照批复的意见作出有利于齐玉苓的判决,并在判决书中直接引用了《宪法》第 46 条。[1]

并且,在所谓"宪法司法化"的整个讨论过程中,出现了"宪法与案件之间的断裂",齐玉苓案在很大程度上只是作为一个引发讨论的民事案件,而没有从宪法层面上理解受教育权作为基本权利的意蕴,"以至于严肃的民法学家们认为这个案件并不是真正的宪法司法化的案件"。[2] 在多方面冷峻而不乏理性的批判之后,宪法司法化的呼声日益微弱,热情也逐渐消弭。

2008 年 12 月 18 日公布的《最高人民法院关于废止 2007 年底以前发布的有关司法解释(第七批)的决定》共废止了 27 项司法解释,包括齐玉苓

---

〔1〕 参见韩大元:《中国宪法事例研究(一)》,法律出版社 2005 年版,第 2 页。

〔2〕 强世功:《基本权利的宪法解释——以齐玉苓案中的受教育权为例》,载赵晓力编:《思想与社会第 4 辑:宪法与公民》,上海人民出版社 2004 年版,第 4 页。

案的“批复”,齐玉苓案司法解释被宣布废止的理由为“已停止适用”。从宪法学意义上分析,原因应该在于司法机关在齐玉苓案中的司法解释是一种角色错位的行为,在没有被赋予宪法解释权和合宪性审查权的情况下,突破了现有中国宪制对各个国家机关的角色定位与职权边界,其合宪性审查的创举本身不具有合宪性。我国宪法确立的是人民代表大会制度,只有人大才称得上是权力机关,并且宪法中明确规定宪法解释权和宪法监督权属于最高权力机关。

司法机关与立法机关在地方法治实践中也有过宪制权力冲突的典型事例。提到这个问题,学界都会联想到河南种子案件。该案原本也是一件极为普通的经济纠纷案件(种子买卖合同纠纷案),原、被告在违约事实上没有异议,但在适用法律问题上产生争议:原告要求适用全国人大常委会制定的《种子法》,被告则要求适用河南省人大制定的《河南省农作物种子管理条例》(以下简称《种子管理条例》),因为这两部法在违约赔偿的计算方式和标准上存在很大差异,所以双方各执一词互不相让。承办法官认为法理很简单,根据《立法法》的规定,下位法不得与上位法相抵触,否则抵触的部分就归于无效。《种子管理条例》是地方性法规,《种子法》则是国家法律,地方的《种子管理条例》不得与国家的《种子法》相抵触,否则就归于无效。于是承办法官就在判决书中认定《种子管理条例》相关条款有违上位法《种子法》的规定,自然无效。

正是这一句自然无效的判词,使得该案具有了宪法意义,也给承办法官带来意想不到的麻烦。因为她在该判词中行使了对地方性法规的司法审查权,这实质上是地方法院对地方人大行使了监督权,有违我国民主集中制的宪法原则和人民代表大会制度的权力配置结构。所以,河南省人大常委会责成省高级人民法院对该案中的有关人员作出严肃处理,承办法官和另外一名法官差点被撤职。

很多人很同情他们的遭遇，但他们做的到底是对还是不对呢？应当说，在实体意义上作出一个下位法因抵触上位法而归于无效的判断，本是无可非议的；但从程序法上讲，谁有权作出这个裁判、通过何种步骤和方式来做，必须符合现行的宪法体制和正当程序要求，而这一点恰恰是法院无权办到的。根据我国《宪法》第 3 条第 3 款的规定，在国家权力机关与其他国家机关的关系上，实行人民代表大会制的政权组织形式。国家权力机关居于核心地位；其他国家机关（如一府两院）均由它产生，对它负责，受它监督。国家权力相对集中在人大，人大有权监督一府两院，而一府两院不可反向监督人大。因此，我国司法机关工作人员尤其是法官务必要有这样的宪法素养，即正确认识和清醒判断司法机关在中国特色宪制安排下的角色功能，既不缺位，也不越位；既要有实体正确性，又要有程序正当性。

第七章

我国公共治理实践中的合宪性问题

治理理论是近20年来在国际学术界颇为流行的前沿性理论问题,被广泛运用于各个学科领域。"治理"(英文为governance,法文为gouvernance)一词的多学科运用使得该词在语义上已经泛化。英国有学者说它"在许多语境中大行其道,以至于成为一个可以指涉任何事务或毫无意义的'时髦词语'";[1]法国也有学者说过,"人们都争相使用这个词,希望成为自己的圈子里第一个用这个词的人。他们这么做有时是为了给'治理'一个确切的定义,但更多的情况下是有意利用'治理'一词语义上的模棱两可。这是不是成了一个文字游戏、一种时尚或者潮流了呢?"[2]本书在此无意跟风逐流,更不想试图再给"治理"下一个近乎"毫无意义"

〔1〕[英]鲍勃·杰索普:《治理的兴起及其失败的风险:以经济发展为例的论述》,载《国际社会科学杂志(中文版)》1999年第2期。

〔2〕[法]让-皮埃尔·戈丹:《何谓治理》,钟震宇译,社会科学文献出版社2010年版,引言第3~4页。

的定义,[1]而是想借助治理理论这一分析工具,对我国公共治理领域出现的一些常见的宪法性突出现象进行梳理,从实体意义上作出合宪性与否的判断。

一、"房住不炒"中的居住自由与政府担当

党的十九大和党的二十大报告在谈到加快我国住房制建设、让人民群众居有所居的问题时,都一以贯之地坚持"房子是用来住的、不是用来炒的定位"。[2] 当下的中国社会,房住不炒理念已经深入人心。但这种理念需要通过权利制度的建构和政府政策的推进才能最终落地,在现实生活中蔚然成风。其中,权利制度建构问题具有根本性的价值意义,而权利制度中关于公民居住自由权的建构问题则是重中之重。其实,居住自由在现有的法律制度中没有明确规定,在法学理论中也没有展开专门、系统的讨论。现行宪法和法律中有关于住宅权、与房屋有关的物权、居住权等方面的规定,理论界也有学者提出住房权、房权政治、居住政治等概念,[3]但有关居住自由的制度规范付诸阙如;在理论上讨论得比较多的类似话题是迁徙自

---

〔1〕 尽管在"治理"的定义上常表现出语焉不详,但它还是区别于"统治"一词而使用,正如治理理论代表人物罗茨所言,治理意味着"统治的含义有了变化,意味着一种新的统治过程,意味着有序统治的条件已经不同于前,或是以新的方法来统治社会"(转引自俞可平:《民主与陀螺》,北京大学出版社 2006 年版,第 79 页)。治理的含义还带有价值倾向性,隐含了法治化的内在要求,"几项最新的研究成果显示,在 17 世纪和 18 世纪,治理是关于王权和议会权力平衡的讨论所涉及的重要内容之一,在那个时代,王权在实现过程中开始依靠一些新的原则,从这些原则中,诞生了民众权利和市民社会理念。'治理'一词可能保留了上述先前用法的蛛丝马迹"。([法]让－皮埃尔·戈丹:《何谓治理》,钟震宇译,社会科学文献出版社 2010 年版,引言第 4 页)这说明,"治理"含有限权与人权等内在的法治意蕴。这也是本书使用该词的旨趣所在。

〔2〕 《习近平著作选读》第二卷,人民出版社 2023 年版,第 39 页;《习近平著作选读》第一卷,人民出版社 2023 年版,第 40 页。

〔3〕 参见张群:《居有其屋——中国住房权历史研究》,社会科学文献出版社 2009 年版;郭于华等主编:《居住的政治》,广西师范大学出版社 2014 年版;吴晓林:《房权政治:中国城市社区的业主维权》,中央编译出版社 2016 年版。

由，不少学者纷纷撰文对迁徙自由作怀旧式回顾、现实性关照以及前瞻性的修宪建议等，但是，将居住自由作为一个专门问题加以讨论的文字鲜有所见。尽管有些论文中提到居住自由，但在概念梳理、理论建构、属性定位、价值诉求以及制度安排等方面均未能有效展开。随着社会利益结构的多元化和主体自由选择的常态化发展以及公民和国家关系的二元构造与互动的展开，围绕居住自由这个问题的各种矛盾冲突日益彰显。在人们耳熟能详的众多现实场景中，我们面临着一系列的追问。

（一）场景与问题

1. 场景一：政府干预房地产市场的政策目标与治理效果

为了逐步解决城镇居民的住房问题，继续有效遏制投资投机性购房，促进房地产市场平稳健康发展，国务院以及一二线城市的地方政府纷纷推出房地产市场调控措施。[1] 从总体上说这些政策能够在一定程度上有效抑制投资投机性购房，稳定房地产市场。可以说，“限购令”“限售令”等限控政策在展现政府的治理抱负和决心方面是值得肯定的，但世间事谈何容易做何难，新的举措也可能带来新的宪法性矛盾：

（1）中央与地方的矛盾——涉及国家结构形式的具体展开问题

我国是中央集权的单一制国家，权力配置与运行遵循自上而下的结构模式，中央政府总揽全局，领导各方，凡是没有授权给地方的全部集中于中央；但这只是在“做事”上的单一制，而在“花钱”问题上却好像复合制，凡

---

〔1〕 2005 年国务院推出 8 项调控措施，简称“国八条”，主要通过税收、信贷、土地等经济杠杆以及安居保障和约谈问责等措施调控房市；2011 年，国务院又推出“新国八条”，进一步加大税收、信贷的调控力度，并推出限价限购措施；2017 年以来，房市限控政策强度有增无减，甚至出现“限售令”。厦门是第一个限售的城市，2017 年 3 月厦门出台新规要求新购住房需取得产权证后满 2 年方可上市交易。由此“限售令”正式诞生，随后有 40 多个城市跟随，限售的期限从 2 年到 10 年不等。其中 3 年和 5 年是最常见的限售期限。

是没有列入中央预算的开支全部由地方解决。在过去国税地税分离的体制下,地方政府的税收财政大量减少,就需要更多地依靠土地财政来弥补短板;所以,地方政府希望房地产市场能够持续繁荣强劲,不愿意看到其市场疲软。许多城市在国务院限定的期限内迟迟不制定实施细则,“国八条”中专门有一条针对地方政府消极无为的约谈问责条款也就不足为怪了。留给我们思考的问题是:央地之间的利益关系与矛盾冲突该如何达到新的平衡?

(2)政府与公民的矛盾——涉及宏观调控的方式与限度问题

在税收调控方面,只增税不减税,为了平抑房市,增加税种(如房产税、营业税),提高税率(如取消契税优惠政策)或改变计税期限,加大了交易成本;在金融调控方面,多年保持低息水平,实行量化宽松政策,在激发住房市场消费需求的同时,也在一定程度上激发了投资投机需求。在市场交易方面,限购与限售政策直接与公民的契约自由权产生冲突。[1]

(3)公民权与居民权的矛盾——涉及户籍壁垒的合宪性问题

从表面上看限制外来人口在当地购房反映的是本地人与外地人的矛盾,但从宪法实质上看是公民权与居民权的矛盾。公民权在整个国家范围内都有效;而居民权并不是在整个国家都适用的,只是局限于户籍所在地,有时会因为地方保护,出现身份差别化对待。而公民的居住自由作为一项宪法权利显然是一个国家性概念而不是一个地方性概念。下面问题又来

〔1〕 2018年5月,国务院办公厅发布《关于开展涉及产权保护的规章、规范性文件清理工作的通知》(国办发〔2018〕29号)。值得注意的是,文件特意提到了“不当限制居民不动产交易的规定”,并将它列入了清理的重点。可见中央政府已经意识到一些过于严苛的政令对公民的正当权利造成不正当影响,这些限制交易自由的政令不应当成为政府治理的常态模式或长效机制。

了:限制外地人购房,是否构成对公民的违宪?[1]

2. 场景二:城市房屋拆迁中的利益与补偿

我国《宪法》和原《物权法》以及现行的《民法典》都有明文规定:国家基于公共利益需要可以依法征收或征用公民的私人财产并给予补偿。这个条款集中反映了公民与国家、私人利益与公共利益之间的冲突与平衡关系。在现实生活中最为典型的场景就是城市房屋拆迁引发的这种矛盾。这些矛盾可归结为以下几个问题:首先,国家凭什么去拆公民个人的房屋,即政府征收或征用私人房地产的法律依据是什么?这自然引出一个概念——公共利益。于是第二个问题接踵而来,何为公共利益?其判断标准是什么?具体形态有哪些?这些问题到目前为止在理论上尚未达成权威的共识,在立法上也没有明确的界定和列举,在法律适用中也是仁者见仁、智者见智。

如果说以上问题只是基础性问题,那么还有一个最为核心的问题:征收补偿的标准该如何确定才算是合理的?其实,在许多"钉子户"案件中,那些被征收的对象并不是一门心思地坚决反对拆迁,从内心来说,也是愿意拆迁甚至希望早点拆迁的,只不过由于拆迁补偿标准未能达成一致意见,所以不情愿拆迁。一般情况下,政府对城市居民私人房屋的征收补偿,总会高于该房屋的市场价格,而且根据地段、品质、占地面积等条件的不同

---

〔1〕 户籍壁垒问题还突出表现在城市外来人口归化政策的变动上。从20世纪90年代起,许多城市对外来人口在本地长期居住的采取"蓝印户口"政策,即发给加盖蓝色印章的户籍凭证。持有蓝印户口的人在一些基本的生活和创业待遇方面享有与正式户口同等的待遇,并且一定年限后即可转为正式户口。但是,2002年后,该项制度逐渐被废止,取而代之的是居住证制度。虽然持有居住证的人享有不少当地居民的待遇,但在养老、医疗、失业等社会保险以及住房交易方面,居住证和户籍的待遇还有明显区别。蓝印户口政策向居住证政策的转向,说明当代中国城市外来人口归化政策呈全面紧缩态势。这使得公民的居住自由权面临着最低限度的拷问。在跨城乡、跨城市移居的实践中,我们只是享有最低限度的居住自由;说它是最低限度,是因为这种居住自由由于差别性户籍制的存在而缺乏平等保护和平等待遇。国人不禁要问:居住自由到底是一项通行全国的公民权,还是一项限于户口所在地的居民权?是一个国家性概念还是一个地方性概念?值得观注的是,目前有关户口迁移、落户正在趋向放松。

会有较大的系数差异。那么,为什么补偿标准要高于甚至数倍于房屋的市场价?其法理依据何在?

3. 场景三:农村宅基地交易的禁止与松动

改革开放40多年来,中国的土地政策已经和正在发生巨大的历史变迁,[1]在农村宅基地的制度改革问题上一直都是谨小慎微、管控得很死,特别是在宅基地的市场交易问题上一直进行严格限制。但是有私自交易、隐性流转和违法占用宅基地的现象频频发生,甚至不少城市居民个人到农村购买集体所有的土地,然后自建房屋居住。这违反了国家关于集体所有的土地不得自由上市交易的禁令,因此政府一律不予产权登记。从一定意义上讲,产权登记是对公民居住自由权中物权利益的一种确认,是以国家强制力为后盾对公民住房的归属予以有效维护,是居住自由的必然要求。但为什么政府没有确权,并且毫无政策松动之意?这些小产权房主人的居住自由受到何种因素的挑战呢?

2014年以来,随着新型城市化战略规划的实施,宅基地交易政策开始出现一定程度的松动。如《国家新型城镇化规划(2014—2020年)》中提出要改革完善农村宅基地制度,在试点基础上慎重稳妥推进农民住房财产权抵押、担保、转让,2018年"中央1号文件"又进一步提出要适度放活宅基地和农村房屋使用权。[2] 但如何才叫慎重稳妥?如何又叫适度放活?宅基地交易的自由度到底可以扩张到何种边界?城市居民能否介入?如果能介入,其介入的条件和方式又怎样?这些鲜活的场景都说明了居住自由

---

[1] 大约经历了3个阶段:第一阶段是1978~1998年家庭联产承包责任制的改革奠定了城市化的基础;第二阶段是1998~2014年由大量工业园区开发和住房货币化"双轮驱动"的土地城市化;第三阶段是2014年以来的由土地城市化转向人口城市化的新型城市化进程,重点是要解决流动人口的居住问题,城乡土地制度需要互动协同。参见吴宇哲、孙小峰:《改革开放40年中国土地政策回溯与展望:城市化的视角》,载《中国土地科学》2018年第7期。

[2] 《中共中央、国务院关于实施乡村振兴战略的意见》,载 http://www.moa.gov.cn/zlzl/yhwj/201802/t20180205613641O.htm。

这个概念的价值意义，并且要求我们对居住自由给出更为直接且更为精致的法理论证和权利构造。

（二）政府的出场：居住自由权对应政府的宪法义务

1. 出场的理据：居住自由的权利主体是公民，义务主体是政府

居住自由属于公民享有的宪法上的基本权利，而私法权利则属于非基本权利。但这种解释难免失之笼统，而且还会陷入何为“基本”何为“非基本”的概念纠葛中。所以还要从具体意义上加以区分，这里的具体意义主要指二者所反映的法律关系不同。宪法权利反映公共利益与私人利益、公权力主体与私权利主体之间的关系；私法权利则是反映平等的民商事主体之间的关系，如以房地产为客体的物权关系、债权关系等。

（1）宪法为公民设置居住自由权，实质上是在为公共权力机构（以国家为典型代表）设定相应义务。所以，在高房价导致大量城市居民不得不“蜗居”的时代，国家绝对不能袖手旁观，国家有义务加大建设资金的投入，增加廉价房（不一定是限价房或经济适用房，还可以通过其他方式，如闲置房的公开拍卖等）、廉租房的投放量，同时采取积极的土地财政税收利率等政策，平抑房价。

（2）宪法对公民居住自由权的维护，实质上是针对公共权力的不当侵害而言的。国家如果要对个人自由予以限制，必须有宪法和法律规定的正当理由。从实体上讲，国家征收或征用公民的房地产，必须是基于公共利益的需要；当然，公共利益的概念考量及其制度表达又给我们留下太多的

弹性空间和学术争议,[1]以至于我国现行立法中对“公共利益”一词只是点到为止,而对其具体表现形态没有任何条文化的列举,在实践中无疑给审理案件的司法机关创设了自由裁量的权力空间,同时抛给其一块难啃的骨头。从程序上讲,政府的行政强拆不再是政府自己所能完全决断的,而是需要引入司法审查机制才具有合法性;这种以司法权制约行政权的机制,其价值目标正是在于切实维护公民的居住自由权。

2. 出场的方式:居住自由的实现既需要政府的积极作为,也需要政府的消极不作为

在公民与政府的关系问题上,居住自由已经超越了伯林关于消极自由与积极自由的区分,[2]表现出二者的叠加。居住自由的享有者“一边希望不被打扰,他们珍视于免受公共干预;一边又希望被照顾,寻求获得公共援助的赋予权利”。[3] 居住自由所涵盖的基本权能既体现了古典个人自由的要求,又包含了社会经济权利的元素。

(1)居住自由首先是一种人身自由。人身自由作为一项最基本的人权,是一种典型的防御政府不当侵犯的消极自由。居住自由正是这种消极人身自由在特定居住空间的法律延展,它对政府的要求是消极无为不干

---

〔1〕 伴随现行《宪法》2004年第四次修正和2007年《物权法》的颁布,“公共利益”一直是社会各界讨论的一个热词,但有两个门槛总迈不过去。一个是概念性门槛,即公共利益如何界定。众说纷纭,莫衷一是,论证到最后我们甚至会发现,一些最基本私人利益的存在本身就代表了最大的公共利益。如每个人居住的房屋,假使政府可以借助某个公共利益的理由强行拆迁张三的房子,它也可以同样的手段去拆李四、王五以及你我他的房子,一句话,我们每个家庭每个人都不会有居住的安全感与稳定感,我们的房子就像鸟巢一样,说不定哪天就会在一次集体砍伐行动中荡然无存。所以从这种意义上讲,每个个体的居住自由恰恰代表的是全社会所有人的普遍安全,政府所凭借的公共利益与全国人民的居住利益相比,只能是小巫见大巫。另一个是命题性门槛,即是否基于公共利益的需要就可以必然地要求私人利益作出牺牲。对此问题作出肯定与否定回答,蕴含了截然不同的价值理念,并且又回到霍布斯－黑格尔范式与洛克－康德范式在市民社会与政治国家关系理论上的经典分歧。其实在公共利益与私人利益之间,不宜简单地排序,而要根据具体情境与条件进行权变与平衡。

〔2〕 See Berlin, *Four Essays on Liberty*, Oxford University Press, 1969, p. 129.

〔3〕 [美]史蒂芬·霍尔姆斯、[美]凯斯·R. 桑斯坦:《权利的成本——为什么自由依赖于税》,毕竟悦译,北京大学出版社2011年版,第23页。

涉。居住自由中包含居住安宁不被打扰的权利和居住安全不被侵犯的权利，还包含居住方式不受外来非法支配或控制的权利；这些居住自由中的子权利本质上都是人身自由的具体表现。寻找能对人身安宁、安全与惬意提供保障的居所，是每个人内心的需求；它无关财产亦无关身份，只关乎最基本的人身自由。1763 年，英国首相威廉·皮特在英国上议院发表演说："即使是最穷的人，在他的寒舍里也敢于对抗国王的权威。风可以吹进这所房子，雨可以打进这所房子，房子甚至会在风雨中飘摇，但是英王不能踏进这所房子，他的千军万马也不敢跨入这间门槛已经破损了的破房子。"[1] 这就是"风能进，雨能进，国王不能进"这句经典法谚的由来。当然，这种理念并非西方人首创，在我国 2000 多年前的汉代即有私宅不受非法侵犯的法律制度。[2]

（2）居住自由也是一种政治自由。从固定的居住模式来看，公民有权基于业主身份参与居住小区的民主管理，成立业主委员会，代表全体业主，监督物业公司，与基层政府与居委会沟通，实现社区自治。随着住房私有化改革的深入推进，这种居住模式越来越普遍、越来越典型，它已经带来了基层社区尤其是"城市基层社区政治生态的深刻变革"。[3] 从动态的居住模式来看，公民可以通过选择居所的自由权实现政治愿望的表达。在一个自由的社会里，基于自愿和理性选择的自由迁徙行为，往往是公民表达对当地政府不满的重要手段。从宪法上看，选民在自己的愿望不能通过表决

---

〔1〕 Oxford English Dictionary of Quotation, 1966. See also Tibor R. Machan, Individuals and Their Rights, La Salle: Open Court, 1989, Chapter v. 转引自李龙主编：《西方法学经典命题》，江西人民出版社 2006 年版，第 352 页。

〔2〕 居延出土的汉律散简中明文规定："捕律：禁吏毋夜入人庐舍捕人。犯者，其室殴伤之，以毋故入人室律从事。"意思是说，禁止官吏夜间进入私宅逮捕犯罪嫌疑人，违反者一旦被私宅主人杀伤，则按照汉律的"毋故入人室"的律法处理。什么是"毋故入人室律"呢？考古学家陈公柔转引《周礼·秋官·朝士》注引郑司农之说："若今时无故入人室宅庐舍，上人车船，牵引人欲犯法者，其时格杀之，无罪。"参见陈公柔：《居延出土汉律散简释义》，载《先秦两汉考古学论丛》，文物出版社 2005 年版。

〔3〕 郭于华等主编：《居住的政治》，广西师范大学出版社 2014 年版，第 12 页。

程序实现时,不仅可以用弃权的方式退出政治决策,而且可以用迁徙的方式退出政治疆域,这就是我们所说的迁徙自由。当一个国家的选民感到在地方性的公共决策中不能满足自己正当合法的愿望和要求时,可以迁往该国的另一地方;当他的正当合法的愿望和要求在国内不能得到满足时,他可以迁移到其他国家。迁徙就像"用脚投票",而且事实上是投了两票:一是对迁出地的反对票;二是对迁入地的赞成票。

(3)居住自由还是一种社会经济自由。这一点集中体现了居住自由的积极性权能。日本的小林直树教授根据政治、经济、文化等基本权利的不同性质和内容,把公民的基本权利分为四大类,其中第三类社会经济权就包括居住自由权和迁徙自由权。[1] 居住自由作为社会经济自由,首先表现为获得居所的权利。从宪法上讲,这意味着政府要积极履行相应的义务,提供最低限度和保障性的居住条件,并且有责任通过经济杠杆对改善性住房的供求平衡关系进行宏观调控。其次表现为选择居所的权利。这是市场经济发展的必然要求,市场经济是一种通过市场配置资源的一种经济运行模式,它的最大特点是流动性,即各种生产要素根据市场供求关系的变动和利润趋向进行自由流动,以达到经济资源的优化配置和经济效益的最大增长。作为人力资源的终极拥有者,公民个人有权为了获得更好的就业机会和其他经济动机而自由选择居所,包括自由迁徙。如农民可以为了获得更高的生活水平而选择进入城市。在中国,由于户籍制的存在,城乡居民会基于特定的户口身份而享有居住地的某些外地人无法享有的权利或待遇,它体现了居住自由概念中的差别性特征,而这种差别性特征并不是一成不变的,随着政府公共治理政策的变化,人们对居所的自由选择也会出现灵活偏好。例如,居住证制度的改革会促进高层次人才从乡村向城市

---

〔1〕 参见韩大元、胡锦光主编:《宪法教学参考书》,中国人民大学出版社2003年版,第302页。

流动、从中小城市向大城市流动，而农村土地"三权分置"改革的深入又在城市农民工群体中激发一定程度返乡回流的兴趣。

（三）政府的边界：居住自由权的克减条件及其限制

1. 权利克减的必要条件：政府对居住自由的限制

任何自由与权利都是相对的，居住自由也不例外。孟德斯鸠说过："自由是做法律所许可的一切事情的权利，如果一个公民能够做法律所禁止的事情，他就不再有自由了，因为其他人也有这个权利。"[1] 若斯兰也明确提出："一切权利的行使，应以满足一种合法而正当利益为范围。"[2] 居住自由的相对性，实质上是个人利益与公共利益之间的冲突与权衡。

个人的居住利益与安定的社会秩序都是法律应当保护的价值，但是二者经常发生冲突，这时应当运用法的价值冲突的基本原则来解决。个体利益与社会秩序处于不同的价值位阶，秩序作为法的整体性价值，其位阶高于作为法的分散性价值的个体利益，当二者出现矛盾时，应当秩序优先，社会秩序的和谐稳定是人民权利实现的良好保障。在个人利益与公共利益之间，个人利益必须受到公共利益的限制。

世界各国以各种形式在确立和保障公民居住自由权的同时，也就此作了限制性的规定，一般主要有这样几种：

（1）基于国家安全的限制。国家体现了公民的整体利益，公民的居住自由应当受到适当限制。如《保加利亚宪法》第 35 条规定："每个人均有权自由选择自己的居住地，自由地在国内迁移和离开国境。这一权利只有在为保卫国家安全时才用法律加以限制。"

---

〔1〕［法］孟德斯鸠：《论法的精神》（上），张雁深译，商务印书馆 1997 年版，第 154 页。

〔2〕［法］路易·若斯兰：《权利相对论》，王伯琦译，中国法制出版社 2006 年版，第 10～11 页。

(2)基于社会秩序和公共安全的限制。例如,某公民是恶性传染病患者,则对该公民的居住自由应予限制并强制治疗。再如,农村宅基地不可以进入房地产商品市场自由交易,否则就会彻底摧毁国有土地市场和集体土地市场二元构造的整体市场秩序,所以农村小产权房是得不到产权确认的。但是个人居住利益并不是无条件地让位于公共利益,虽然国家基于公共利益需要可以征收或征用公民私人的房地产,但必须给予合理补偿。[1]我国宪法也是这么规定的。这体现了公共利益与私人利益之间的权衡。

(3)基于公民义务的限制。禁止以居住自由规避公民应承担的义务,更不能以此权利进行犯罪,逃避司法追捕与审判。如《马耳他宪法》第45节第3条第4款规定:"出于强制任何个人履行其法定义务的需要而对其离开马耳他国境的权利的限制。"

(4)基于司法侦查或监察调查的限制。《土耳其宪法》第23条规定:"为了防止犯罪行为……居住自由可以由法律加以限制,基于对犯罪行为进行调查和起诉的理由,或出于防止犯罪的目的,迁徙自由可以由法律加以限制。"在刑事侦查中,为了刑事侦查能够顺利进行,还可以对当事人采取必要的强制措施,如取保候审、监视居住、拘留等。我国《监察法》对涉嫌职务犯罪或严重职务违法的公职人员还设定了留置措施。

(5)基于权利冲突的权衡妥协而作出的限制。两个或者两个以上同样具有法律依据的权利,指向某种共同的对象,由于其属于同一权利位阶或价值相当,从而引起它们之间的对立或紧张,这便是权利冲突。权利冲突普遍存在于我们的法律生活中,政府在解决权利冲突问题时,需要结合具

[1] 如何才叫合理呢?从法理上讲,补偿标准应当大于所征不动产当时的市场交易价。因为政府征收公民房屋不仅是动了房屋所有权和土地使用权这些物权法上的财产利益,而且动了宪法意义上的居住利益,不仅要补偿公民的物权损失,而且要补偿人权损失。这种居住利益恰恰是最难以估价的一块奶酪,它实质上是一个很复杂的既得利益体系,包括既得的居住生态、购物环境、交通便利、教育医疗条件、文化娱乐设施、社会网络资源等一系列的居住利益。

体情境进行比较、权衡和取舍。在居住自由的语境下,当两个或两个以上的权利相互抵触或对立时,一个权利主体行使他的权利必然构成对另外的权利主体的权利限制或者阻碍,结果总会顾此失彼,支持其中的一个或者各自的一部分,使一方权利丧失一部分或者各自丧失一部分,于是就需要通过权利妥协的方式在冲突各方之间进行平衡。例如,在居民小区内是否可以燃放烟花爆竹、是否可以跳广场舞?这就涉及居住自由与表达自由两种权利冲突与平衡问题。燃放烟花爆竹和跳广场舞属于表达自由,但是在行使该项自由时会损害到小区内其他居民的居住自由(主要是居住安宁权、居住安全权),居住自由与表达自由在权利位阶上旗鼓相当,所以在处理此类矛盾事件时就应当对双方的权利予以必要的克减,居住者要有一定的容忍度,对燃放者和跳舞者不当然禁止,但要对其行为的时间、方式和种类等设置限制条件,如夜间禁放、升空类烟花禁放、戴着耳机跳舞等。

2. 对限制的限制:政府克减公民权利的合宪性考量

必要的权利克减对于解决权利冲突问题大有裨益,但对权利的克减并不是任意的,更不是毫无限制的,否则势必矫枉过正,损害被克减者的正当权益。因此,必须处理好权利克减和对克减的限制之间的关系。其实,权利克减的价值旨趣在于法权之间的平衡,而对于权利克减的限制则是为了实现某种再平衡,以免公权力的恣意扩张对公民私人权利造成不当减损以及私权利的任性滥用对整个权利秩序造成失衡。

(1)对权利克减在程序上要符合正当程序原则。只有法律明确规定,公权力才能对私权利予以克减。权利一旦被法律确认后,就不得被国家任意限缩;当不得不克减权利时,必须严格依照法定程序,行为主体一定要适格,权力行使要有严格步骤与合理限度,并承担对权利克减正当性的举证责任。例如,烟草专卖局的稽查大队进入某人的住宅,搜查走私香烟。这是超越权限的违宪行为,因为能够进入住宅进行搜查,只限于几个特定的主体权限,如公安机关为了抓获犯罪嫌疑人或为了获取证据,可以进去,但要经过县级以上公安机关的批准;或人民法院强制执行也可以进入住宅,并应当遵守一定的程序规则,如出示相关的证件以表明其行为得到合法授权。但在紧急情况下程序可以从简,如公安机关接到某住户家里正在进行赌博的举报,公安机关可立即对其住宅进行突击检查。

(2)对权利克减在实体上应当是利益权衡的结果,并且应当贯彻比例原则。[1] 既要防止借公共利益之名侵犯个人的自由,也要防止私人权利的滥用和绝对的"自我防卫",[2]因此,对权利克减应当在权利与权力之间寻求平衡,遵循比例原则。首先,手段与目的要成比例。对居住自由的权利克减不仅要符合目的的正当性,而且在选择措施时要将其负面影响控制在最小范围内。德国法学家弗莱纳曾形象地将之比喻成"打鸟不要用大炮",类似于孔子所说的"杀鸡焉用割牛刀",意指公权力的行使在手段上不宜过猛过苛,做到适度。如警察为了抓捕逃犯而要求某一新村所有居民都接受入户检查,这显然违背了比例原则。其次,成本与效益要成比例。一项权利克减措施的出台,应当综合考虑其交易成本和效益,符合法益相称性原理。例如,在对私人房屋的行政征收问题上,如果允许政府对私人房屋实行"强拆",也许能提高行政效率,但是牺牲了公民的宪法生存利益,会引发社会公众对政府的不安和不满情绪,导致政府信任危机,甚至会引发激烈冲突和恶性事件。所以在制度设计上,要引入司法审查机制,形成对行政强拆的有效制约。最后,有为与无为要成比例。对居住自由的克减需要遵

〔1〕 比例原则一开始是行政法上的一项基本原则,最近几十年里,比例原则已经突破行政法法域,并在宪法理论与实践中获得广泛的国际认可。是指"相对于事实可能性与法律可能性的最优化要求"(optimization requirements)参见 Robert Alexy, *constitutional rights and proportionality*,载许崇德、韩大元主编:《中国宪法年刊 2010》,法律出版社 2011 年版,第 222 页。Alexy 在文中还援引了其他学者的文章作为佐证,如 David M. Beatty, *The constitutionalism*, Columbia Journal of Transnational Law 47(2008), p. 72 – 164。

〔2〕 参见[英]约翰·密尔:《论自由》,商务印书馆 1959 年版,第 10 ~ 11 页。

循“法定职责必须为、法无授权不得为”的权力运作规则，以平衡私权利与公权力之间的紧张关系。例如，公安机关和监察机关基于办案需要可以搜查相关当事人的住处，除了必须满足法定的形式要件外，在搜查对象、搜查范围、搜查方式、物品处置等问题上要严格控制，不得殃及他人，不得野蛮搜查，不得随意查封扣押，不得侵犯或损害屋内陈设与物品等。

二、疫情防控中的法权冲突与平衡

公共治理是一种主体多元化的治理结构，在多元化主体结构中，政府和相关公共机构或组织无疑扮演着举足轻重的主导性角色。公共治理实践中产生的基本矛盾背后所隐含的正是公共权力与私人权利的宪法性张力场域。我国在新冠疫情防控中出现的一些“乱象”无疑也暴露了公共治理领域的宪法性冲突。在新冠疫情防控背景下，政府及有关社区、村自治组织为了快速有效地改变现状、维护社会安全稳定而采取了许多防控措施。然而，也有一些地方和部门面对突如其来的疫情进退失措，出台一些防控措施朝令夕改，其中最突出的矛盾表现在对公民人身自由权的限制问题上，不少人认为，人生而自由，不是传染病患者、疑似病例或密接者，就不应该被人身管控。另外，还有一些防控措施也不可避免地与公民私人财产权、住宅权、劳动权等形成张力。这种张力的存在有其必然性，符合公权力与私权利二元构造的法理逻辑，也存在多元利益博弈的现实基础。面对疫情的形势变化，政府的相应治理措施需要因时而变、因势而动，防止“超常措施”造成公权力与私权利之间的失衡。现在，虽然新冠疫情的严格管控态势已经过去，但留给我们的宪法学问题依然值得我们仔细梳理、深入总结，需要我们基于政府治理的合宪性考量进一步探讨其应然性的合理限度与应对原则。

(一)宪法性冲突:疫情防控背景下政府与公民的张力场域

在疫情防控背景下,公权力与私权利的冲突会在松与紧的动态调整中呈现出不同的形态和激烈程度,但不管何种形式、何种程度,私权利和公权力的张力场域始终存在。

1. 人身自由与疫情隔离管控

新冠疫情后期,我国境内疫情反弹的主要来源为境外输入,虽然境内疫情控制效果良好,但是依然存在聚集性疫情传播风险,存在少量的无症状感染者,即使在低风险区也要外防输入、内防反弹,动态调整疫情风险等级以适应常态化防控需要。在此情形下,各地政府对公民人身自由的限制并没有完全消弭,只要有一个地区调高风险等级,关联地区就立刻加强管控措施,关联人员也随即接受统一的检测和隔离。事实上,我国《宪法》明确规定人身自由是公民的一项基本权利,不受非法侵犯,禁止非法拘禁或非法搜查公民的身体。我国《民法典》进一步规定了人身自由受到侵害后的权利救济途径和责任承担方式。并且,我国《传染病防治法》只授权在发现甲类传染病时,才能对病人、病原携带者、疑似病人以及他们的密切接触者采取限制人身自由的措施。然而,疫情管控下各地"乱象"层出不穷,有些地方甚至出现了"铁链锁门""硬核封路""空旷户外跑步未戴口罩被强制隔离"的荒唐事。诸如此类激进的隔离措施过分限制公民的人身自由,公民的正常生活也被过度干扰。

2. 私人财产权与疫情行政征用

我国《宪法》规定了公民的合法的私有财产不受侵犯。在疫情期间,为了扩大床位供给,有些地方采取了临时征用酒店、学校宿舍来隔离病患,临时征用交通工具来运输物资等措施,这些对公民的财产权进行行政征用的行为符合《传染病防治法》第 45 条的规定。然而在征用过程中,往往会出现与私人财产权相冲突的情况,如某些学校在改造成定点医疗点的过程中,学生的私人物品遭到了严重破坏。虽然该地政府是依法履职征用大学宿舍,但不可否认其在一定程度上侵害了被征用人的财产权,引发了学生强烈的不满情绪。征用是临时取得公民、法人或者其他组织财产的使用权,使用后必须返还或给予补偿。

3. 住宅权与行政强制措施

在世界法治史上有一些著名法谚,如"风能进,雨能进,国王不能进"[1]"一个人的住宅就是他的城堡,一个人的家就是他最安全的庇护所",[2]这些法谚体现了公民的住宅权神圣不可侵犯的理念。各个国家的宪法都对住宅权进行了特别保护的规定,我国《宪法》也明确规定了公民住宅不受侵犯,禁止非法搜查或非法侵入公民的住宅。但在疫情防控期间,一些行政执法人员非法侵入住宅的新闻屡见不鲜。例如,疫情期间某地动用无人机上街劝返不戴口罩的居民,无人机劝返过程中竟一路跟进居民家中,家里的一切也被无人机拍得清清楚楚,这种行为显然侵犯了公民的住宅权。

4. 正当程序权与疫情防控秩序

疫情防控背景下,正当程序权的合法保障显得尤为重要。如疫情期间教育行政部门要求用线上教学模式取代线下教学模式,授课形式局限在网络空间也对正常的教学程序产生了影响。例如,对于自制力差的学生而

---

〔1〕 源于英国首相老威廉·皮特1763年在议会的一次演讲——《论英国人个人居家安全的权利》,演讲中有这样一段话:"即使是最穷的人,在他的小屋里也能够对抗国王的权威。屋子可能很破旧,屋顶可能摇摇欲坠;风可以吹进这所房子,雨可以淋进这所房子,但是国王不能踏进这所房子,他的千军万马也不敢跨过这间破房子的门槛。"后世将之浓缩为"风能进,雨能进,国王不能进"。皮特的演讲,正是为公民私宅免受政府侵犯而背书。参见李龙:《西方法学经典命题》,江西人民出版社2006年版,第352页。

〔2〕 最早是由英国法学家爱德华·柯克在其著作《英国法总论》(*The Institutes of the Laws of England*)中提出。他在该书中写道:"For a man's house is his castle, and each man's home is his safest refuge."参见 Jason C. King, The Duty to Retreat, Great Space Independent Publishing Platform 2015, p. 2.

言,网课成了一种消遣方式,学生从原来的端坐听课,到后来趴在被窝里上课或者边吃早饭边上课。线上教学还有太多的不确定性,对学生、老师、学校、家庭都会有一定的负面作用。考试程序的仪式感和严肃性也同样重要,线上考试不但会影响参考人员的专注度和投入感,还会使公平性大打折扣。不成熟的线上考试技术无法保证所有参考人员享有同等质量的网络环境,甚至可能因为网络问题影响考生良好的考试心态,监考措施也达不到传统教室考试的面对面效果。[1] 对此,我们必须明晰,线上只能是权宜之计、辅助之法,不能成为取代线下的最佳选择,能线下的尽量不要线上,这应成为一项基本原则。

5. 劳动权与停工停产及复工复产防控工作

疫情蔓延之下,一些行业被迫停摆,民营、小微企业陷入了生存困境。企业的生存与劳动者的权益息息相关,毫无疑问,停工、停业的紧急措施是一定时期内对有关劳动者的劳动权的限制。疫情期间企业无法正常运营,业务线受到影响甚至完全砍断,"百名影院人集体呼救""地接导游朋友圈哀号""灵活就业人员在疫情中裸泳"此类的新闻频频出现,不难从侧面看出张力的存在。针对疫情给民众合法劳动权益所造成的严重影响,各地政府部门一手抓疫情防控,一手抓复工复产,紧锣密鼓地出台了相关政策文件,一方面要保障劳动者权益、稳定民众情绪,另一方面要考虑疫情对企业和经济的实际影响,自然而然形成了无形的张力。

6. 责任有效担当与责任豁免宣示

疫情防控背景下,有的政府部门慎终如始,坚持常态化精准防控和局

---

〔1〕 在司法领域也有类似的情况,部分诉讼或仲裁当事人受疫情影响无法按照预期参与开庭程序,各地人民法院为了保证司法秩序的正常运行,许多法院选择利用网络视听传输技术进行在线庭审,但由于网上庭审技术的不成熟性,网络卡顿、辩护人掉线、当事人找不到庭审入口等问题屡见不鲜。在司法实践中,这些看似无关紧要的小事却极有可能会影响诉讼程序参与者的积极性、认真度与参与度,造成控辩双方辩论不充分、庭审流于形式,不可避免地与诉讼当事人的正当程序权利产生冲突。

部应急处置有机结合，有的部门和机构却仅满足于通过某种形式上的防控措施对未来可能产生的责任作出豁免宣示，而不是有效的责任担当。例如，在某些低风险地区，有关部门仍要求学校食堂设置隔离挡板，就事实来看，这些挡板非但不能起到理想的防疫效果，还造成资源的严重浪费，营造的只是一种虚假的安全感。在低风险状态下，采取超常措施，公民的配合程度可能会慢慢降低，一些基层防控逐渐流于形式。再如，强制性的每日报平安的措施，其深层动机也是相关部门基于责任豁免的考量。这些政府部门或者公共机构怕出事、怕担责，迷恋用“一刀切”的方式获得责任豁免理由，以防未来承担责任。

（二）必然性分析：张力存在的法理逻辑与利益关系

疫情防控中，政府公权力与公民私权利的张力并不是一种偶然现象，而是存在内在的必然性。这种必然性主要取决于多元利益的博弈关系。

1. 整体利益和局部利益

中国在抗疫阻击战中取得了举世瞩目的胜利。这一成效得益于各级政府、各社会机构和组织以整体利益为导向，坚持“全国一盘棋”的工作大局，充分彰显了中国共产党领导下“举国体制”的显著优势，也是局部利益服从于整体利益为主旨的集体主义精神的胜利。面对风险挑战，局部利益只有在整体利益的维护中才能得以实现，因此各项制度既要倡导和保障整体利益，又要协调和兼顾局部利益。习近平总书记秉持人类命运共同体理念，结合中国抗击疫情的实践经验，就加强疫情的国际合作、稳定世界经济发展提出了一系列重要主张，发挥了重要引领作用。构建人类命运共同体，呼吁各国携手应对风险，正是维护整体利益的深刻诠释。从国内防疫常态化趋势下看，境内防控还需要根据全国与地方之间的形势变化，研判整体与局部之间的利益关系，科学落实各项动态防控措施。然而，疫情也是一面“照妖镜”，让一些局部利益凌驾于整体利益之上的政治博弈无处遁形。例如，面对来势汹汹的疫情，美国联邦与州之间持续冲突分歧、各自为政。联邦与州之间的利益协调一度出现紊乱，如白宫对外发布的信息与各州政府及医学专家的说法不一致，各州相互竞争联邦资源和竞价采购医疗和防护物资。

2. 公共利益和私人利益

由国家法律赋予的，并严格按照法律规定的范围行使的政府权力代表的是公共利益，但政府治理的目的或宗旨还是回归到每一个个体，坚持以人民为中心，保障公民权益和社会安全。当然，权力的滥用与异化不可忽视，但基于法益位阶以及疫情防控措施全面性与效益性的考量，必然要对部分私人权益进行限制。不可否认，国内零星散发病例和局部暴发疫情的风险仍然存在，区域管制、校园封闭等措施能有效防止疫情的二次暴发。然而，当把更多关注给予公共利益时，又该如何有效保护私人利益？私人利益在与公共利益的对比中具有弱势性，一面是对病毒的恐惧，另一面是个人主义的催发，导致部分民众作出了激烈对抗的行为，如从疫区返乡的居民声称自身利益不容侵犯，并利用各种手段脱离防御部门的监管。在疫情防控过程中，政府要格外关注和切实保护个人的正当权利，同时私人利益需要作出妥协，适当让步于社会利益和国家利益，西方极端个人主义倡导的“私人利益至上”对疫情扩散无异于助纣为虐。

（三）应然性对策：张力的缓释路径

突发性疫情往往情况复杂，具有不确定性，从动态的角度讲，即使疫情管控进入常态化，也难以预见张力发展变化的趋势。因此，我们应该科学遵循张力缓释的原则，探寻张力缓释的有效途径，使这种张力得以均衡和缓冲。

1. 公权力运行中的张力平衡缓释路径

(1)坚持比例原则。

从实质上讲,比例原则描述的是公权力的运作与私权利的行使之间合理的比例关系,其内涵可以简要概括为目的的妥当性、手段的必要性和法益的相称性。

一是目的的妥当性。在疫情管控中,政府部门不仅要提高防控效率,健全专业防控体系,而且要根据具体情境,判断防控手段的目的是否与法律目的相冲突。例如,某地政府征用其他地区的医疗物资,将征用的口罩分发给行业协会、物业公司的人员使用,并非直接用于一线医疗机构防控使用。不仅侵害了被征用物资所有权人的利益,还侵害了其他疫情更为严重的地区群众的利益。因此,该地政府征用目的的妥当性值得商榷。

二是手段的必要性。在疫情防控中,绝不能因为疫情严重就小题大做、滥施处罚。前面章节中谈道"治大国若烹小鲜"的中国智慧,各级政府部门都应秉持"烹小鲜"的态度,根据疫情发展的变化趋势,拿捏防控手段的尺度,在公权力与私权利之间寻求平衡。在非常态化疫情防控下,为了有效抑制病毒的蔓延,各地政府纷纷采取城市封闭、道路限行、区域管制等措施。公民考虑到维护社会稳定和自身安全的需要,也会适当提高对私权利限制的容忍度。但是,能否在常态化疫情防控背景下继续实施如此严苛的手段呢?这就涉及手段的必要性问题。非常态化下的防控手段只能是应急性的权宜之计,如果将非常态化防控手段照搬到常态化下继续实施,只会引发公权力与私权利之间激烈的冲突。比如,在常态化背景下,如果一些高校依旧实行严格的管理措施,将大门长期"非常态"封闭,学生在持续的高压环境下就容易产生焦躁和不满情绪,从而绕过烦琐的请假程序,直接翻越围墙。

三是法益的相称性。国家机关在行使公权力时要综合考虑其运行的代价与效益,作出适当的权衡、比较和选择。以武汉“方舱医院”为例,在短时间内兴建这样一座医院,必须快速整合巨大的人力资源、设备资源以及物资。但建成后,方舱医院不仅可以收治大量患者,其开放式的病房还可以大幅提高看护效率,以最小的成本解决医疗资源紧张的难题,疫情结束后还可以低成本恢复,这就体现了执政者在追求目标时的长远眼光和成本意识。但是,某些地方为了加强疫情防控措施,要求公共食堂每张餐桌上都设置隔板,有些地方甚至将这种隔板用于教室课桌。这种掩耳盗铃式的管控措施就是一种高成本、低效益的反面典型事例。

(2)遵循正当程序。

“程序公正和规范是自由不可或缺的内容……自由的历史在很大程度上是遵循程序保障的历史。”〔1〕只有遵循法律的正当程序,政府公权力才能对公民私权利予以克减。政府如果要介入私人领域,不仅要认清自身的法定职权范围,而且要对一整套介入的条件、步骤、方式、过程等进行符合正当法律程序的规则设计,为自己的行为降下一道“无知之幕”,这样才能排除主观恣意的非理性因素的干扰,避免一切先入为主的傲慢与偏见。

(3)保持灵活偏好。

在疫情防控常态化背景下,在全国范围内很可能会出现几个地区接连暴发小规模的聚集性疫情,尔后,哪里又会是下一个疫发地?对此谁也无法预测。因此,面对疫情防控下的复杂性和不确定性,政府公权力运行要有灵活偏好。灵活偏好是西方经济学家凯恩斯在经济危机下提出的理论,他主张政府要灵活偏好,根据市场的供求关系,灵活调整财政政策和货币政策。在疫情防控工作中,政府施策同样要有灵活偏好,因时而动、顺势而为。在应急性疫情防控中,公权力运行往往更偏向于“控”,但疫情防控转

〔1〕［英］威廉·韦德:《行政法》,徐炳等译,中国大百科全书出版社1997年版,第94页。

入常态化后,政府施策应更注重“防”,防得好才能控得住。“防”不是不分时间、空间、对象的全覆盖的防,而是分区分类,有所侧重的防。此外,动态调整,差别对待,是疫情防控工作中必须掌握的精髓要义。这就要求政府动态调整风险等级,灵活调节防控措施的力度,高风险地区高度封闭、高度管控;中风险区中度封闭、中度管控;低风险地区进行柔性管控。而且,防控措施不是永久性的,根据情势变化,该放开的就要放开。这就是政府防疫管控中的灵活偏好。

2. 私权利行使中的张力缓释路径

(1)不同位阶权利的排序。

在疫情防控背景下,当不同位阶的权利产生冲突时,私权利为主体的个人应该有科学的排序意识,这就涉及对不同位阶权利的衡量。私权利主体应该明晰,在位阶不同的权利之间要保障处于高位阶权利的实现,就必须对低位阶的权利予以克减,从而实现权利体系的内在秩序价值。在疫情防控下,维护秩序安定依旧处于更高位阶,并且必须始终将保障人民的生命健康权与社会的安全稳定放在第一位,如此一来,部分私权利必然会受到限缩。例如,因隔离而对公民的人身自由进行限制,在生命健康权与人身自由权之间应当优先考虑前者。再如,因征用而导致私人财产权的克减,由于国外疫情形势严峻,入境人员隔离场所不足,公权力优先考虑公民生命健康权,征用宾馆、酒店作为入境人员的定点隔离场所。

(2)张力场域中的妥协。

在公权力与私权利的张力场域中,张力的缓释不仅要着眼于公权力,同时也要着眼于私权利,需要根据不同形式的变化,作出相应妥协的策略。在各种现实情境之中,特别是在公共生活领域,私权利主体妥善权衡与公权力的冲突,并作出一定程度的自我限缩和忍耐是必要的。此外,两个或两个以上同样具有法律依据的权利之间也会发生冲突,如疫情防控下个人隐私权和他人知情权之间的冲突问题。当某些个人信息成为影响疫情传播的重要因素时，一方权利人出于自身保护不愿意公开，他方权利人迫切地想要获取这些和疫情相关的信息，形成权利与权利之间的冲突，需要我们通过协调达到某种平衡点。在特殊情况下，这种理性的协调有利于保障个人的生命健康和全社会的健康安全。例如，在疫情信息公开中，被调查的重点对象应该主动上报历史行程与踪迹，不隐瞒关键信息。同时，公民应通过官方渠道及时了解疫情信息，尊重他人的隐私权，理性对待，不必恐慌。

其实，公权力与私权利的张力关系无论是在疫情时期还是在非疫情时期，都会一直存在。只是疫情时期的张力关系会与往常明显不同，在应急性管控措施下，会更加尖锐化。如今疫情防控转入常态化，虽然张力有所减弱，但面对全球范围的严峻形势和国内疫情时有局部反弹的不确定性，公权力与私权利的限缩将长期伴随公民的日常生活，张力关系依然会保持在某种高位之上。因此，面对公权力与私权利的新博弈，政府必须摒弃简单机械的管控思维、改变片面防疫的极端心态，尽量避免站在道德制高点上干违法侵权的事情。政府要对私人权利作出限制，应当在决定和适用的过程中始终遵守职权法定原则和比例原则的要求，在防控措施上要有足够的弹性，针对疫情的不确定性呈现出政府的灵活偏好，做到有效政府和有限政府的有机统一。公民也应当摆正心态，克服负面情绪，理性地接受暂时性的权利克减，学会进行合理的权衡和必要的妥协。

三、高校管理权与学生公民权的张力

在我国高校的学生宿舍管理过程中经常会出现学校管理权与学生公民权相冲突的情况。如目前国内还有很多高校禁止男女生宿舍之间自由串门,男生宿舍门口挂一个牌子“女士止步”,女生宿舍门口挂一个牌子“男士止步”,看上去好像在加强学生宿舍管理,其实暴露了学生私权利与学校公权力之间的冲突问题。在禁止串门措施中,我们需要思考的是:学生的居住交往自由权与学校的宿舍管理权存在怎样的紧张关系?公权力管控治理的界限到底在哪里?

无论是从宪法理论还是从宪法规范上讲,高校管理权均有理由被纳入合宪性审查的范畴。它与管理相对人的宪法公民权之间存在必然性的张力关系。我们应当按照权利保障和权力制约的双重目标对二者进行价值定位,在此前提下,才可以科学而广泛地对高校管理权与相对人的宪法公民权之间的张力形态进行分析与评价。我们应当承认这种张力的合理性,同时也要为这种张力设定应有的临界点,并且要通过建立健全程序公正原则和权利救济体系,使这种张力得以均衡与缓冲。

高等院校由于行使管理权不当而频频引发侵权争议,是近些年来人们普遍关注的焦点问题,不少学者也怀着浓厚的兴趣从不同的视角进行研究,体现了学者们对高校管理权的理性认知态度以及对青年学生的深切人文关怀。然而这些研究尚局限在高校管理权的合法性问题上,没有能够从合宪性的角度进行根本性的探讨。尤其在学校与管理相对人的关系问题上,倾向于从学生维权的角度进行单向度的考察,而没能将之放在更广义的张力场域加以考察。

(一)张力存在的应然性及其价值定位

要探讨高校管理权与相对人宪法公民权的张力关系,首先必须厘清高校管理权的法律属性。从更为全面的意义上来讲,高校管理权既不是单纯的私法权利,也不是单纯的公共权力,而是具有权利和权力的双重属性。相对国家行政机关而言,高校管理权是一种法人权利,享有自治性,不受行政机关的任意干涉,体现了高校管理权的私法性质;相对管理工作的对象而言,高校管理权则又表现为一种公共权力,本书正是从这个意义上展开讨论的。需要强调的是,这里的公共权力不能仅仅作为行政权力来理解,而要做更为宽泛的理解。除了法律法规授权或国家机关委托的教育行政管理权外,还包括对学校其他各项公共事务的管理权。学校本身就是一个自成体系的社会有机体,学校内部形形色色的人和事,学校都要管,不仅涉及教育行政关系的问题,还涉及相对人的人身关系和财产关系等方面的问题。所以,高校管理权的概念与高校行政管理权的概念相比,其外延更具宽泛性,内涵则更具一般性和抽象性。我们不能局限于行政法,只对高校管理权的运作进行合法性审查,而要从更为根本的宪法学意义上进行合宪性问题的考察。

无论是从宪法理论上讲还是从宪法规范上讲,高校管理权都应当被纳入合宪性审查的范畴。

从理论逻辑上讲,合宪性审查的客体是一种相对于私人权利而存在的具有意志性的公共权力,其外延不仅包括国家权力,而且包括其他社会组织所拥有的公共权力。公共权力从根本上产生于社会又同社会相异化,是在"社会中产生但又自居于社会之上并且日益同社会脱离的力量"。[1] 而且权力总要人格化,体现人的意志,由于人都难免存在认识和道德发展的局限性,这就使得权力在现实运作过程中容易被不恰当地使用或偏离理性的轨道,如果不通过一个至上的权威进行有效的规制,公共权力就像一匹没有缰绳的烈马横冲直撞,将公民个人的权利践踏得支离破碎。因而有必要凭借宪法的权威统领全局,对公共权力进行一般性的规范、审查和监督。通过对客体的论述,我们不难推断出合宪性审查的对象范围,除了国家机

---

〔1〕《马克思恩格斯选集》(第4卷),人民出版社2012年版,第187页。

构外，还应当包括握有公共权力并被宪法所规制的其他公共机构或社会组织，如学校。

从规范文本上看，我国现行《宪法》序言中指出："一切国家机关和武装力量、各政党和各社会团体、各企业事业组织，都必须以宪法为根本的活动准则，并且负有维护宪法尊严、保证宪法实施的职责。"《宪法》第5条第3、4款也明确规定："一切国家机关和武装力量、各政党和各社会团体、各企业事业组织都必须遵守宪法和法律。一切违反宪法和法律的行为，必须予以追究。任何组织和个人都不得有超越宪法和法律的特权。"众所周知，高校显然属于事业组织，将高校管理权的运作纳入合宪性审查的视野，也就成为宪法规范的题中应有之义。

当然，高校管理权不是在任何情况下都要列入合宪性审查的视野的，只有在其与相对人的宪法公民权形成一定的张力关系而又无法通过普通法律的途径得到解决时才适用。事实上，由于高校管理权在外延上呈现出无限膨胀的趋势，导致学校管理权的日常运作面临许多不确定因素的挑战，最为突出的是高校管理权与管理相对人的宪法公民权之间容易产生紧张和冲突。根据宪法的价值理性的要求，在公民私人的宪法权利与高校的公共管理权力的关系问题上，前者更应该得到尊重和有效的维护。因为根据权利先在的理念，当私人权利与公共权力发生矛盾冲突时，我们应当以权利为本位，权利是目的，权力是手段，前者具有直接否定后者的资格和能力。权利先在理念所蕴含的价值理性，导致我们在宪法制度安排上的双重价值定位：一方面是以发展和维护人权为核心的权利制度，另一方面是以限制和拘束公共权力为核心的权力制度。这种价值关系的基本架构也正是我们在处理高校管理权与相对人宪法公民权的关系问题时应当遵循的基本原则。

(二)张力存在的现实性及其表现形态

随着教育体制改革的深入,高校作为公共事务法人的主体角色日益彰显,高校在对相对人的管理过程中拥有广泛的自由裁量权,加之规范学校管理的法律法规的稀缺以及双方在事实上强弱悬殊的地位,使得高校管理权呈不断扩张的态势,相对人的基本权利往往很容易受到校方管理行为的侵害;同时,高校管理的相对人也在发生人格、观念以及行为模式的嬗变。在法治社会的洪流中,沉睡在人们心中的主体意识和权利观念已经被彻底地唤醒,他们已经认识到宪法赋予他们的基本权利是用来对抗公共权力的防御权。当意识到自己的某项权利受到侵犯时,就会流露出不满情绪和对抗行为,到学校讨说法者有之,提出行政申诉者有之,对簿公堂者亦有之。高校管理权的扩张和被管理者权利意志的张扬,便在彼此之间自然而然地形成了某种无形的张力。

高校管理权与相对人宪法公民权的张力主要涉及这样几个方面的问题。

1.关于受教育权

受教育权虽然在宪法权利体系中不是最为核心的部分,但它在我们的论域中是谈论得最多的一种权利。众所周知,高校在管理权运作过程中,大量的工作都是围绕教育教学这一中心环节展开的;作为相对人而言,无论是学生还是教师,都有宪法赋予的接受教育的基本权利,并且从现实性和功利性意义上讲,他们都有接受教育的迫切要求。学生是通过激烈的高考竞争才踏进大学校园的,而且就业的形势越来越严峻,他们会十分珍惜现有的受教育权;教师则为了晋升、科研以及各类评估活动的需要,都想进一步深造,取得更高的学位或学历。高校的日常管理工作固然是要增进相对人的受教育权,然而在具体操作的时候又往往与相对人的受教育权产生冲突。

如在高校招生工作中由来已久的差别性政策(对不同的地区和民族实行不同的录取分数线、确定相差悬殊的招生名额以及高考加分的优惠政策等),显然与公民平等的升学机会权形成张力。曾有学者对此类问题进行过尖锐的批评,认为这些差别对待的歧视政策严重侵犯了公民的宪法权利,具有明显的违宪性。甚至还有某些东部沿海省份的高考考生在落榜后把矛头直指招生地域歧视政策,并愤而状告教育部,但未得到实质性回应。冷峻思之,这些观点未免有点偏激,因为差别待遇的实质是通过形式上的不平等达到实质上的利益均衡,体现了受教育权的正义价值,反映了宪法时代下重视弱势群体的新的"身份"理念,是梅因公式的否定之否定。这也是考生状告教育部失败的根本原因所在。当然,宪法之树常青的秘诀在于它的权变性,歧视政策不是长久之计,应当随着各种主客观条件的变化而变化。美国肯尼迪时期曾出台一项歧视性的"平权措施"(affirmative action),目的是促进在教育、就业等方面各类群体机会的平等,主要使黑人、印第安人、拉美裔、亚裔以及妇女享有优先录取、录用、晋升或优先得到贷款和政府合同的权利。但是近些年来,由于勤奋优异的亚裔学生的录取比例已远超过该族裔在全国人口中的百分比,因而高校入学领域的"平权措施"不再适用于亚裔。2003 年 6 月,美国联邦最高法院在芭芭拉诉密歇根大学法学院一案的判词中还明确提出,平权措施不可以无限期实施下去,"预期 25 年后,种族优先的运用对于促进今天所批准的利益(学生多元化)将不再必要"。[1]

学界一提到受教育权纠纷,每每会将田永诉北京科技大学案、刘燕文诉北京大学案奉为经典,不过它们只是反映了公民学习成功权与高校管理

---

〔1〕 张哲瑞:《我在美国当律师》,中国友谊出版公司 2004 年版,第 121 页。

权相冲突的一个侧面。其实有些案例虽然没有诉争，却能从多个侧面反映张力的存在，如一些高校以名额审批为条件限制青年教师报考研究生，这显然涉及公民的学习机会权和学习成功权等多方面的问题；再如，某些高校对当年欠缴学费的学生采取不予学籍注册和取消期末考试资格的措施，这同样会制造出一些不应有的紧张关系。

2. 关于人身自由

广义的人身自由是公民参加各类国家生活、社会生活的基本条件，是以人身保障为核心的权利体系，包括身体自由、行动自由、交往自由、居住自由、通信自由以及人格尊严等方面的权利。高校在日常管理工作中往往会出现与上述基本权利相冲突和摩擦的情况。如前文所说的在男女生宿舍大门口悬挂的"异性止步"的禁令与公民的交往自由形成张力；限制大学生校外租房与公民的选择住所自由形成张力；以军营模式管理学生宿舍与公民居住方式的自由形成张力；宿舍管理员不打招呼擅自打开学生宿舍例行检查又显然与公民的住宅安全权形成张力。最耐人寻味的要数重庆市南岸区人民法院裁定的重庆某高校女大学生怀孕被勒令退学案以及成都市武侯区人民法院裁定的成都某大学晚自修在教室接吻被勒令退学案，这两起行政诉讼案件都以不属于法院受案范围为由被法院裁定驳回，从而至少暴露出两个问题：一是在我国现实的法律生活中不是所有的侵权纠纷都可以得到司法解决；二是根据宪法理论，有权利就必然有救济，但目前我国的宪法救济制度尚付诸阙如，这是法治国家建设中的一大软肋，也恰恰说明了本课题研究的迫切性。

3. 关于私人财产权

这个问题很重要，但又常常被人们忽略，因为在许多人看来，财产纠纷应当属于民事纠纷，是纯粹私法性质的讨论话题，与合宪性问题关系不大。其实这种观点犯了一个法律逻辑上的错误，将宪法上的私人财产权与民法上的私人财产权混为一谈。民法上的财产纠纷是发生于平等民事主体之间的一般侵权案件，而宪法对私人财产权的维护实质上是针对公共权力的不当侵害而言的，且对私人财产权的限制也是基于公共利益的考虑。

高校管理权与相对人宪法公民权的张力形态除存在于上述几个方面的问题中以外，在其他方面，如表达自由、信仰自由、婚姻自由等问题中也屡见不鲜。

（三）张力存在的合理性及其临界点

在公共权力与私人权利的关系问题上，我们通常还要预设两个合理的假定：一是假定赋有天然权利的个人都有为了自身利益而私欲膨胀乃至损人利己的恶性倾向，使得私人权利的存在在彼此之间造成普遍的威胁；同时也假定公共权力在行使过程中会违背其设立的善良初衷，使得合法的私人权利受到不必要的侵犯，那么就必须通过反映人的善性和理性的权威或力量来控制和制约这种可能的恶性。前一个假定说明公共权力产生和存在的必然性，后一个假定说明公共权力被限控和制约的必然性。这两种必然性又进一步说明高校管理权与相对人宪法公民权之间存在张力是合理的，并且这种张力应该还有一个合理的临界点。那么如何寻求这个临界点呢？

首先应当从价值层面入手，以人文关怀和权利本位作为高校管理权运作的终极价值追求。公共权力的确立是为了使其为公民的权利服务，并且为了防止权力的异化，还要对其进行制约，但确立公民的宪法权利并不是为了制约它，而是为了保障和维护它，是对人之为人的肯定和尊重。人的权利并非渊源于宪法，而是权利创造了宪法，“并不是因为宪法提到了这些权利它们才是基本的;它们是基本权利,所以才写进宪法中”。[1] 相反,国家权力的逻辑起点在于立宪确认,因为“在权利和权力关系领域,权力是权利的次生形态和幻化样式,权利是权力的基础和源泉,权力来自社会的权利冲突和社会管理的需要,权利规定和界定了国家权力运作的合理性基础、范围和限度,是国家权力的界标”。[2] 如果我们将公共权力视为本位性的东西,那么我们就会倒退到黑格尔所说的中国古代“终古不变的宪法精神”中去,人的自然权利就成了被缚的普罗米修斯。所以,这种权利先在理念就决定了宪制结构中的本位选择,它为高校管理权的运作设定了边际价值。从历史的国别的角度看,事实上存在或以公民权利为本位或以国家权力为本位的不同情况,这反映了一个国家法治文明的发达程度。

其次应当从实证层面上严格把握,以法定的职能和权限作为高校管理工作的外部范围,善待学校的自治权。受到传统计划体制的影响,高校对管理相对人采取的是统管模式,即对相对人的学习、工作和生活等事项统统都要管,因而不可避免地会出现许多不该管、管不了也管不好的事。前文所举的高校管理权与公民人身自由权相冲突的案例皆属此类。例如,之前教育部在修订大学生行为规范时取消了在校大学生不准结婚的禁令,作为一则火爆的新闻这条修订在全国上下炒得热闹非凡。有的媒体甚至以讹传讹地说:教育部已经批准大学生可以结婚啦。这种法盲式的报道实在荒唐可笑。众所周知,公民的婚姻自由是一项早已由宪法和婚姻法予以明确规定的私人权利。一个人不管是什么身份,只要满足了年龄的、生理的和伦理的条件就可以自愿登记结婚,根本不需要主管部门批准。所谓教育部批准之说纯属无稽之谈;再者,取消大学生不准结婚的禁令不等于说所

---

〔1〕［美］考文:《美国宪法的基本的原则》,载宪法比较研究课题组编译:《比较宪法研究文集3》,山东人民出版社1993年版,第13页。

〔2〕刘旺洪:《权利本位的理论逻辑——与童之伟教授商榷》,载《中国法学》2001年第2期。

有的大学生都可以结婚,还得严格按照法定条件予以区别对待。

在高校管理权与相对人宪法公民权的张力问题上树立临界意识,这样我们就能自觉地在制度安排上完善相应的程序规则和救济机制,使张力能够得到有效缓冲。

高校管理权运作不仅要实体上合法,而且要体现程序正义。在我们讨论的张力场域中,权利救济途径不畅是目前我国高校管理相对人在主张自身权利时常出现尴尬局面的程序性原因。前文所举的重庆某高校和成都某高校的两起不服勒令退学处分案已给了我们充分的证明。由于救济途径的缺失,势必会造成原本应该存在的张力场域出现“空场”现象,这违背了“无救济即无权利”的宪法精神,因此,我们要畅通现有的行政与司法救济渠道,还要修筑应有的宪法救济渠道。

在行政救济上主要是要完善申诉制度。在司法救济上主要是要扩大行政诉讼的受案范围。而当一项权利在穷尽了行政和司法救济途径后仍无法得到救济时,当事人就可以提出宪法诉愿,寻求宪法救济。20 年前,胡锦光教授对于完善我国宪法救济制度曾提出了比较系统的可行性建议,[1]现在看看,仍具有制度建构的参考价值。

---

〔1〕 参见胡锦光:《从宪法事例看我国宪法救济制度的完善》,载《法学家》2003 年第 3 期。

第八章

地方法治实践中的合宪性问题

地方法治实践中的合宪性问题,除了前文所述的地方司法机关对地方立法机关的僭越问题外,还有地方立法机关的主体性自觉问题,以及地方司法机关与中央行政机关的冲突问题,等等。这些问题都反映了宪法在当下中国社会各个层面的贯彻实施和全面落地还不是一朝一夕的事,全民的宪法观念有待进一步加强,尤其在各级领导干部以及各类法治工作队伍中大力弘扬宪法精神、普及宪法知识、提升宪法素养。

一、地方人大如何否决“一府一委两院”的报告:职责与担当

如果说齐玉苓案让我们触摸到我国宪法审查体制改革进程中的天花板,孙志刚案引发的合宪性审查请求案反映了合宪性审查启动机制的脆弱性,张先著案体现了基本权利侵权案件宪法救济机制的匮乏,那么自 21 世纪初以来屡屡发生的人大对相关国家机关工作报告的否决

案,[1]则是在现行宪法体制内为各级人大行使合宪性与合法性审查权、监督宪法顺利实施提供了现实的空间,国家权力机关能动地证明了自己的主体性与批判性的存在,在单调寂静的湖面上“吹皱一池春水”。其中以沈阳市人大否决沈阳中级人民法院工作报告案和衡阳市人大否决衡阳中级人民法院工作报告案最为典型,也影响最大。

(一)几个典型案例

1. 沈阳市人大否决沈阳市中级人民法院工作报告案

2001 年 2 月 14 日上午,在辽宁人民会堂,沈阳市第十二届人民代表大会第四次会议按预定程序进行大会表决。一项项议程顺利进行,但是,当人大代表对关于市中级人民法院工作报告决议表决时,电子屏幕上的投票结果却让人民会堂里的人们大吃一惊:人大代表应到会 509 人,实到 474 人,赞成 218 人,反对 162 人,弃权 82 人,未按表决器 9 人。赞成票没有过半,沈阳市中级人民法院工作报告未获得市人大的通过。顿时,一向庄严肃穆的人民会堂不再平静。各大媒体也竞相报道。

之所以出现法院工作报告未通过这一历史性或者说是戏剧性的一幕,是有原因的:沈阳市第十二届人民代表大会第四次会议于 2 月 9 日上午开幕,原中级人民法院院长贾永祥在人大开幕的当天上午还坐在主席台上,下午就被中纪委“双规”审查。当时,法院的另外两位副院长焦玫瑰和梁福权因涉嫌严重违法违纪已经被立案审查。沈阳市中级人民法院 6 名正副

---

[1] 如 2001 年辽宁沈阳市人大否决市中级人民法院工作报告案、2006 年河南郑州市人大常委会否决市政府专项工作报告案、2007 年湖南衡阳市人大否决市中级人民法院工作报告案等。此外,地方人大常委会对“一府两院”的提案或议案的否决案也偶有发生,如 2007 年湖南省人大常委会不批准许庆生担任郴州市人民检察院检察长的提请,上海市人大常委会否决市政府提交的《关于修改上海市城镇医保办法》的议案,2012 年珠海市人大常委会否决一项市长提请的口岸局局长任命案,2013 年武汉市江岸区人大常委会否决区政府拟投入 1770 万元升级改造塔子湖东路的项目案,2014 年重庆市南岸区人大常委会否决区政府提请审议的《关于全面推进老旧散居住区物业自治管理审议意见落实情况的报告》案……

院长有3人出现问题，这太不正常了。2月11日，沈阳市人大主席团向代表们宣布贾永祥已经提出辞呈。于是，法院2000年工作报告只好由副院长于波代作。贾永祥被“双规”成为沈阳市中级人民法院报告被否决的直接导火索。同时，还有技术上的原因：此次沈阳市人大会议改变了表决方式，由以前的举手表决改变为按表决器表决，在客观上发挥了秘密投票的功能。

沈阳市人大常委会认为，人大代表否决法院的工作报告，体现了代表的民主意识、履行宪法和法律赋予代表职责意识的增强，但这绝不是这次人民代表大会的最终目的。如何监督和推动市法院认真整改，挽回工作中的损失，重塑人民法院的形象，是摆在人大常委会和中级人民法院面前共同的课题。沈阳市中级人民法院在工作报告未获通过的半年时间里，认真查摆问题，深刻反思，努力改进作风和工作。

在中共沈阳市委的高度重视下，市人大帮助市中级人民法院认真查找问题，深刻反思，吸取教训，并迅速调整了法院领导班子，按照审计、公示、考试、审议表决、任命的程序，新任命了法院代院长和两名副院长，并依法撤销了原中级人民法院院长贾永祥和原副院长焦玫瑰、梁福权的职务，使法院工作有了可行的组织保障。

之后，一场关于法官职业道德教育、整顿领导班子、整顿审判纪律、整顿工作作风的“一教育三整顿”活动在全院上下扎扎实实地展开，两级法院对15名违法审判的责任者和12名违反纪律的干警进行了责任追究，分别给予党纪、政纪处分或通报批评，有的还因为不尊重事实和法律作出错误判决而被免去审判长职务。在5月至7月的这段时间里，法院对260件超审限案件进行全部清理，审结率达98%。对661件积压的执行案，已结案440件。为自觉接受人大代表监督，促进司法公正，市中级人民法院还专门设立了人大代表、政协委员联络室，具体负责人大代表、政协委员提案、意见和建议的办理。大量人大交办和人大代表关注的案件得到了办结。

2001 年 8 月 9 日上午,沈阳市中级人民法院代院长丁仁恕在报告中,向人民代表汇报了自第十二届人大第四次会议未获通过后的整改情况。下午 4 时,出席沈阳市第十二届人民代表大会第五次会议的 439 名人大代表,经过认真审议,就《关于沈阳市中级人民法院整改情况和 2001 年工作安排的报告》进行表决。表决结果为:395 票赞成,11 人反对,17 人弃权,16 人未按表决器,赞成票比例为 89.9%。[1]

2. 衡阳市人大否决衡阳市中级人民法院工作报告案

在 2007 年 1 月 24 日闭幕的衡阳市第十二届人大第五次会议上,市中级人民法院工作报告因代表的强烈反对,没有获得过半代表的支持而被否决。这是湖南有史以来的第一次,也是新中国历史上第二次人大否决法院工作报告。

当大会执行主席宣布对市中级人民法院工作报告进行大会表决时,意外发生了。衡东代表团一位刘姓代表在会场上站起,表示有意见要发表,整个会场立即骚动起来,稍后会场响起一片热烈的掌声。刘代表首先对中级人民法院在日常工作中存在的问题提出了 6 条批评意见。即有法不依;司法不公;判人情官司;谁有钱帮谁;法院领导开茶楼;法院门难进、脸难看、事难办。这样的批评对以公正裁判为宗旨的审判机关来说,极为严重。当他说完"如果这样的报告通过了,我们还是什么人大代表"这句话时,全场掌声雷动。

在随后的投票表决时,有不少代表投了反对票和弃权票,由于会场没有安装表决器,弄得人大的工作人员手忙脚乱地清点手掌数。统计结果是反对票 36 票,弃权票 45 票。但没有进行赞成票的表决,而是按照"478(总

〔1〕 资料来源:中国新闻网,http://www.chinanews.com/2001-02-14/26/70126.html。

票数）－反对票－弃权票＝赞成票”方式计算赞成票的结果。按上述计算方法赞成票应为397票，大大超过了应到代表的半数，报告通过也就顺理成章。但这时，一些代表对计票方法明确表示反对，要求清点赞成票，如赞成票不过半数就不能算通过。主持人接受代表们的意见，组织进行第二轮投票。这轮投票结果是赞成票174票。赞成票未过半数，中级人民法院报告未获通过。

两天后，衡阳市中级人民法院面向全社会开门整顿：先后征求600余人次市人大代表意见，查出6个方面的主要问题，复查群众不满意案件88件；再审案件7件，纠正执行不当、不及时案件12件；查访违法违纪线索12条，立案8人，7人受到处分，2人开除党籍、公职，1人立案侦查；建立健全了45项规章制度，规范司法行为，防止司法不公。3个多月以后，湖南省衡阳市临时召集人民代表大会会议，审议在2007年1月24日市第十二届人大第五次会议上被否决后修改了的市中级人民法院工作报告。据悉，会议以举手表决的方式，全票通过了市中级人民法院工作报告。[1]

（二）合宪性问题的多维度分析

这两个例子并不是要着眼于信息传媒学的宣传报道，而是要从这些案例中引申出合宪性问题的多维度思考。

1. 基于宪法规范维度的分析

以上两个案例说明，人民代表大会有权对同级人民法院的工作报告不予通过。那么，人民代表大会行使该项权力的合宪性依据是什么？这需要我们从宪法规范中寻求答案。

在我国，人民代表大会有权对人民法院的工作报告不予通过，从宪法

〔1〕参见丁爱萍：《衡阳中院报告从否决到“闯关”成功的思考》，载《人大研究》2008年第4期。

规范意义上讲,主要依据是宪法对我国根本政治制度的安排。

我国的根本政治制度是宪法所确立的人民代表大会制度,这也是我国的政体。人民代表大会制度是中国社会主义民主政治最鲜明的特点,是人民当家作主的重要途径和最高实现形式。这一制度也界定了我国的政权组织形式,其基本内容就是:中华人民共和国的一切权力属于人民,人民行使国家权力的机关是全国人民代表大会和地方各级人民代表大会;国家机构实行民主集中制原则,通过民主选举组成全国人民代表大会和地方各级人民代表大会,并以人民代表大会为基础,派生各级人民政府、监察委员会、人民法院、人民检察院(以下简称"一府一委两院")以及其他全部国家机构,这些机构都应对人民代表大会负责,受人民代表大会监督。这种架构,基本上体现了民主框架下权力机关决定行政和司法机关的宪制安排。人民法院对人民代表大会报告工作,是对人民代表大会负责的体现;而人民代表大会有权对人民法院的工作报告予以否决,则是人民代表大会行使监督职能的题中应有之义,当然这里的监督也包含合宪性审查。

根据现行《宪法》和《地方各级人民代表大会和地方各级人民政府组织法》的规定,人大是国家权力机关,"一府一委两院"是权力机关的派生机关,由其选举产生,对其负责,受其监督,并且应当向其报告工作。[1] 根据这些制度,人民代表大会有权审议同级人民法院的工作报告,并由全体到会的人大代表对工作报告进行表决。人大代表有权对"一府一委两院"的

〔1〕 关于监察委员会是否要向人大报告工作的问题尚存一定争议。本书认为应当报告工作。理由如下:(1)这是由中国的宪制结构所决定的。(2)这是由权力保留原则所决定的。凡是没有授权给其他机关的权力,都应保留在人大。中华人民共和国一切权力属于人民,人民行使国家权力的机关是全国人大以及地方各级人大。宪法没有明确说明监察委要向人大报告工作,也没有明确说明它不需要向人大报告工作,那么根据权力保留原则,决定它要不要报告工作的权力依然在人大。(3)这是由宪法惯例所决定的。从文本规范上看,宪法明文规定了国务院和地方各级人民政府要向同级人大报告工作,但没有规定法院、检察院要向人大报告工作;但是在宪法实践中,每届人大召开时"一府两院"都要向人大报告工作,接受大会对报告的审查和投票表决,这已成为宪法惯例,所以,监察委作为人大派生的机关,也应向人大报告工作。

报告进行合宪性合法性以及合理性审查，这里的审查是宽泛意义上的监督，不需要专业性的论证和烦琐的审理程序，而是取决于每个人大代表的自由心证，如果人大代表对“一府一委两院”的工作报告不满意，就可以直接在大会表决时投反对票或弃权票，当赞成票不足半数时，该工作报告即被否决。所以否决权是一项集体审查权，体现了权力机关对行政机关、监察机关和司法机关的有效监督。

2. 基于技术性维度的分析

举手表决和按表决器表决是否都具有合宪性？按照“到会人数－反对票数－弃权票数＝赞成票数”这一公式计算赞成票，这种统计方式是否具有合宪性？这是一个技术性宪法问题。

从实质正义意义上看，举手表决与按表决器表决并没有本质区别，都是真实反映代表意图的一种民主表决方式，本质上都具有政治合法性，是符合宪法民主原则的。但是，两种表决的呈现方式和技术路径是不一样的，甚至可以说是截然不同的，一种是公开投票，另一种是秘密投票，这从心理学或行为科学意义上讲，两种投票方式对投票人的行为选择会产生不同的影响。秘密投票时，投票人可以在客观上排除外界环境对自己投票行为的干扰，真正将选票投向自己的内心；而公开投票，则很容易受到会场气氛的影响，导致一批无主见的人会随大流，甚至原本有选择偏好的人会临时改变主意。所以从法律技术学意义上讲，秘密投票方式是一种更为精致的规则设计，能够更真实地贯彻宪法倡导的民主精神和良法善治的法治原则。

值得一提的是，还有一些投票方式也与行为科学有关，如利用集体无意识原理，使得事先提名的候选人轻易当选。（虽然按照规则，投票人既可以在已提名的候选人中画圈，也可以在下面的空白栏内另外填上自己心仪的候选人，尽管有不少人填了自己的心仪对象，但结果还是那些已在选票中提名的人成功当选。原因很简单,大多数人处于集体无意识当中,他们没有强烈的主见,便会随意地在已提名人栏中画圈,造成这些已提名人的得票数相对集中,而那些有主见的投票人一般情况下都占少数,而且他们的意见还高度分散,无法集中到某一个人身上。)

按照“到会人数 - 反对票数 - 弃权票数 = 赞成票数”这种推理方式计算赞成票,看上去似乎无可厚非,但是它犯了一个致命的错误,即它是建立在一种不周延的逻辑前提之下的,片面认为投票的情形只有 3 种情形,其实,事实并非如此。那么有没有第四种情形呢?回答是肯定的,这种情形往往被人们忽略,但它又的的确确存在,那就是沉默。这里有必要讨论一下沉默的意思表示问题。

沉默在法律上的意思表示是多样化的,有时表示肯定,有时表示否定,有时表示弃权,有时什么意思也不表示。前面 3 种情况一般出现在法律规定或当事人约定的情形中,如租赁合同到期后双方当事人未重新协商新的合同,一方继续交租金,另一方继续收租金,则合同法上认定这种情况构成有效的默示合同,在此,沉默表示肯定的意思;商务交往中一方当事人向另一方当事人发出要约,另一方当事人一直不给予任何回应,在法律上则不能认为对要约已经承诺,此处,沉默表示否定的意思;我国《民法典》第 1124 条规定,受遗赠人在知道或应当知道受遗赠后 60 日内,未作任何表示的,视为放弃接受遗赠,此处,沉默表示弃权。再如,货物买卖合同中,当事人可以约定收货方在收到货物后若干天内有权提出质量异议,如未提出的,视为无异议,此处是以约定的方式将沉默视为肯定的意思表示。

其实,还有很多沉默的情形,法律未作意思表示的任何规定,也没有当事人的事先约定,那么在法律上只能认定这种沉默没有任何意思表示。一般情况下,没有任何意思表示的沉默不具有法律意义,不会产生法律后果。但也有特殊情况,比如在人大投票过程中这种沉默情况是有法律意义的。

就衡阳案而言，这类人到了投票现场，既没有投赞成票，也没有投反对票和弃权票，一直保持沉默，成为第四种人，宪法和选举法上对此未作规定，只能认定他们未作任何意思表示。虽然未作任何意思表示，但这种行为具有法律意义，因为它直接导致一个法律后果，那就是赞成票不足。所以，按照"到会人数－反对票数－弃权票数＝赞成票数"这一公式计算赞成票，在逻辑上是不周延的，这种计票方式不合法，更不具有合宪性。

3. 基于程序维度的分析

各级人大有权审议"一府一委两院"的工作报告，但是，如果"一府一委两院"的报告经审议未获通过，其后续工作应该如何处理？这是一个宪法意义上的正当程序问题。目前我国的宪法及相关宪法性法律对后续工作没有明确的规定，存在程序上的缺位。

由于没有程序性规定，也没有先例可循，沈阳市人民代表大会当时有些不知所措，当日紧急召开会议，仓促作出责成"市人大常委会对市中级人民法院报告继续审议，并将审议结果向下次人民代表大会会议报告"的决定。殊不知，这一决定与法律相悖，人大常委会无权审议本应由代表大会审议的本级人民法院的工作报告。经请示省人大常委会，省人大常委会请示全国人大常委会，2001 年 4 月初，沈阳市人大常委会决定，市中院工作报告未获通过已成既定事实，无须重新审议；但市第十二届人大第五次会议将要听取、审议市中院的整改情况。

由此我们可以总结出一条经验：地方人大在具体工作中如果遇到法律规定不够完善，又无先例可循的情况时，可以通过逐级上报请示的方式，由全国人大常委会作出解释和处理意见，地方人大遵照执行。这是符合宪法精神的，因为宪法规定，全国人大常委会有权解释宪法和法律，而地方人大无此权限。

4. 基于实体维度的分析

“工作报告未获通过”，这是我们的人大制度设计中的一个必然结果。那么，“工作报告未获通过”意味着什么？在这里还需要对其可能包含的实体内容进行分析。

我们可以分3种情况进行剖析：(1)仅是对工作报告文字的不认可；(2)不仅是对工作报告文字的不认可，而且包含对报告机关的工作的不认可；(3)既是对工作报告本身的不认可，也是对报告机关的工作的不认可，还包含对报告机关有关负责人员的不认可。如果是第一种情况，则对工作报告进行认真的修改，再交给人民代表大会进行审议，如果不行，就再进行修改，直到人民代表大会审议满意为止。这就好比学生的作业做错了一样，让老师多修改几次，这是理所当然的事情，没有什么奇怪的。如果是第二种情况，那就不仅是对工作报告进行修改的问题，而是要对报告机关的工作进行认真的反思和总结，并在此基础上不断改进工作，直到人民代表大会满意为止。这就如工厂里的质量监督员一样，质量不合格，就必须返工。如果是第三种情况，那就不是仅修改文字和返工的事了，而且还有换人的问题，只有彻底贯彻了这一点，才能充分彰显我国现行宪法体制在国家机构设置问题上的功能与价值。

从直接意义上讲，这两起案件向世人宣告了这样一个可喜的进步：人民代表大会对其他国家机构的监督已经不再停留于理论上的认识和制度上的规定，而是付诸卓有成效的开创性的实际行动。沈阳市和衡阳市人民代表大会否决同级法院工作报告，说明当代中国的人大代表具有强烈的社会责任感，并且开始获得作为人民群众代言人的自我意识和主体意识，不再把人民代表大会当作“橡皮图章”和“表决机器”，履行监督权力不再“犹抱琵琶半遮面”。因此，我们可以说，这两起案件在当代中国宪制发展历程中具有里程碑意义，是中国民主政治的标志性事件。

从根本意义上讲,这两起案件以鲜活的场景使我们更加确信:人民代表大会制度是能够保证人民群众当家作主、有效管理国家和社会的符合中国国情的根本政治制度,也是执政党在国家政权中充分发扬民主、贯彻群众路线的最好实现形式。这个制度健康发展,人民当家作主就有保障,党和国家的事业就顺利发展;这个制度遭到破坏,人民当家作主就无法保证,党和国家的事业就会遭受损失。所以,我们要坚持并完善人民代表大会制度,不断拓展人大在宪法生活中的主体责任与使命担当,这样才能为合宪性审查工作的深入有效推进提供良好的宪制环境。

二、地方法院能否就省界纠纷作出判决:回归中国特色的宪制

(一)从一起省界纠纷案说起

2012 年,在我国河南省和湖北省交界的地方发生了一起省界纠纷案。具体地点是在湖北省老河口市和河南省淅川县交界的地方。这块地原来是一片荒地或飞地,后来有个人在老河口市申请了一个采矿证,就在那里开矿。这时,大家都趋之若鹜,觉得有利可图,河南省觉得这个地方应该是我们的,怎么会变成你们的了呢?因为这个人拿的是湖北省的采矿证,是老河口市的。河南省淅川县政府将这个事情告到法院,河南省淅川县人民法院居然受理了,最后也判决了,判决认为这个地方属于河南而不属于湖北。

这个判决引发了很大的争议,即一个县级的基层法院是否有权对省界纠纷作出判决。显然这个质疑是对的,一个县级法院是没有权力对省界纠纷作出判决的。在我国,根据单一制原则,地方上有了争议以后,地方无法解决的时候,就要向上级请示,省界纠纷需要请示国务院,也就是根据我国的《行政区域边界争议处理条例》(被 2019 年《行政区划管理条例》所取

代),省界纠纷协商不成的要上报国务院作出处理。因此,县级法院的判决饱受诟病,实际上是违反了我国国家权力在中央与地方纵向分配的基本宪法体制——单一制,面临合宪性问题的严峻拷问。

(二)该判决不具备合宪性

单一制下我国行政区划之间的边界争议该如何处理,这涉及宪法学上的国家结构形式理论。

我国的国家结构形式采取的是单一制。在单一制原则下,我国实行行政区域的分级划分,将国土划分为若干层次、大小不同的行政区域系统,并在各个区域设置相应的地方国家权力机关、行政机关和司法机关,为国家与社会的治理明确空间阈限。行政区划是国家进行权力再分配的一种主要形式,体现了国家统治集团的意志,也是政治、经济、军事、民族、习俗等各种要素在地域空间上的各种反映。

行政区域边界是两个行政区之间的界限,是一个行政区所辖区域的界限。从目前的情况来看,行政区域边界有法定线、习惯线、争议线3种类型,法定线是指国家权力机关或者行政机关根据法律规定的行政区域界线审批权限和报批程序,以法令的形式批准划定的行政区域边界线,以有关各方共同签署的边界地形详图、边界走向说明及实地设置的界桩、界碑、浮标等为基本依据,具有法律认可的强制约束力。中国的法定边界线有以下几种:第一,全国人大批准和划定的关于省、自治区、直辖市的边界线。第二,国务院审核批准的行政区域界线,包括省、自治区、市辖市的行政区域界线;自治州、县、自治县、市、市辖区的行政区域界线;海岸线、海岛、边疆要地、重要资源地区及特殊情况地区的行政区域界线。第三,省、自治区、直辖市人民政府批准的乡、民族乡、镇的行政区域界线。第四,根据1985年国务院发布的《国务院关于行政区划管理的规定》,国务院授权省、自治区、直辖市人民政府审批的县、市、市辖区的部分行政区域界线。第五，解决边界争议时，应依据双方人民政府达成协议的边界线，或者上级人民政府裁决划定的边界线。

习惯线是指历史上行政区域之间自然形成的、毗邻双方都承认、没有争议，但无法律依据的边界线，是未经国家正式划定和批准的非法定行政区域界线之一。

争议线是指行政区域毗邻双方或一方不承认、有争议的边界线。它一般由习惯线演化而来，当双方或一方对原有的习惯线不予承认时，原来的习惯线就演化为争议线；也有一部分地区原来尚未形成习惯线，随着双方在毗邻地区资源开发的深化，活动范围不断向外扩展，与毗邻行政区域相遇产生粗略的争议线。争议线是矛盾尖锐的非法定行政区域界线，应当通过调处行政区域边界争议、勘定行政区域界线，使其变为法定线。前三岛海域就属于这种情况。那么对两省之间的省界争议该如何解决呢？这就涉及第二个也是最核心的一个宪法问题，即国家结构形式问题，具体地讲，就是在单一制条件下如何解决省界纠纷？

根据单一制的宪法原理，国家权力纵向分配按照自上而下的顺序配置，地方的权力来自中央的授权，凡是没有授权给地方的，全部集中在中央。在宪法和法律没有授权地方政府可以对省界纠纷作出决定的情况下，该项权力则由中央政府行使。从我国的宪法规范来看，国家权力在央地之间的分配原则同样也是民主集中制原则，《宪法》第 3 条规定："中华人民共和国的国家机构实行民主集中制原则。……中央和地方的国家机构职权的划分，遵循在中央的统一领导下，充分发挥地方的主动性、积极性的原则。"《宪法》第 89 条第 15 项明确规定：国务院批准省、自治区、直辖市的区域划分，批准自治州、县、自治县、市的建置和区域划分。湖北与河南之间的飞地归属问题，显然需要明确作出省界之间的区域划分，而这属于国务院批准的事项,两个省均无权自行决定。否则就不具有合宪性。

具体的做法是按照国务院颁行的《行政区域边界争议处理条例》的程序和处理规则予以处理。该条例第 11 条规定:省、自治区、直辖市之间的边界争议,由有关省、自治区、直辖市人民政府协商解决;经协商未达成协议的,双方应当将各自的解决方案并附边界线地形图,报国务院处理。国务院受理的省、自治区、直辖市之间的边界争议,由民政部会同国务院有关部门调解;经调解未达成协议的,由民政部会同国务院有关部门提出解决方案,报国务院决定。所以,湖北、河南两省地方政府应当首先协商解决,协商不成或不愿协商的,应当报国务院处理;国务院有关部门应先行调解,调解不成的,再报国务院最终决定。这才是单一制条件下的合宪性流程。淅川县基层人民法院撇开中央政府,擅自就河南与湖北的省界纠纷作出判决的做法显然与我国宪法规定的单一制原则相背离。

(三)联邦制下地方界址纠纷的解决方式

不同的国家结构形式背景下,宪法对相关行政区划边界争议的处理原则是不一样的。我国的国家结构形式采取的是单一制,有别于美国、德国、俄罗斯等国家的联邦制,因而就决定了在解决一些中央与地方以及地方与地方之间的宪法争议时,采取的解决机制是不一样的。单一制是一种自上而下的央地权力架构模式,凡是没有授权给地方的,全部集中在中央,所以好多地方之间的争议需要中央出面解决。联邦制是一种自下而上的央地权力架构模式,凡是没有让渡给联邦的,全部保留在地方,所以很多地方上的争议,联邦不插手,全由地方自行解决。如联邦制下的美国,其州界争议的决定权保留在地方,这里也有一个流传甚广的经典案例。讲的是 1887 年印第安纳州和肯塔基州之间的一起界河归属权纠纷。

这条界河就是俄亥俄河，从印第安纳州和肯塔基州之间流过，两个州都认为该河属于本州。这两个州的历届政府都为河的归属问题争吵不休，吵到联邦政府，联邦政府认为这个事情不归他们管，宪法没有赋予他们管理地方财产归属问题的权力。起诉到联邦法院，但法院也不予受理，因为这不属于他们的管辖范围。经过百年争吵之后，两个州的地方政府终于想了一个解决争议的办法，那就是通过名副其实的拔河比赛决定该条界河的归属。谁把对方拉下水，谁就赢得了归属权。

比赛那天，两个州各自精选了30名身强力壮的彪形大汉组成拔河队，隔河对阵准备决一雌雄。俄亥俄河宽300多米，因此拔河的绳索就长达700多米。随着一响哨声，比赛开始了。两岸民众自动组成了规模宏大的啦啦队，一齐为本队叫喊起来。呐喊助威之声响彻云霄。参赛者个个拼足了劲，拼命地往后拽。双方僵持不下。20分钟过去了，双方仍旧相持不下。慢慢地，肯塔基队有些吃不消了，阵脚有些不稳了，而印第安纳队仍像钉子钉牢了一般，纹丝不动，红布条正朝他们的方向慢慢移去。在这关键时刻，肯塔基队的一名啦啦队员灵机一动，跑到河边上，冲着印第安纳队作起滑稽的鬼脸。这一下不要紧，印第安纳队的大力士再也忍不住，一个个捧腹大笑起来。肯塔基队乘机扎稳阵脚，猛力反击，使印第安纳队的队员一个个像下饺子似的掉进河里。印第安纳州马上指责对方有作弊行为，提出第一局不算数，要三局两胜才有效。肯塔基州坚决不同意，事情后来就不了了之，成了一桩悬而未决的公案。

虽然这个事件仿佛一个闹剧，但这生动反映了美国联邦制条件下的央地之间的权力架构模式和运作机制问题。在联邦制条件下，国家权力在央地之间是按照自下而上的顺序架构的，也就是说，原生权力来自各个州，联邦权力是各个州契约化让渡的结果，凡是没有授权给联邦政府的，全部保留在地方政府。先有各个州（state），然后才有美利坚合众国（united states）。

因此,在宪法和法律没有授权联邦政府对某件事务享有管辖权时,该项事务就只能由地方政府自行决定。

美国联邦政府的权力在宪法中是以正面清单的方式赋予的。如美国国会的权力来自《美国宪法》第1条第1款和第8款、第4条第3款和第4款;总统的权力来自《美国宪法》第2条第1款和第2款;联邦法院的权力来自《美国宪法》第3条第1款和第2款。这三个条款中均没有明确授权联邦政府任何一个机构或部门可以对州界纠纷作出裁决,所以,由此可以推断,该项权力依然保留在地方。

而各个州的权力则是以负面清单的方式赋予的。典型的如《美国宪法》第1条第10款,该款规定:"各州不得缔结任何条约、结盟或组织邦联;不得对民用船只颁发捕押敌船及采取报复行动之特许证;不得铸造货币;不得发行纸币;不得指定金银币以外的物品作为偿还债务的法定货币;不得通过任何褫夺公权的法案、追溯既往的法律和损害契约义务的法律;也不得颁发任何贵族爵位。未经国会同意,各州不得对进口货物或出口货物征收任何税款,但为了执行该州的检查法律而有绝对的必要时,不在此限;任何州对于进出口货物所征的税,其净收益应归合众国国库使用;所有这一类的检查法律,国会对之有修正和监督之权。未经国会同意,各州不得征收船舶吨位税,不得在和平时期保持军队和军舰,不得和另外一州或国缔结任何协定或契约,除非实际遭受入侵,或者遇到刻不容缓的危急情形时,不得从事战争。"这说明,除上面列举的"不得行使"的权力之外,其余的权力都保留在地方。很明显,宪法没有对州与州之间的界址管辖权作出禁止规定,那就意味着此类纠纷应当由各个州自己解决。

所以,无论是从正面论证还是负面论证,这条俄亥俄河的归属问题都应当由肯塔基州和印第安纳州两个地方政府自行解决,解决方式也由他们自行决定,只要双方当事人认可,又不违反宪法和法律,一切皆有可能。

所以，两州协商后，一致同意通过拔河来定输赢，如果还解决不了，那就只能悬在那儿，等以后有了更好的办法再说。看上去有点闹哄哄，颇具戏剧性，其实也无可厚非，依然是在联邦制的框架下展开的公平竞争，具有合宪性。

附　录

《中华人民共和国宪法》（节选）

（1982年12月4日第五届全国人民代表大会第五次会议通过　1982年12月4日全国人民代表大会公告公布施行　根据1988年4月12日第七届全国人民代表大会第一次会议通过的《中华人民共和国宪法修正案》、1993年3月29日第八届全国人民代表大会第一次会议通过的《中华人民共和国宪法修正案》、1999年3月15日第九届全国人民代表大会第二次会议通过的《中华人民共和国宪法修正案》、2004年3月14日第十届全国人民代表大会第二次会议通过的《中华人民共和国宪法修正案》和2018年3月11日第十三届全国人民代表大会第一次会议通过的《中华人民共和国宪法修正案》修正）

序　　言

……

本宪法以法律的形式确认了中国各族人民奋斗的成果，规定了国家的根本制度和根本任务，是国家的根本法，具有最高的法律效力。全国各族人民、一切国家机关和武装力量、各政党和各社会团体、各企业事业组织，都必须以宪法为根本的活动准则，并且负有维护宪法尊严、保证宪法实施的职责。

第一章　总　　纲

……

第五条　中华人民共和国实行依法治国，建设社会主义法治国家。

国家维护社会主义法制的统一和尊严。

一切法律、行政法规和地方性法规都不得同宪法相抵触。

一切国家机关和武装力量、各政党和各社会团体、各企业事业组织都必须遵守宪法和法律。一切违反宪法和法律的行为，必须予以追究。

任何组织或者个人都不得有超越宪法和法律的特权。

……

第二十七条　一切国家机关实行精简的原则，实行工作责任制，实行工作人员的培训和考核制度，不断提高工作质量和工作效率，反对官僚主义。

一切国家机关和国家工作人员必须依靠人民的支持，经常保持同人民的密切联系，倾听人民的意见和建议，接受人民的监督，努力为人民服务。

国家工作人员就职时应当依照法律规定公开进行宪法宣誓。

第三章　国家机构

第一节　全国人民代表大会

……

第六十二条　全国人民代表大会行使下列职权：

（一）修改宪法；

（二）监督宪法的实施；

(三)制定和修改刑事、民事、国家机构的和其他的基本法律;

(四)选举中华人民共和国主席、副主席;

(五)根据中华人民共和国主席的提名,决定国务院总理的人选;根据国务院总理的提名,决定国务院副总理、国务委员、各部部长、各委员会主任、审计长、秘书长的人选;

(六)选举中央军事委员会主席;根据中央军事委员会主席的提名,决定中央军事委员会其他组成人员的人选;

(七)选举国家监察委员会主任;

(八)选举最高人民法院院长;

(九)选举最高人民检察院检察长;

(十)审查和批准国民经济和社会发展计划和计划执行情况的报告;

(十一)审查和批准国家的预算和预算执行情况的报告;

(十二)改变或者撤销全国人民代表大会常务委员会不适当的决定;

(十三)批准省、自治区和直辖市的建置;

(十四)决定特别行政区的设立及其制度;

(十五)决定战争和和平的问题;

(十六)应当由最高国家权力机关行使的其他职权。

第六十三条 全国人民代表大会有权罢免下列人员:

(一)中华人民共和国主席、副主席;

(二)国务院总理、副总理、国务委员、各部部长、各委员会主任、审计长、秘书长;

(三)中央军事委员会主席和中央军事委员会其他组成人员;

(四)国家监察委员会主任;

(五)最高人民法院院长;

(六)最高人民检察院检察长。

……

第六十七条 全国人民代表大会常务委员会行使下列职权：

（一）解释宪法，监督宪法的实施；

（二）制定和修改除应当由全国人民代表大会制定的法律以外的其他法律；

（三）在全国人民代表大会闭会期间，对全国人民代表大会制定的法律进行部分补充和修改，但是不得同该法律的基本原则相抵触；

（四）解释法律；

（五）在全国人民代表大会闭会期间，审查和批准国民经济和社会发展计划、国家预算在执行过程中所必须作的部分调整方案；

（六）监督国务院、中央军事委员会、国家监察委员会、最高人民法院和最高人民检察院的工作；

（七）撤销国务院制定的同宪法、法律相抵触的行政法规、决定和命令；

（八）撤销省、自治区、直辖市国家权力机关制定的同宪法、法律和行政法规相抵触的地方性法规和决议；

（九）在全国人民代表大会闭会期间，根据国务院总理的提名，决定部长、委员会主任、审计长、秘书长的人选；

（十）在全国人民代表大会闭会期间，根据中央军事委员会主席的提名，决定中央军事委员会其他组成人员的人选；

（十一）根据国家监察委员会主任的提请，任免国家监察委员会副主任、委员；

（十二）根据最高人民法院院长的提请，任免最高人民法院副院长、审判员、审判委员会委员和军事法院院长；

（十三）根据最高人民检察院检察长的提请，任免最高人民检察院副检察长、检察员、检察委员会委员和军事检察院检察长，并且批准省、自治区、直辖市的人民检察院检察长的任免；

（十四）决定驻外全权代表的任免；

（十五）决定同外国缔结的条约和重要协定的批准和废除；

（十六）规定军人和外交人员的衔级制度和其他专门衔级制度；

（十七）规定和决定授予国家的勋章和荣誉称号；

（十八）决定特赦；

（十九）在全国人民代表大会闭会期间，如果遇到国家遭受武装侵犯或者必须履行国际间共同防止侵略的条约的情况，决定战争状态的宣布；

（二十）决定全国总动员或者局部动员；

（二十一）决定全国或者个别省、自治区、直辖市进入紧急状态；

（二十二）全国人民代表大会授予的其他职权。

……

第六十九条 全国人民代表大会常务委员会对全国人民代表大会负责并报告工作。

第七十条 全国人民代表大会设立民族委员会、宪法和法律委员会、财政经济委员会、教育科学文化卫生委员会、外事委员会、华侨委员会和其他需要设立的专门委员会。在全国人民代表大会闭会期间，各专门委员会受全国人民代表大会常务委员会的领导。

各专门委员会在全国人民代表大会和全国人民代表大会常务委员会领导下，研究、审议和拟订有关议案。

第七十一条 全国人民代表大会和全国人民代表大会常务委员会认为必要的时候，可以组织关于特定问题的调查委员会，并且根据调查委员会的报告，作出相应的决议。

调查委员会进行调查的时候，一切有关的国家机关、社会团体和公民都有义务向它提供必要的材料。

第七十二条 全国人民代表大会代表和全国人民代表大会常务委员会组成人员,有权依照法律规定的程序分别提出属于全国人民代表大会和全国人民代表大会常务委员会职权范围内的议案。

第七十三条 全国人民代表大会代表在全国人民代表大会开会期间,全国人民代表大会常务委员会组成人员在常务委员会开会期间,有权依照法律规定的程序提出对国务院或者国务院各部、各委员会的质询案。受质询的机关必须负责答复。

……

第七十六条 全国人民代表大会代表必须模范地遵守宪法和法律,保守国家秘密,并且在自己参加的生产、工作和社会活动中,协助宪法和法律的实施。

全国人民代表大会代表应当同原选举单位和人民保持密切的联系,听取和反映人民的意见和要求,努力为人民服务。

第七十七条 全国人民代表大会代表受原选举单位的监督。原选举单位有权依照法律规定的程序罢免本单位选出的代表。

……

第三节 国　务　院

……

第八十九条 国务院行使下列职权:

(一)根据宪法和法律,规定行政措施,制定行政法规,发布决定和命令;

(二)向全国人民代表大会或者全国人民代表大会常务委员会提出议案;

(三)规定各部和各委员会的任务和职责,统一领导各部和各委员会的工作，并且领导不属于各部和各委员会的全国性的行政工作；

（四）统一领导全国地方各级国家行政机关的工作，规定中央和省、自治区、直辖市的国家行政机关的职权的具体划分；

（五）编制和执行国民经济和社会发展计划和国家预算；

（六）领导和管理经济工作和城乡建设、生态文明建设；

（七）领导和管理教育、科学、文化、卫生、体育和计划生育工作；

（八）领导和管理民政、公安、司法行政等工作；

（九）管理对外事务，同外国缔结条约和协定；

（十）领导和管理国防建设事业；

（十一）领导和管理民族事务，保障少数民族的平等权利和民族自治地方的自治权利；

（十二）保护华侨的正当的权利和利益，保护归侨和侨眷的合法的权利和利益；

（十三）改变或者撤销各部、各委员会发布的不适当的命令、指示和规章；

（十四）改变或者撤销地方各级国家行政机关的不适当的决定和命令；

（十五）批准省、自治区、直辖市的区域划分，批准自治州、县、自治县、市的建置和区域划分；

（十六）依照法律规定决定省、自治区、直辖市的范围内部分地区进入紧急状态；

（十七）审定行政机构的编制，依照法律规定任免、培训、考核和奖惩行政人员；

（十八）全国人民代表大会和全国人民代表大会常务委员会授予的其他职权。

……

第九十二条 国务院对全国人民代表大会负责并报告工作;在全国人民代表大会闭会期间,对全国人民代表大会常务委员会负责并报告工作。

……

第四节 中央军事委员会

……

第九十四条 中央军事委员会主席对全国人民代表大会和全国人民代表大会常务委员会负责。

第五节 地方各级人民代表大会和地方各级人民政府

……

第九十九条 地方各级人民代表大会在本行政区域内,保证宪法、法律、行政法规的遵守和执行;依照法律规定的权限,通过和发布决议,审查和决定地方的经济建设、文化建设和公共事业建设的计划。

县级以上的地方各级人民代表大会审查和批准本行政区域内的国民经济和社会发展计划、预算以及它们的执行情况的报告;有权改变或者撤销本级人民代表大会常务委员会不适当的决定。

民族乡的人民代表大会可以依照法律规定的权限采取适合民族特点的具体措施。

第一百条 省、直辖市的人民代表大会和它们的常务委员会,在不同宪法、法律、行政法规相抵触的前提下,可以制定地方性法规,报全国人民代表大会常务委员会备案。

设区的市的人民代表大会和它们的常务委员会,在不同宪法、法律、行政法规和本省、自治区的地方性法规相抵触的前提下,可以依照法律规定制定地方性法规,报本省、自治区人民代表大会常务委员会批准后施行。

……

第六节　民族自治地方的自治机关

……

第一百一十六条　民族自治地方的人民代表大会有权依照当地民族的政治、经济和文化的特点，制定自治条例和单行条例。自治区的自治条例和单行条例，报全国人民代表大会常务委员会批准后生效。自治州、自治县的自治条例和单行条例，报省或者自治区的人民代表大会常务委员会批准后生效，并报全国人民代表大会常务委员会备案。

……

第七节　监察委员会

……

第一百二十六条　国家监察委员会对全国人民代表大会和全国人民代表大会常务委员会负责。地方各级监察委员会对产生它的国家权力机关和上一级监察委员会负责。

……

第八节　人民法院和人民检察院

……

第一百三十三条　最高人民法院对全国人民代表大会和全国人民代表大会常务委员会负责。地方各级人民法院对产生它的国家权力机关负责。

……

第一百三十八条　最高人民检察院对全国人民代表大会和全国人民

代表大会常务委员会负责。地方各级人民检察院对产生它的国家权力机关和上级人民检察院负责。

……

《中华人民共和国立法法》(节选)

(2000年3月15日第九届全国人民代表大会第三次会议通过　根据2015年3月15日第十二届全国人民代表大会第三次会议《关于修改〈中华人民共和国立法法〉的决定》第一次修正　根据2023年3月13日第十四届全国人民代表大会第一次会议《关于修改〈中华人民共和国立法法〉的决定》第二次修正)

第五章　适用与备案审查

第九十八条　宪法具有最高的法律效力,一切法律、行政法规、地方性法规、自治条例和单行条例、规章都不得同宪法相抵触。

……

第一百零七条　法律、行政法规、地方性法规、自治条例和单行条例、规章有下列情形之一的,由有关机关依照本法第一百零八条规定的权限予以改变或者撤销:

(一)超越权限的;

(二)下位法违反上位法规定的;

(三)规章之间对同一事项的规定不一致,经裁决应当改变或者撤销一方的规定的;

(四)规章的规定被认为不适当,应当予以改变或者撤销的;

（五）违背法定程序的。

第一百零八条　改变或者撤销法律、行政法规、地方性法规、自治条例和单行条例、规章的权限是：

（一）全国人民代表大会有权改变或者撤销它的常务委员会制定的不适当的法律，有权撤销全国人民代表大会常务委员会批准的违背宪法和本法第八十五条第二款规定的自治条例和单行条例；

（二）全国人民代表大会常务委员会有权撤销同宪法和法律相抵触的行政法规，有权撤销同宪法、法律和行政法规相抵触的地方性法规，有权撤销省、自治区、直辖市的人民代表大会常务委员会批准的违背宪法和本法第八十五条第二款规定的自治条例和单行条例；

（三）国务院有权改变或者撤销不适当的部门规章和地方政府规章；

（四）省、自治区、直辖市的人民代表大会有权改变或者撤销它的常务委员会制定的和批准的不适当的地方性法规；

（五）地方人民代表大会常务委员会有权撤销本级人民政府制定的不适当的规章；

（六）省、自治区的人民政府有权改变或者撤销下一级人民政府制定的不适当的规章；

（七）授权机关有权撤销被授权机关制定的超越授权范围或者违背授权目的的法规，必要时可以撤销授权。

第一百零九条　行政法规、地方性法规、自治条例和单行条例、规章应当在公布后的三十日内依照下列规定报有关机关备案：

（一）行政法规报全国人民代表大会常务委员会备案；

（二）省、自治区、直辖市的人民代表大会及其常务委员会制定的地方性法规，报全国人民代表大会常务委员会和国务院备案；设区的市、自治州的人民代表大会及其常务委员会制定的地方性法规，由省、自治区的人民代表大会常务委员会报全国人民代表大会常务委员会和国务院备案；

（三）自治州、自治县的人民代表大会制定的自治条例和单行条例，由省、自治区、直辖市的人民代表大会常务委员会报全国人民代表大会常务委员会和国务院备案；自治条例、单行条例报送备案时，应当说明对法律、行政法规、地方性法规作出变通的情况；

（四）部门规章和地方政府规章报国务院备案；地方政府规章应当同时报本级人民代表大会常务委员会备案；设区的市、自治州的人民政府制定的规章应当同时报省、自治区的人民代表大会常务委员会和人民政府备案；

（五）根据授权制定的法规应当报授权决定规定的机关备案；经济特区法规、浦东新区法规、海南自由贸易港法规报送备案时，应当说明变通的情况。

第一百一十条 国务院、中央军事委员会、国家监察委员会、最高人民法院、最高人民检察院和各省、自治区、直辖市的人民代表大会常务委员会认为行政法规、地方性法规、自治条例和单行条例同宪法或者法律相抵触，或者存在合宪性、合法性问题的，可以向全国人民代表大会常务委员会书面提出进行审查的要求，由全国人民代表大会有关的专门委员会和常务委员会工作机构进行审查、提出意见。

前款规定以外的其他国家机关和社会团体、企业事业组织以及公民认为行政法规、地方性法规、自治条例和单行条例同宪法或者法律相抵触的，可以向全国人民代表大会常务委员会书面提出进行审查的建议，由常务委员会工作机构进行审查；必要时，送有关的专门委员会进行审查、提出意见。

第一百一十一条 全国人民代表大会专门委员会、常务委员会工作机构可以对报送备案的行政法规、地方性法规、自治条例和单行条例等进行主动审查,并可以根据需要进行专项审查。

国务院备案审查工作机构可以对报送备案的地方性法规、自治条例和单行条例,部门规章和省、自治区、直辖市的人民政府制定的规章进行主动审查,并可以根据需要进行专项审查。

第一百一十二条　全国人民代表大会专门委员会、常务委员会工作机构在审查中认为行政法规、地方性法规、自治条例和单行条例同宪法或者法律相抵触,或者存在合宪性、合法性问题的,可以向制定机关提出书面审查意见;也可以由宪法和法律委员会与有关的专门委员会、常务委员会工作机构召开联合审查会议,要求制定机关到会说明情况,再向制定机关提出书面审查意见。制定机关应当在两个月内研究提出是否修改或者废止的意见,并向全国人民代表大会宪法和法律委员会、有关的专门委员会或者常务委员会工作机构反馈。

全国人民代表大会宪法和法律委员会、有关的专门委员会、常务委员会工作机构根据前款规定,向制定机关提出审查意见,制定机关按照所提意见对行政法规、地方性法规、自治条例和单行条例进行修改或者废止的,审查终止。

全国人民代表大会宪法和法律委员会、有关的专门委员会、常务委员会工作机构经审查认为行政法规、地方性法规、自治条例和单行条例同宪法或者法律相抵触,或者存在合宪性、合法性问题需要修改或者废止,而制定机关不予修改或者废止的,应当向委员长会议提出予以撤销的议案、建议,由委员长会议决定提请常务委员会会议审议决定。

第一百一十三条　全国人民代表大会有关的专门委员会、常务委员会工作机构应当按照规定要求,将审查情况向提出审查建议的国家机关、社会团体、企业事业组织以及公民反馈,并可以向社会公开。

第一百一十四条　其他接受备案的机关对报送备案的地方性法规、自治条例和单行条例、规章的审查程序，按照维护法制统一的原则，由接受备案的机关规定。

第一百一十五条 备案审查机关应当建立健全备案审查衔接联动机制，对应当由其他机关处理的审查要求或者审查建议，及时移送有关机关处理。

第一百一十六条 对法律、行政法规、地方性法规、自治条例和单行条例、规章和其他规范性文件，制定机关根据维护法制统一的原则和改革发展的需要进行清理。

第六章 附 则

第一百一十七条 中央军事委员会根据宪法和法律，制定军事法规。

中国人民解放军各战区、军兵种和中国人民武装警察部队，可以根据法律和中央军事委员会的军事法规、决定、命令，在其权限范围内，制定军事规章。

军事法规、军事规章在武装力量内部实施。

军事法规、军事规章的制定、修改和废止办法，由中央军事委员会依照本法规定的原则规定。

第一百一十八条 国家监察委员会根据宪法和法律、全国人民代表大会常务委员会的有关决定，制定监察法规，报全国人民代表大会常务委员会备案。

第一百一十九条 最高人民法院、最高人民检察院作出的属于审判、检察工作中具体应用法律的解释，应当主要针对具体的法律条文，并符合立法的目的、原则和原意。遇有本法第四十八条第二款规定情况的，应当向全国人民代表大会常务委员会提出法律解释的要求或者提出制定、修改有关法律的议案。

最高人民法院、最高人民检察院作出的属于审判、检察工作中具体应用法律的解释,应当自公布之日起三十日内报全国人民代表大会常务委员会备案。

最高人民法院、最高人民检察院以外的审判机关和检察机关,不得作出具体应用法律的解释。

第一百二十条　本法自2000年7月1日起施行。

《中华人民共和国各级人民代表大会常务委员会监督法》

(2006年8月27日第十届全国人民代表大会常务委员会第二十三次会议通过)

第一章　总　　则

第一条　为保障全国人民代表大会常务委员会和县级以上地方各级人民代表大会常务委员会依法行使监督职权,发展社会主义民主,推进依法治国,根据宪法,制定本法。

第二条　各级人民代表大会常务委员会依据宪法和有关法律的规定,行使监督职权。

各级人民代表大会常务委员会行使监督职权的程序,适用本法;本法没有规定的,适用有关法律的规定。

第三条　各级人民代表大会常务委员会行使监督职权,应当围绕国家工作大局,以经济建设为中心,坚持中国共产党的领导,坚持马克思列宁主义、毛泽东思想、邓小平理论和“三个代表”重要思想,坚持人民民主专政,坚持社会主义道路，坚持改革开放。

第四条 各级人民代表大会常务委员会按照民主集中制的原则，集体行使监督职权。

第五条 各级人民代表大会常务委员会对本级人民政府、人民法院和人民检察院的工作实施监督，促进依法行政、公正司法。

第六条 各级人民代表大会常务委员会行使监督职权的情况，应当向本级人民代表大会报告，接受监督。

第七条 各级人民代表大会常务委员会行使监督职权的情况，向社会公开。

第二章 听取和审议人民政府、人民法院和人民检察院的专项工作报告

第八条 各级人民代表大会常务委员会每年选择若干关系改革发展稳定大局和群众切身利益、社会普遍关注的重大问题，有计划地安排听取和审议本级人民政府、人民法院和人民检察院的专项工作报告。

常务委员会听取和审议专项工作报告的年度计划，经委员长会议或者主任会议通过，印发常务委员会组成人员并向社会公布。

第九条 常务委员会听取和审议本级人民政府、人民法院和人民检察院的专项工作报告的议题，根据下列途径反映的问题确定：

（一）本级人民代表大会常务委员会在执法检查中发现的突出问题；

（二）本级人民代表大会代表对人民政府、人民法院和人民检察院工作提出的建议、批评和意见集中反映的问题；

（三）本级人民代表大会常务委员会组成人员提出的比较集中的问题；

（四）本级人民代表大会专门委员会、常务委员会工作机构在调查研究中发现的突出问题；

（五）人民来信来访集中反映的问题；

（六）社会普遍关注的其他问题。

人民政府、人民法院和人民检察院可以向本级人民代表大会常务委员会要求报告专项工作。

第十条　常务委员会听取和审议专项工作报告前，委员长会议或者主任会议可以组织本级人民代表大会常务委员会组成人员和本级人民代表大会代表，对有关工作进行视察或者专题调查研究。

常务委员会可以安排参加视察或者专题调查研究的代表列席常务委员会会议，听取专项工作报告，提出意见。

第十一条　常务委员会听取和审议专项工作报告前，常务委员会办事机构应当将各方面对该项工作的意见汇总，交由本级人民政府、人民法院或者人民检察院研究并在专项工作报告中作出回应。

第十二条　人民政府、人民法院或者人民检察院应当在常务委员会举行会议的二十日前，由其办事机构将专项工作报告送交本级人民代表大会有关专门委员会或者常务委员会有关工作机构征求意见；人民政府、人民法院或者人民检察院对报告修改后，在常务委员会举行会议的十日前送交常务委员会。

常务委员会办事机构应当在常务委员会举行会议的七日前，将专项工作报告发给常务委员会组成人员。

第十三条　专项工作报告由人民政府、人民法院或者人民检察院的负责人向本级人民代表大会常务委员会报告，人民政府也可以委托有关部门负责人向本级人民代表大会常务委员会报告。

第十四条　常务委员会组成人员对专项工作报告的审议意见交由本级人民政府、人民法院或者人民检察院研究处理。人民政府、人民法院或者人民检察院应当将研究处理情况由其办事机构送交本级人民代表大会有关专门委员会或者常务委员会有关工作机构征求意见后,向常务委员会提出书面报告。常务委员会认为必要时,可以对专项工作报告作出决议;本级人民政府、人民法院或者人民检察院应当在决议规定的期限内,将执行决议的情况向常务委员会报告。

常务委员会听取的专项工作报告及审议意见,人民政府、人民法院或者人民检察院对审议意见研究处理情况或者执行决议情况的报告,向本级人民代表大会代表通报并向社会公布。

第三章　审查和批准决算,听取和审议国民经济和社会发展计划、预算的执行情况报告,听取和审议审计工作报告

第十五条　国务院应当在每年六月,将上一年度的中央决算草案提请全国人民代表大会常务委员会审查和批准。

县级以上地方各级人民政府应当在每年六月至九月期间,将上一年度的本级决算草案提请本级人民代表大会常务委员会审查和批准。

决算草案应当按照本级人民代表大会批准的预算所列科目编制,按预算数、调整数或者变更数以及实际执行数分别列出,并作出说明。

第十六条　国务院和县级以上地方各级人民政府应当在每年六月至九月期间,向本级人民代表大会常务委员会报告本年度上一阶段国民经济和社会发展计划、预算的执行情况。

第十七条　国民经济和社会发展计划、预算经人民代表大会批准后,在执行过程中需要作部分调整的,国务院和县级以上地方各级人民政府应当将调整方案提请本级人民代表大会常务委员会审查和批准。

严格控制不同预算科目之间的资金调整。预算安排的农业、教育、科技、文化、卫生、社会保障等资金需要调减的,国务院和县级以上地方各级

人民政府应当提请本级人民代表大会常务委员会审查和批准。

国务院和县级以上地方各级人民政府有关主管部门应当在本级人民代表大会常务委员会举行会议审查和批准预算调整方案的一个月前,将预算调整初步方案送交本级人民代表大会财政经济委员会进行初步审查,或者送交常务委员会有关工作机构征求意见。

第十八条 常务委员会对决算草案和预算执行情况报告,重点审查下列内容:

(一)预算收支平衡情况;

(二)重点支出的安排和资金到位情况;

(三)预算超收收入的安排和使用情况;

(四)部门预算制度建立和执行情况;

(五)向下级财政转移支付情况;

(六)本级人民代表大会关于批准预算的决议的执行情况。

除前款规定外,全国人民代表大会常务委员会还应当重点审查国债余额情况;县级以上地方各级人民代表大会常务委员会还应当重点审查上级财政补助资金的安排和使用情况。

第十九条 常务委员会每年审查和批准决算的同时,听取和审议本级人民政府提出的审计机关关于上一年度预算执行和其他财政收支的审计工作报告。

第二十条 常务委员会组成人员对国民经济和社会发展计划执行情况报告、预算执行情况报告和审计工作报告的审议意见交由本级人民政府研究处理。人民政府应当将研究处理情况向常务委员会提出书面报告。常务委员会认为必要时,可以对审计工作报告作出决议;本级人民政府应当在决议规定的期限内,将执行决议的情况向常务委员会报告。

常务委员会听取的国民经济和社会发展计划执行情况报告、预算执行情况报告和审计工作报告及审议意见,人民政府对审议意见研究处理情况或者执行决议情况的报告,向本级人民代表大会代表通报并向社会公布。

第二十一条 国民经济和社会发展五年规划经人民代表大会批准后,在实施的中期阶段,人民政府应当将规划实施情况的中期评估报告提请本级人民代表大会常务委员会审议。规划经中期评估需要调整的,人民政府应当将调整方案提请本级人民代表大会常务委员会审查和批准。

第四章 法律法规实施情况的检查

第二十二条 各级人民代表大会常务委员会参照本法第九条规定的途径,每年选择若干关系改革发展稳定大局和群众切身利益、社会普遍关注的重大问题,有计划地对有关法律、法规实施情况组织执法检查。

第二十三条 常务委员会年度执法检查计划,经委员长会议或者主任会议通过,印发常务委员会组成人员并向社会公布。

常务委员会执法检查工作由本级人民代表大会有关专门委员会或者常务委员会有关工作机构具体组织实施。

第二十四条 常务委员会根据年度执法检查计划,按照精干、效能的原则,组织执法检查组。

执法检查组的组成人员,从本级人民代表大会常务委员会组成人员以及本级人民代表大会有关专门委员会组成人员中确定,并可以邀请本级人民代表大会代表参加。

第二十五条 全国人民代表大会常务委员会和省、自治区、直辖市的人民代表大会常务委员会根据需要,可以委托下一级人民代表大会常务委员会对有关法律、法规在本行政区域内的实施情况进行检查。受委托的人民代表大会常务委员会应当将检查情况书面报送上一级人民代表大会常务委员会。

第二十六条　执法检查结束后，执法检查组应当及时提出执法检查报告，由委员长会议或者主任会议决定提请常务委员会审议。

执法检查报告包括下列内容：

（一）对所检查的法律、法规实施情况进行评价，提出执法中存在的问题和改进执法工作的建议；

（二）对有关法律、法规提出修改完善的建议。

第二十七条　常务委员会组成人员对执法检查报告的审议意见连同执法检查报告，一并交由本级人民政府、人民法院或者人民检察院研究处理。人民政府、人民法院或者人民检察院应当将研究处理情况由其办事机构送交本级人民代表大会有关专门委员会或者常务委员会有关工作机构征求意见后，向常务委员会提出报告。必要时，由委员长会议或者主任会议决定提请常务委员会审议，或者由常务委员会组织跟踪检查；常务委员会也可以委托本级人民代表大会有关专门委员会或者常务委员会有关工作机构组织跟踪检查。

常务委员会的执法检查报告及审议意见，人民政府、人民法院或者人民检察院对其研究处理情况的报告，向本级人民代表大会代表通报并向社会公布。

第五章　规范性文件的备案审查

第二十八条　行政法规、地方性法规、自治条例和单行条例、规章的备案、审查和撤销，依照立法法的有关规定办理。

第二十九条　县级以上地方各级人民代表大会常务委员会审查、撤销下一级人民代表大会及其常务委员会作出的不适当的决议、决定和本级人民政府发布的不适当的决定、命令的程序，由省、自治区、直辖市的人民代表大会常务委员会参照立法法的有关规定，作出具体规定。

第三十条 县级以上地方各级人民代表大会常务委员会对下一级人民代表大会及其常务委员会作出的决议、决定和本级人民政府发布的决定、命令，经审查，认为有下列不适当的情形之一的，有权予以撤销：

（一）超越法定权限，限制或者剥夺公民、法人和其他组织的合法权利，或者增加公民、法人和其他组织的义务的；

（二）同法律、法规规定相抵触的；

（三）有其他不适当的情形，应当予以撤销的。

第三十一条 最高人民法院、最高人民检察院作出的属于审判、检察工作中具体应用法律的解释，应当自公布之日起三十日内报全国人民代表大会常务委员会备案。

第三十二条 国务院、中央军事委员会和省、自治区、直辖市的人民代表大会常务委员会认为最高人民法院、最高人民检察院作出的具体应用法律的解释同法律规定相抵触的，最高人民法院、最高人民检察院之间认为对方作出的具体应用法律的解释同法律规定相抵触的，可以向全国人民代表大会常务委员会书面提出进行审查的要求，由常务委员会工作机构送有关专门委员会进行审查、提出意见。

前款规定以外的其他国家机关和社会团体、企业事业组织以及公民认为最高人民法院、最高人民检察院作出的具体应用法律的解释同法律规定相抵触的，可以向全国人民代表大会常务委员会书面提出进行审查的建议，由常务委员会工作机构进行研究，必要时，送有关专门委员会进行审查、提出意见。

第三十三条 全国人民代表大会法律委员会和有关专门委员会经审查认为最高人民法院或者最高人民检察院作出的具体应用法律的解释同法律规定相抵触，而最高人民法院或者最高人民检察院不予修改或者废止的，可以提出要求最高人民法院或者最高人民检察院予以修改、废止的议案,或者提出由全国人民代表大会常务委员会作出法律解释的议案,由委员长会议决定提请常务委员会审议。

第六章 询问和质询

第三十四条 各级人民代表大会常务委员会会议审议议案和有关报告时,本级人民政府或者有关部门、人民法院或者人民检察院应当派有关负责人员到会,听取意见,回答询问。

第三十五条 全国人民代表大会常务委员会组成人员十人以上联名,省、自治区、直辖市、自治州、设区的市人民代表大会常务委员会组成人员五人以上联名,县级人民代表大会常务委员会组成人员三人以上联名,可以向常务委员会书面提出对本级人民政府及其部门和人民法院、人民检察院的质询案。

质询案应当写明质询对象、质询的问题和内容。

第三十六条 质询案由委员长会议或者主任会议决定交由受质询的机关答复。

委员长会议或者主任会议可以决定由受质询机关在常务委员会会议上或者有关专门委员会会议上口头答复,或者由受质询机关书面答复。在专门委员会会议上答复的,提质询案的常务委员会组成人员有权列席会议,发表意见。委员长会议或者主任会议认为必要时,可以将答复质询案的情况报告印发常务委员会会议。

第三十七条 提质询案的常务委员会组成人员的过半数对受质询机关的答复不满意的,可以提出要求,经委员长会议或者主任会议决定,由受质询机关再作答复。

第三十八条 质询案以口头答复的,由受质询机关的负责人到会答复。质询案以书面答复的,由受质询机关的负责人签署。

第七章　特定问题调查

第三十九条　各级人民代表大会常务委员会对属于其职权范围内的事项，需要作出决议、决定，但有关重大事实不清的，可以组织关于特定问题的调查委员会。

第四十条　委员长会议或者主任会议可以向本级人民代表大会常务委员会提议组织关于特定问题的调查委员会，提请常务委员会审议。

五分之一以上常务委员会组成人员书面联名，可以向本级人民代表大会常务委员会提议组织关于特定问题的调查委员会，由委员长会议或者主任会议决定提请常务委员会审议，或者先交有关的专门委员会审议、提出报告，再决定提请常务委员会审议。

第四十一条　调查委员会由主任委员、副主任委员和委员组成，由委员长会议或者主任会议在本级人民代表大会常务委员会组成人员和本级人民代表大会代表中提名，提请常务委员会审议通过。调查委员会可以聘请有关专家参加调查工作。

与调查的问题有利害关系的常务委员会组成人员和其他人员不得参加调查委员会。

第四十二条　调查委员会进行调查时，有关的国家机关、社会团体、企业事业组织和公民都有义务向其提供必要的材料。

提供材料的公民要求对材料来源保密的，调查委员会应当予以保密。

调查委员会在调查过程中，可以不公布调查的情况和材料。

第四十三条　调查委员会应当向产生它的常务委员会提出调查报告。常务委员会根据报告，可以作出相应的决议、决定。

第八章　撤职案的审议和决定

第四十四条　县级以上地方各级人民代表大会常务委员会在本级人民代表大会闭会期间,可以决定撤销本级人民政府个别副省长、自治区副主席、副市长、副州长、副县长、副区长的职务;可以撤销由它任命的本级人民政府其他组成人员和人民法院副院长、庭长、副庭长、审判委员会委员、审判员,人民检察院副检察长、检察委员会委员、检察员,中级人民法院院长,人民检察院分院检察长的职务。

第四十五条　县级以上地方各级人民政府、人民法院和人民检察院,可以向本级人民代表大会常务委员会提出对本法第四十四条所列国家机关工作人员的撤职案。

县级以上地方各级人民代表大会常务委员会主任会议,可以向常务委员会提出对本法第四十四条所列国家机关工作人员的撤职案。

县级以上地方各级人民代表大会常务委员会五分之一以上的组成人员书面联名,可以向常务委员会提出对本法第四十四条所列国家机关工作人员的撤职案,由主任会议决定是否提请常务委员会会议审议;或者由主任会议提议,经全体会议决定,组织调查委员会,由以后的常务委员会会议根据调查委员会的报告审议决定。

第四十六条　撤职案应当写明撤职的对象和理由,并提供有关的材料。

撤职案在提请表决前,被提出撤职的人员有权在常务委员会会议上提出申辩意见,或者书面提出申辩意见,由主任会议决定印发常务委员会会议。

撤职案的表决采用无记名投票的方式,由常务委员会全体组成人员的过半数通过。

第九章　附　　则

第四十七条　省、自治区、直辖市的人民代表大会常务委员会可以根据本法和有关法律，结合本地实际情况，制定实施办法。

第四十八条　本法自 2007 年 1 月 1 日起施行。